国税庁
[税務に関するコーポレートガバナンスの
充実に向けた取組み] 徹底対応

税務コンプライアンスの実務

編著 鈴木広樹
事業創造大学院大学准教授

河江健史
公認会計士

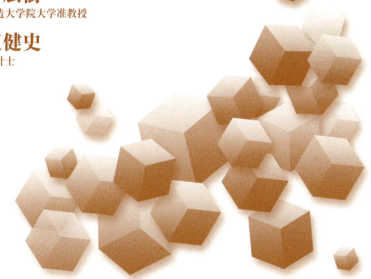

清文社

推 薦 の こ と ば

　税務行政が大きく変わろうとしています。税務調査を通じて、企業の経理をチェックするという従来の姿勢から、より積極的に企業経理の前提となる文書管理をはじめとする企業内部のガバナンスにも適正なものを求める姿勢に変わり始めています。当面は大企業向けですが、中小企業にも広げていくこと、さらに、ガバナンスの状況が良い企業には、次回調査までの間隔を延長することも示唆しています。

　そうなると、税理士が知らないでは済まされないことになります。

　本書は、そうした変化に対応するために、税理士が知っておかねばならないコーポレートガバナンスや内部統制に関する知識をわかりやすく解説したものです。

　変化をいち早く察知し、適切に対応してクライアントにアドバイスをすることが専門家の役割であることを自覚されている税理士の方々に本書を強く推薦したいと思います。

平成27年4月

青山学院大学法学部教授
三 木 義 一

は じ め に

　本書は、「税務に関するコーポレートガバナンス」について理解していただくことを目的としている。「税務に関するコーポレートガバナンス」は、まだ一般的に知られているとはいえない言葉だろう。本書で初めて知ったという方も多いのではないだろうか。

　本書は、税務に関わるすべての方に役に立つものであるが、税理士の方を主たる対象として書かれている。しかし、税理士の方でも、「税務に関するコーポレートガバナンス」という言葉をまだ知らない方が多いかもしれない。

　「税務に関するコーポレートガバナンス」は、国税庁がその取組みにおいて用い始めた言葉なのだが、国税庁による取組みが開始されてからまだ日が浅いうえ、その取組みの対象が現在のところ一部の大企業のみであるため、まだ知る方が少ない。しかし、近い将来、税理士の方はもちろん、税務に関わるすべての方が知っておかなければならない言葉となるはずである。

　本書は、「税務に関するコーポレートガバナンス」について解説した書籍ではあるが、税務に関する書籍のみに分類するのは適当ではないだろう。税務リスクの高い取引等についても触れてはいるが、コーポレートガバナンスや内部統制に関する書籍に分類したほうがより適当かもしれない。

　税理士の方を対象とした書籍といえば、税務に関するものが大半で、コーポレートガバナンスや内部統制に関するものは、これまであまり必要とされなかった。しかし、今後、税務に関するコーポレートガバナンスがすべての企業で重視される時代が到来したら、コーポレートガバナンスや内部統制の知識は税理士には不要とはいっていられなくなるだろう。

　税理士の方は、そうした時代に今から備えておく必要がある。本書を読んでいただくとわかるが、そのときになってからコーポレートガバナンスや内

部統制の知識を身につけようとしたのでは、手遅れなのである。「税務に関するコーポレートガバナンス」に必要なコーポレートガバナンスや内部統制の知識について解説した本書は、税務に関するコーポレートガバナンス重視の時代到来に備える税理士の方のニーズに応えることのできるものだと考えている。

　なお、本書は、税務に関するコーポレートガバナンスについて現時点で可能な限りの解説を行っているが、まだ完全とはいえない。実務がまだ十分に定着しておらず、事例の蓄積も少ない。中小企業におけるものについては、現時点では推測せざるを得ない。そうした不完全な点については今後の課題とさせていただきたい。

　最後に、一昨年執筆した『検証・裏口上場―不適当合併等の事例分析』に引き続き本書編集の労をとっていただいた清文社編集第三部の折原容子氏、そして、本書への推薦の言葉をいただいた三木義一先生に対して、この場を借りて心からお礼を申し上げたい。

　平成27年4月

事業創造大学院大学准教授

鈴 木 広 樹

目次

第1章 税務に関するコーポレートガバナンスとは … 1

1 コーポレートガバナンスとは … 3

1 コーポレートガバナンスとは　3
- 1 コーポレートガバナンスという概念　3
- 2 監査役設置会社の仕組み　4
- 3 非公開会社におけるコーポレートガバナンス　6

2 コンプライアンスと内部統制　8
- 1 コンプライアンスと内部統制　8
- 2 コーポレートガバナンス・コンプライアンス・内部統制の関係　11

3 (参考)指名委員会等設置会社と監査等委員会設置会社　12
- 1 指名委員会等設置会社の仕組み　12
- 2 監査等委員会設置会社の仕組み　16

2 税務に関するコーポレートガバナンスとは … 20

1 税務に関するコーポレートガバナンスとは　20
- 1 国税庁の取組み　20
- 2 国税庁が求めるものとは　22

2 求められるのはコーポレートガバナンスなのか　27
- 1 なぜコーポレートガバナンスなのか　27
- 2 どう理解すべきか　29

3 移転価格上の税務コンプライアンス維持・向上のための取組み　31
　1 移転価格税制とは　31
　2 移転価格に関する取組状況確認のためのチェックシート　34

3　税務に関するコーポレートガバナンスの構築における税理士の役割　37

1 税理士とコーポレートガバナンス・内部統制　37
　1 税理士とコーポレートガバナンス・内部統制　37
　2 公認会計士とコーポレートガバナンス・内部統制　38

2 税務に関するコーポレートガバナンスの今後　39
　1 税務に関するコーポレートガバナンスの今後　39
　2 税理士の役割　40

3 （参考）コーポレートガバナンス改革の流れ　41
　1 会社法の改正　41
　2 日本版コーポレートガバナンス・コードの策定　46
　3 税理士に寄せられる期待　52

第2章　税務に関する内部統制の構築　55

1　内部統制とは　57

1 内部統制の概念　57
　1 内部統制のフレームワーク　57
　2 四つの目的　58
　3 六つの基本的要素　66

2 内部統制に関する基礎知識　78
　1 内部統制のレベル　79
　2 内部統制の担い手　83
　3 内部統制の整備　84
　4 内部統制の運用　86

5 内部統制の限界　87

2　法令等で求められている内部統制とは　……………………… 88

1 会社法の内部統制　88
　1 概要　88
　2 業務の適正を確保するための体制構築の基本方針　89
　3 平成26年会社法改正　92

2 金融商品取引法の内部統制　102
　1 概要　102
　2 財務報告に係る内部統制　103
　3 内部統制報告制度　103

3 その他の法令等の内部統制　104
　1 不当景品類及び不当表示防止法　104
　2 外国公務員贈賄防止指針　105
　3 連邦量刑ガイドライン　107
　4 FCPA リソースガイド　110
　5 UK Bribery Act　111

3　税務に関する内部統制とは　……………………………………… 114

1 税務コンプライアンスとリスク・アプローチ　114
　1 税務コンプライアンス　114
　2 税務リスク・アプローチ　116

2 税務に関する内部統制の範囲　118
　1 税務に関する内部統制の射程　118
　2 企業集団概念　119

3 税務に関する内部統制の構築　119
　1 税務に関するコーポレートガバナンス確認表　119
　2 内部統制構築の要点　125

第3章 税務リスクの高い取引とは …… 127

1 大企業における税務リスクの高い取引 …… 129

❶ 適格組織再編の適用要件の判定　129

1. 概要　129
2. 適格組織再編の適格要件　129
3. 組織再編に係る個別的な租税回避防止規定　132
4. 組織再編に係る包括的な租税回避防止規定　134

❷ 特別損失の計上時期及び計上額　135

1. 概要　135
2. 損害賠償金の計上時期及び計上額　136

❸ 過少資本税制の適用要件の判定　137

1. 概要　137
2. 過少資本税制の適用要件　137

❹ 過大支払利子税制の適用要件の判定　139

1. 概要　139
2. 過大支払利子税制の適用要件　140

❺ 租税回避と指摘される可能性のある取引　141

1. 概要　141
2. 取引例　141

❻ 損失取引　142

1. 概要　142
2. 貸倒損失　142

❼ 仮受金・仮払金の処理　143

- 概要　143

2 中小企業における税務リスクの高い取引 …………………………………… 144

1 文書管理　144
- 1 帳簿書類の管理（No8）　145
- 2 契約書の作成・管理（No11）　145

2 棚卸資産　146
- 1 棚卸資産の評価損の税務上の取扱い（No23）　146
- 2 棚卸資産の自家消費の税務上の取扱い（No26）　146

3 有価証券、出資金、会員権　147
- 名義書換料の税務上の取扱い（No32）　147

4 貸付金　147
- 受取利息の利率（No35）　148

5 買掛金、未払金、未払費用　150
- 配当の未払金の源泉徴収（No43）　151

6 前受金、仮受金、預り金　151
- 納付が遅延している源泉所得税に係るペナルティ（No46）　152

7 借入金　153
- グループ法人からの借入金の利率（No48）　153

8 売上　153
- 売上の計上基準の税務上の取扱い（No50）　153

9 売上原価、製造原価、工事原価　154
- 外注費と給与の区分（No55）　154

10 役員報酬　156
- 役員報酬の税務上の取扱い（No57）　156

11 給料、賞与　159
- 給与所得者の扶養控除等（異動）申告書の提出期限（No59）　160

12 福利厚生費　160
- 現物給与（No61）　160

目次

13 旅費交通費　163

- 旅費交通費の税務上の取扱い（No62）　163

14 交際費　166

1. 1人あたり5,0000円以下の飲食費の税務上の取扱い（No63）　166
2. 渡し切り交際費の税務上の取扱い（No64）　168

15 賃借料　168

- 敷金・権利金等の税務上の取扱い（No67）　169

16 保険料　169

- 支払保険料の税務上の取扱い（No68）　170

17 経費全般　172

1. 固定資産の付随費用、修繕費の税務上の取扱い（No73）　172
2. 前払費用の税務上の取扱い（No74）　174
3. 短期前払費用の税務上の取扱い（No75）　175

18 印紙税　175

1. 第2号文書と第7号文書の印紙税（No82）　175
2. 第17号文書の印紙税（No83）　177

資　料

1　移転価格に関する取組状況確認のためのチェックシート　195
2　財務報告に係る内部統制の評価及び監査の基準（抄）　205
3　企業が反社会的勢力による被害を防止するための指針　213
4　会社法の改正に伴う会社更生法施行令及び会社法施行規則等の改正に関する意見募集の結果について（抄）　218
5　外国公務員贈賄防止指針（抄）　233
6　連邦量刑ガイドライン（抄）　242
7　FCPAリソースガイド（抄）　251

8 Bribery Act 2010 Guidance(抄) 266
9 企業行動憲章(第6版) 283
10 企業行動憲章実行の手引き(第6版) 286

【凡例】
本文中の主な法令や判例集等は以下のように略記しています。

民:民法
会:会社法
会規:会社法施行規則
金:金融商品取引法
法:法人税法
法令:法人税法施行令
法規:法人税法施行規則
所:所得税法
消:消費税法

消令:消費税法施行令
消規:消費税法施行規則
措:租税特別措置法
措令:租税特別措置法施行令
法基通:法人税基本通達
所基通:所得税基本通達
内部統制基準:財務報告に係る内部統制の評価及び監査の基準
上規:東京証券取引所・有価証券上場規程

第1章

税務に関する
コーポレートガバナンスとは

　本章では、「税務に関するコーポレートガバナンス」とは何かについて解説する。

　「税務に関するコーポレートガバナンス」を理解するためには、まず、「コーポレートガバナンス」や、「コンプライアンス」、「内部統制」といった概念を理解しておく必要がある。そのため、まず第1節においてそれらの概念を説明する。

　そして、第2節において「税務に関するコーポレートガバナンス」について説明するが、この節を読むと、実は「『税務に関するコーポレートガバナンス』が『税務に関するコーポレートガバナンス』とはいえない」ということがわかる。おかしな表現だが、この意味は第2節を読むと理解していただけるかと考える。

　本書は主に税理士の方を対象読者としている。そのため、最後の第3節において「税務に関するコーポレートガバナンス」の構築において税理士が果たすべき役割を説明している。

　なお、第1節と第3節の**3**は、「税務に関するコーポレートガバナンス」の説明とは直接関係があるわけではないため、「(参考)」と付しているが、ぜひあわせて読んでいただきたい。現在、日本企業の「コーポレートガバナンス」は変革期にあるのだが、「税務に関するコーポレートガバナンス」もそうした時代の流れと無関係ではないからである。

1 コーポレートガバナンスとは

1 コーポレートガバナンスとは

1 コーポレートガバナンスという概念

　本書は、「税務に関するコーポレートガバナンス」の解説を目的としている。しかし、そのためには、まず「コーポレートガバナンス」について解説する必要がある。

　本書は主に税理士の方を対象読者としているが、税理士の方ならば、当然、「税務」については理解されているはずである。しかし、税理士の方の多くは、コーポレートガバナンスについて、その言葉を聞いたことはあるとしても、正確に理解していると自信を持っていえるという方は多くはないのではないだろうか。そこで、税務に関するコーポレートガバナンスの説明に入る前に、まずコーポレートガバナンスについて説明しておくこととする。

　コーポレートガバナンス（corporate governance）は、日本語では「企業統治」と訳されるが、税務に関する言葉と異なり、実は明確な定義があるわけではない。様々な言説の中で定義づけされることもあるが、それらは同一であるとは限らず、また、社会や時代によっても定義が異なることがある。

　コーポレートガバナンスの様々な定義に共通する部分を抽出し、あえて最も簡潔な定義づけを行うとするならば、「企業が適切な意思決定を行うための仕組み」といえるのではないかと筆者は考えている。企業には様々な利害関係者が存在するため、企業の意思決定はそれらの意向を踏まえて行われる必要がある。しかし、様々な利害関係者の意向をどのように企業の意思決定に反映させるのかについて何らかの仕組みが存在していなければ、混乱し、

適切な意思決定は不可能なはずである。これを可能にする仕組みがコーポレートガバナンスなのである。

「企業が適切な意思決定を行うための仕組み」という定義は、抽象的でわかりにくいかもしれないが、具体的には、わが国の場合、その仕組みは「会社法」において定められている。例えば、株主総会、取締役会、代表取締役、監査役といったコーポレートガバナンスを具体的に構成する要素は、会社法において定められている。

なお、わが国の場合、企業の形態には、株式会社と持分会社（合名会社、合資会社、合同会社）があるが、ここでは株式会社を前提に話を進める。後述するが、持分会社においてはコーポレートガバナンスの問題が生じないからである。

2 監査役設置会社の仕組み

会社法において定められているコーポレートガバナンスにも、様々な形態があるのだが、ここでは最も一般的な形態であると思われる「監査役設置会社」の仕組みについて説明する。

監査役設置会社とは、文字どおり監査役を置く株式会社であるが、監査役以外に、株主総会、取締役会、代表取締役も置かれる。株主総会、取締役会、代表取締役、監査役といった、コーポレートガバナンスを具体的に構成する要素のことを会社法では「機関」という（図表1-1参照）。

機関とは、株式会社において人の頭や体にあたるものであると考えればよいだろう。監査役設置会社の場合、株主総会と取締役会が人の頭、代表取締役が人の体にあたるものである。人は頭で考えて決定し、体を動かすことによって行動するが、株式会社の場合は、ある機関の決定をその株式会社の決定、ある機関の行為をその株式会社の行為とみなすこととなる。いわば、株式会社の決定や行為を明確にするための概念が機関なのである。

監査役設置会社の場合、まず株主によって構成される株主総会において取

締役と監査役が選任される（会329②）。そして、取締役によって構成される取締役会において代表取締役が選定される（会362②三・③）。

業務執行の決定は取締役会が行い（会362②一）、株主総会においては、会社法に規定する事項及び定款で定めた事項についてのみ決議することができる（会295②）。株主総会で決定するのは特に重要な事項のみで、ほとんどの事項は取締役会が決定する。つまり、株式会社の所有者は株主だが、株式会社の経営は取締役に委任されているのである（所有と経営の分離）。

そして、会社の業務を執行するのが代表取締役である（会363①一）。代表取締役が人の体にあたるものであると述べたとおり、代表取締役の行為が株式会社の行為となる。例えば、株式会社が契約を締結する場合、契約書には代表取締役が署名押印することで足りる。

ただし、監査役を人の体のパーツにあてはめるのは難しい。監査役は、取締役の職務の執行を監査する機関である（会381①）。取締役の行為が適法であるか否かについて監査するのである。株主総会も取締役を監督するが、株主総会を頻繁に開催することは難しく、その監督には限界がある。そのため、株主総会に代わって取締役を監査する機関として監査役が置かれるのである。

なお、監査役会という機関が置かれる場合もある（一定の場合、設置が強制される。会328①）。監査役会とは、3人以上の監査役で構成され、そのうち半数以上は社外監査役（会2十六）でなければならないという機関である（会335③）。組織的かつ効率的な監査を行うために置かれるもので、その役割は監査役と同じである。

大会社の場合は、以上の機関に加えて、会計監査人という機関も置かなければならない（会328）。大会社とは、最終事業年度に係る貸借対照表に資本金として計上した額が5億円以上であるか、最終事業年度に係る貸借対照表の負債の部に計上した額の合計額が200億円以上である株式会社であり（会2六）、会計監査人とは、株式会社の計算書類等の監査を行う機関であり（会

396①)、公認会計士または監査法人のみが担うことができる(会337①)。

　大会社は利害関係者の数が多く(資本金の額が大きければ、株主の数が多いし、そうでなくても負債の額が大きければ、債権者の数が多い)、計算書類等の適正を確保する必要性が高いことから(誤り等があった場合、利害関係者への影響が大きい)、会計監査人の設置が強制されるのである。

図表1-1　監査役設置会社の機関

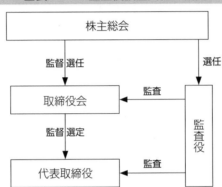

3　非公開会社におけるコーポレートガバナンス

　ここまで、わが国におけるコーポレートガバナンスの最も一般的な形態であると思われる監査役設置会社の仕組みについて説明したが、この説明は「公開会社」を前提としたものである。公開会社とは、その発行する全部または一部の株式の内容として譲渡による当該株式の取得について株式会社の承認を要する旨の定款の定めを設けていない株式会社のことである(会2五)。すなわち、株主が自由に株式を譲渡することができる(会127)こととされている株式会社である。

　それに対して、株主が自由に株式を譲渡することができない(株式会社の承認が必要)とされている株式会社を一般に「非公開会社」という。株主が自由に株式を譲渡することができないこととするのは、見ず知らずの者が株

主となって会社に入ってくることを防ぐためであったり、経営が株主の意見で著しく左右されることを避けたいといった意思があるのが一般的である。

　監査役設置会社は、公開会社において適切な意思決定を行うための仕組みとして機能する形態である。公開会社においては、株主が自由に株式を譲渡することができる結果、株主が頻繁に変わる可能性がある。すると、株式会社の所有者である株主自身による経営が困難となるため、所有と経営を分離しなければならなくなるのである（株主から取締役への経営の委任）。また、その場合、経営を監視するための仕組みも必要となる（株主総会による取締役の監督の限界を補完する機関としての監査役）。

　そのため、会社法では、公開会社は取締役会を置かなければならず（会327①一）、そして、取締役会を置いた場合は監査役を置かなければならないこととされている（例外あり。会327②）。

　一方、非公開会社の場合、監査役設置会社のような形態をとる必要性はない。監査役設置会社は、所有と経営を分離しなければならない場合に必要とされる形態であるが、非公開会社においては、所有と経営を一致させることが可能だからである。株式を自由に譲渡することができず、株主の変動が少なければ、株式会社の所有者である株主自身による経営が可能である。実際に非公開会社においては、株主自身か株主の親族等が取締役に就任し、所有と経営が一致していることが多い。

　このように非公開会社においては、所有と経営を一致させ、意思決定を株主自身で完結させることが可能である。そのため、そもそもコーポレートガバナンスの必要が生じないのである。同じことは持分会社にもあてはまる。持分会社においても、所有と経営が一致することとされているため（会590①）、非公開会社同様にコーポレートガバナンスの必要が生じないのである。

　本書の主たる対象読者である税理士の方が関わる企業には非公開会社が多く含まれているだろう。そのため、コーポレートガバナンスの問題に直面することはあまり多くないかもしれない。仮に非公開会社が監査役設置会社の

形態をとっていたとしても、それは形式的なものにすぎないことも少なくない。税理士の方がコーポレートガバナンスと縁遠い理由の一つは、この点にあると思われる。

なお、所有と経営を一致させることが可能な非公開会社においては、取締役会や監査役といった機関を置く必要がないため、株主総会と取締役（取締役会を置かない場合は取締役が機関。会296①）だけという、最も簡素な機関設計をとることができる（大会社の場合は他の機関を置く必要あり。会327③、328②。図表1-2参照）。

その場合、株主総会が株式会社に関する一切の事項について決議し（会295①）、取締役が株式会社の業務を執行する（会348①）。株主総会で決定したことを取締役が行うだけであり、所有と経営が一致していれば（通常は株主と取締役が同じ）、それで足りるのである。

図表1-2　最も簡素な機関設計

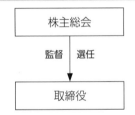

2 コンプライアンスと内部統制

1 コンプライアンスと内部統制

これまでコーポレートガバナンスについて説明してきたが、ここでそれと混同されやすい「コンプライアンス」と「内部統制」について説明しておくことにする。これらはコーポレートガバナンスとは異なる概念なのだが、「税務に関するコーポレートガバナンス」をめぐる議論の中で、意味を明確

にされないままに用いられることが多く、議論をわかりにくいものにしているように思われるからである。

　まずコンプライアンス（compliance）は、日本語では通常「法令遵守」と訳される。したがって、コーポレートガバナンスと異なり、コンプライアンスの意味は理解しやすいだろう。しかし、その意味には幅があり、狭義は、法令を守るというものだが、広義は、法令を守るだけでなく、社会規範に反した行為をしないというものである。

　例えば税務においてコンプライアンスを狭義でとらえると、税法に反しさえしなければ、どのような租税回避行為も許されるということになるが、広義でとらえると、そもそも租税回避行為は社会規範に反するため許されないということになる。当然だが、国税庁はコンプライアンスを広義で解釈していると思われるため（注１）、国税庁が用いるコンプライアンス（例えば、国税庁が用いる「税務コンプライアンス」という表現における「コンプライアンス」等）は広義でとらえるべきだろう（図表１－３参照）。

　次に内部統制については第２章で詳しく説明するので、ここでは簡単に触れる程度にとどめるが、一般的に、①業務の有効性及び効率性、②財務報告の信頼性、③事業活動に係る法令等の遵守、④資産の保全、という四つの目的が達成されているとの合理的な保証を得るために、業務に組み込まれ、組織内のすべての者によって遂行されるプロセスであると定義される（内部統制基準Ⅰ１）。

　内部統制の四つの目的について説明すると、①業務の有効性及び効率性とは、事業活動の目的の達成のため、業務有効性及び効率性を高めること、②財務報告の信頼性とは、財務諸表及び財務諸表に重要な影響を及ぼす可能性のある情報の信頼性を確保すること、③事業活動に係る法令等の遵守とは、事業活動に関わる法令その他の規範の遵守を促進すること、④資産の保全とは、資産の取得、使用及び処分が正当な手続及び承認の下に行われるよう、資産の保全を図ること、である。

このように内部統制は非常に幅広い内容を含んだ概念であることがわかるかと思うが、コーポレートガバナンスと同様にあえて最も簡潔な定義づけを行うとするならば、「企業が適切な経営を行うための仕組み」といえるのではないかと筆者は考えている。なぜならば、内部統制の四つの目的は、まさに経営そのものといえるためである（図表1-4参照）。

　なお、前述のとおりコーポレートガバナンスは公開会社においてのみ問題となるものだが、ここで述べたコンプライアンスと内部統制は、公開会社に限らず非公開会社においても必要とされるものである（注2）。

(注1) 国税庁はコンプライアンスを「納税者が納税義務を自発的かつ適正に履行すること」と定義している（「国税庁レポート2014」31頁）。
(注2) 上場会社は、自社の財務報告に係る内部統制を評価し（金24の44①）、それについて公認会計士または監査法人による監査を受けなければならないこととされているが（金193の2②）、内部統制は上場会社のみに必要とされるものであるというわけではない。

図表1-3　コンプライアンスの意味

狭義のコンプライアンス	法令を守るということ
広義のコンプライアンス	法令を守るだけでなく、社会規範に反した行為をしないということ

図表1-4　内部統制の目的

①業務の有効性及び効率性	事業活動の目的の達成のため、業務有効性及び効率性を高めること
②財務報告の信頼性	財務諸表及び財務諸表に重要な影響を及ぼす可能性のある情報の信頼性を確保すること
③事業活動に係る法令等の遵守	事業活動に関わる法令その他の規範の遵守を促進すること

④資産の保全	資産の取得、使用及び処分が正当な手続及び承認の下に行われるよう、資産の保全を図ること

2 コーポレートガバナンス・コンプライアンス・内部統制の関係

　これまで、コーポレートガバナンス、コンプライアンス、内部統制について説明してきたように、これらがよく混同されるのは、それぞれが密接に関係している概念だからである。ここで、これまでの説明を踏まえて、それらの関係を整理しておくことにする。

　まず内部統制は、コーポレートガバナンスとコンプライアンスを包含する、最も幅広い概念であるといえる。コーポレートガバナンスを「企業が適切な意思決定を行うための仕組み」と、内部統制を「企業が適切な経営を行うための仕組み」と定義づけたように、コーポレートガバナンスは内部統制に包含される概念である（ただし、経営者が内部統制を構築するため、内部統制はコーポレートガバナンスの影響を受けるといえる）。また、内部統制の四つの目的の一つに「事業活動に係る法令等の遵守」があるように、コンプライアンスも内部統制に包含される概念である。

　そして、コーポレートガバナンスとコンプライアンスは、どちらか一方が他方を包含するという関係にあるわけではないが、コーポレートガバナンスはコンプライアンスを前提とし（会社法において定められている仕組みを遵守する必要がある）、（どのようなコンプライアンスの体制を構築すべきかを決定するにあたって）コンプライアンスもコーポレートガバナンスの影響を受けるという関係にある。あえていえば、部分的に重なり合う概念ということになるだろう。

　したがって、コーポレートガバナンス、コンプライアンス、内部統制の関係を整理すると、図表1-5のようになるだろう。

図表1-5　コーポレートガバナンス・コンプライアンス・内部統制の関係

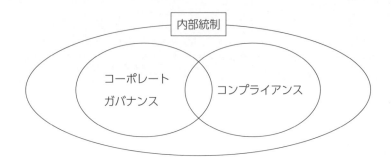

3 (参考)指名委員会等設置会社と監査等委員会設置会社

1 指名委員会等設置会社の仕組み

　参考としてここで「指名委員会等設置会社」と「監査等委員会設置会社」について説明しておくこととする。「参考として」と述べたのは、現在のところ本書の主たる対象読者である税理士の方がそれらの会社に関わる可能性がとても低いと思われるからである。しかし、税理士の方が、今後、それらの会社に関わる可能性がないとはいえないし、また、それらの会社の仕組みを理解することは、コーポレートガバナンスを理解するうえで意義があると思われる。

　まず指名委員会等設置会社だが、これは、もともと「委員会設置会社」という名称だったが、平成26年に会社法が改正され（注）、「指名委員会等設置会社」という名称とされたものである。なお、本稿執筆時点ではまだ「委員会設置会社」という名称が使用されており、「指名委員会等設置会社」という名称が使用されるのは、改正された会社法が施行された後になるのだが、以下、本書においては「指名委員会等設置会社」という名称を使用する。

　前述の監査役設置会社との主な違いは、監査役と代表取締役が置かれず、

執行役という機関（会402①）と、その名の由来である、指名委員会、監査委員会、報酬委員会という三つの委員会（会２十二。これらは取締役会の内部機関）が置かれるという点である（図表１－６参照）。

　この仕組みが導入されたのは平成14年である（当時は「委員会等設置会社」という名称だった）。以前からあった監査役設置会社に加えて新たに導入された仕組みであり、監査役設置会社よりも「優れた」あるいは「進んだ」仕組みであると一般的には考えられている。なぜ監査役設置会社よりも「優れている」あるいは「進んでいる」といえるのかというと、まず迅速な意思決定が可能になるからである。

　前述のとおり、監査役設置会社においては、業務執行の決定は取締役会が行う（会362②一）。それに対して、指名委員会等設置会社においては、取締役会から執行役にほとんどの業務執行の決定を委任することができるとされている（会416④）。

　監査役設置会社における意思決定は、取締役が集まって取締役会を開催して、そこで議論をして行うため、時間がかかってしまう。それに対して、指名委員会等設置会社における意思決定は、執行役に任されるため、時間がかからず、迅速なのである。

　しかし、確かに執行役に業務執行の決定を委任することができれば、迅速な意思決定が可能になるのだが、執行役の権限が大きくなり、そのままでは執行役が暴走してしまう可能性がある。そのため、執行役に対する監督を強化する必要が生じる。そこで置かれるのが、指名委員会、監査委員会、報酬委員会という三つの委員会である。

　指名委員会は、株主総会に提出する取締役の選任と解任に関する議案の内容の決定を（会404①）、監査委員会は、執行役と取締役の職務の執行の監査等を（会404②。このため指名委員会等設置会社には監査役が置かれない）、報酬委員会は、執行役と取締役の個人別の報酬等の内容の決定を（会404③）行うのだが、各委員会の委員の過半数は社外取締役（会２十五）でなければな

らないとされている（会400③）。

　執行役に対する監督を強化するうえで特に重要であるのが、人事と報酬の権限を指名委員会と報酬委員会に切り離して、それらの委員の過半数を社外取締役としていることである。監査役設置会社において業務執行の決定は取締役会が行うこととされているが、実際には代表取締役が強力な権限を持ち、その思いどおりの意思決定がなされていることが多い（いわゆるワンマン経営者。多くの場合、会社の創業者やその親族が就任）。それでは、取締役会が代表取締役を監督することとされていても、その監督はまったく機能しないものとなる。

　そうした代表取締役の強力な権限の源泉は、人事と報酬の権限を握っていることである（取締役の人事と報酬を思いどおりにできる）。人事と報酬の権限を握っている相手に対して逆らうことができる者は多くないはずである。指名委員会等設置会社においては、執行役が人事と報酬の権限を握り、それに対する監督が機能しなくなるということがないように、人事と報酬の権限を指名委員会と報酬委員会に切り離して、それらの委員の過半数を社外取締役としている（会社と関係がなく、客観的な判断を期待できるため）。

　このように、指名委員会等設置会社は、迅速な意思決定と執行役に対する有効な監督とを両立させることが可能な「優れた」あるいは「進んだ」仕組みであり、監査役設置会社よりも指名委員会等設置会社を選択したほうが、会社の成長につながるだろうし、指名委員会等設置会社の数が増えれば、日本経済の発展にもつながるはずである。

　しかし、指名委員会等設置会社を選択する会社は非常に少ない。日本監査役協会の調査によると、指名委員会等設置会社を選択している会社は、平成26年7月24日時点でわずか90社である。日本には100万社を超える株式会社があるといわれるが、そのうち指名委員会等設置会社を選択している会社は90社ほどで、その他のほとんどの会社は監査役設置会社を選択しているのである。

監査役設置会社よりも指名委員会等設置会社のほうが「優れた」あるいは「進んだ」仕組みであると思われるのに、なぜ指名委員会等設置会社は普及しないのだろうか。導入されたのが平成14年と、比較的新しい仕組みだからなのかもしれない。監査役設置会社から指名委員会等設置会社へ移行するには、定款を変更する必要がある。定款の変更には株主総会の特別決議が必要であり（会466、309②十二）、手間がかかるため、普及するのに時間がかかっているというのは考えられる原因の一つである。

　しかし、仮にそうだとしても、数が少なすぎる。導入されてから既に10年超経過しているのに、わずか90社である。前述のとおり定款の変更には株主総会の特別決議が必要だが、株主総会に付議する議案は、通常、取締役会で決定される（会298①二、④）ため、その機会が少ないとはいいがたい。日本企業の経営者の多くは指名委員会等設置会社へ移行したいとは望んでいない、ということも考えられる。

　経営者が自己の強力な権限を維持したいと考える場合、人事と報酬の権限を指名委員会と報酬委員会に切り離すという仕組みは絶対に選択されないだろう。

　また、各委員会の委員の過半数は社外取締役でなければならないのだが、社外取締役そのものに対する抵抗感もあるのかもしれない。雇用慣行が変化しつつあるとはいえ、「学校を卒業して入った会社でずっと働き続けて、出世のゴールは取締役」という、これまでの日本企業の取締役のイメージが根強いということも考えられる。社外取締役を置く日本の大企業が増えつつあるものの、社外取締役はまだ少数派であり、現在も日本の大企業の取締役の多くは、その会社生え抜きの者で占められている。そうした日本企業にとって、社外取締役は歓迎される存在とはいえないだろう。

　こうした理由から、おそらく指名委員会等設置会社の数が激的に増えることは先のことになると考えられる。

　（注）平成26年6月20日に「会社法の一部を改正する法律」が公布された。この施行日は公布日から起

算して1年6月を超えない範囲内において政令で定める日とされ、平成27年5月1日が予定されている。

図表1－6　指名委員会等設置会社の機関

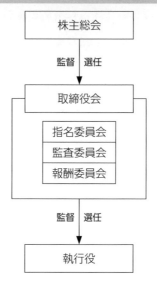

2　監査等委員会設置会社の仕組み

　次に「監査等委員会設置会社」の仕組みについて説明する。なお、監査等委員会設置会社は、平成26年に会社法が改正されて新たに導入された仕組みであり、改正された会社法が施行されていない本稿執筆時点ではまだそれを採用している会社は存在していない。

　前述のとおり、「指名委員会等設置会社」は、「指名委員会」等、すなわち、指名委員会の他、監査委員会と報酬委員会が置かれる会社である。それに対して、「監査等委員会設置会社」は、「監査等委員会」だけが置かれる会社である（図表1－7参照）。

　その監査等委員会は、指名委員会等設置会社における監査委員会と同じく、取締役の職務の執行の監査等を行う取締役会の内部機関であり（会399

の2③。このため監査等委員会設置会社にも監査役が置かれない）、その委員の過半数は社外取締役でなければならないとされている（会331⑥）。

　それならば、「監査等委員会」という名称ではなく「監査委員会」という名称でよさそうである。なぜ「監査委員会」ではなく、あえて「監査等委員会」とされたのかというと、「監査等委員会設置会社」は、当初「監査・監督委員会設置会社」という名称にされる予定だったからである（注1）。

　また、指名委員会等設置会社と異なり、執行役は置かれない。その代わりに監査役設置会社と同様に代表取締役が置かれる（会社399の13③、図表1－7参照）。したがって、業務執行の決定は、原則として取締役会が行うことになる。

　ただし、取締役の過半数が社外取締役である場合（会社399の13⑤）や、株主総会の承認を得た定款に定められた場合（会社399の13⑥）は、多くの業務執行を取締役に委任することができる。業務執行を委任する取締役は、通常、代表取締役になるはずなので、その場合は代表取締役が執行役と同様の役割を果たすことになるといえる。

　したがって、監査等委員会設置会社は、監査役設置会社と指名委員会等設置会社の中間に位置するような仕組みといえるだろう。監査役設置会社よりは「優れた」あるいは「進んだ」仕組みであるといえるのかもしれないが（意思決定を迅速に行うことが可能）、指名委員会等設置会社よりは「劣った」あるいは「遅れた」仕組みであるといえるのかもしれない（指名委員会と報酬委員会が置かれず、人事と報酬の権限が分離されていない）。

　こうした監査等委員会設置会社を採用している会社は、本稿執筆時点ではまだ存在していないのだが、今後出てくるのだろうか。前述のとおり、指名委員会等設置会社の数は今後も増えそうにない。その理由の一つに、社外取締役に対する日本企業の抵抗感がある。監査等委員会も委員の過半数は社外取締役でなければならないため、監査等委員会設置会社を選択する会社もしばらくは少数にとどまるのかもしれない。

しかし、詳しくは後述するが、コーポレートガバナンス改革の流れの中で、上場企業に対して社外取締役の設置が求められるようになってきている。そのため、上場企業の中で監査役設置会社から監査等委員会設置会社に移行する会社が出てくる可能性があると思われる。

　上場企業は、監査役設置会社である場合、監査役会を置かなければならない（上規437①二）。監査役会とは、3人以上の監査役で構成され、そのうち半数以上は社外監査役（会2十六）でなければならないという機関である（会335③）。

　したがって、上場企業は、今後、監査役設置会社を選択した場合、複数の社外監査役に加えて社外取締役も置かなければならないことになる。それでは負担が大き過ぎるため、上場企業の中で監査役設置会社から監査等委員会設置会社に移行する会社が出てくる可能性があるのである（人事と報酬の権限が指名委員会と報酬委員会に分離されている指名委員会等設置会社に比べれば抵抗感が小さいため（注2）、監査等委員会設置会社を選択するのではないかと考えられる）。

(注1) 監査役が行う監査の範囲は適法性監査（法令や定款に反していないか否かの確認）に限定される。それに対して、監査委員会が行う監査の範囲も同様なのだが、監査等委員会が行う監査の範囲は妥当性監査（会社の成長に資するか否かの確認）にも及ぶ。業務執行の決定を行う取締役会の構成員ではない監査役に妥当性監査を求めることはできないが、監査委員会と監査等委員会の委員は取締役だからである。そのため、「監査」だけでなく「監督」も付した「監査・監督委員会」という名称が考えられたのだろうと思われる。

(注2) ただし、監査等委員会が選定する監査等委員は、株主総会において、監査等委員である取締役以外の取締役の選任もしくは解任または辞任について（会342の2④）、また、監査等委員である取締役以外の取締役の報酬等について監査等委員会の意見を述べることができるとされている（会361⑥）。

図表1-7　監査等委員会設置会社の機関

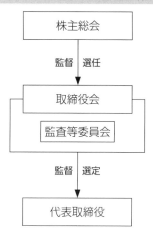

2 税務に関するコーポレートガバナンスとは

1 税務に関するコーポレートガバナンスとは

1 国税庁の取組み

　国税庁は、全国の国税局調査部の特別国税調査官所掌の大企業のうち、「税務に関するコーポレートガバナンス」の状況が良好で税務調査の必要度が低いと認められる企業に対して、税務調査の間隔を延長する取組みを開始している。税務に関するコーポレートガバナンスとは、国税庁がこの取組みにおいて用い始めた言葉である。

　国税庁は、まず平成23年5月から、日本経済団体連合会や法人会等の会合において説明会を実施し、大企業の経営者に対して税務に関するコーポレートガバナンスの充実を働きかけるとともに、効果的な取組事例を紹介している。そして、同年7月からは、特別国税調査官所掌の大企業の税務調査の機会に、税務に関するコーポレートガバナンスの状況を企業に「確認表」へと記載してもらい、調査終了時にそれに基づき、各国税局幹部が企業の経営者と面談を行い、意見交換を行うこととしている。

　その確認表には、①トップマネジメントの関与指導、②経理・監査部門の体制・機能の整備、③内部牽制の働く税務・会計処理手続の整備、④税務に関する情報の社内への周知、⑤不適切な行為に対するペナルティの適用、という五つの分野の実施状況が記載され、それに基づき税務に関するコーポレートガバナンスの状況が良好か否かについて判定される。

　そして、国税庁は、税務に関するコーポレートガバナンスの状況が良好な企業のうち、過去の複数回の調査において大口・悪質な是正事項がないこ

と、その他蓄積された情報等を総合的に勘案して、税務調査の必要度が低いと認められた企業に対して、税務調査を省略する年度における税務リスクの高い取引の自主開示とその適正処理についての確認を条件に、税務調査の間隔を１年延長することとしたのである。

　国税庁がこうした取組みを開始した背景には、後述するようなコーポレートガバナンスを重視する国際的な流れもあるのだが、何よりも限られた人的資源をより調査必要度の高い企業に対する税務調査に配分することができるという意図がある。税務に関するコーポレートガバナンスの状況が良好か否かを判定し、良好でない企業に対して重点的に税務調査を行うということであり、会計監査におけるリスクアプローチの考え方（重要な虚偽表示の可能性が高い事項に重点的に監査の人員や時間を充てることにより、効果的かつ効率的な監査を達成する）を税務調査にあてはめたような考え方であるといえる。

　なお、税務調査の間隔が延長されている間、税務リスクの高い取引の自主開示とその確認は、通常の申告書受理とあわせて行われる。特別国税調査官所掌の大企業は、申告調整項目が膨大で確認する書類も多岐にわたる。そのため、税務調査が省略される年度においても、１人の調査官が延べ15日程度企業を訪れて申告書の確認作業を行う。税務リスクの高い取引の確認作業等は、その申告書審理と同時並行的に20日から30日程度で行われる。

　したがって、税務調査の間隔が延長されても、調査官が訪れることに変わりはないのだが、税務調査は、通常は５人の調査班が３か月から５か月間、企業に訪問して行うので、それに比べれば企業にとって相当の負担減ということになる。

　また、連結法人の場合、税務に関するコーポレートガバナンスの状況が良好か否かの判定は、原則として連結親法人を対象に確認表を用いて行われるが、税務調査の間隔延長は、グループ全体を対象として、過去の複数回の調査において大口・悪質な是正事項がないこと、その他蓄積された情報等を総合的に勘案して判断される。そして、税務調査を省略する年度における税務

リスクの高い取引の自主開示も、グループ全体の取引が対象とされる。したがって、親法人は、子法人における税務リスクが高い取引についても把握し、自主開示を行わなければならない。

2 国税庁が求めるものとは

　税務に関するコーポレートガバナンスとは、前述のとおり国税庁がその取組みにおいて用い始めた言葉なのだが、それはどのような意味で用いられているのだろうか。国税庁が企業に対して求めているのは、どのようなものなのだろうか。

　現在、税務に関するコーポレートガバナンスの状況が良好か否かは、確認表の記載内容に基づいて判定されている。前述のとおり確認表には五つの分野の実施状況が記載されるのだが、五つの分野はそれぞれ更に複数の項目に分けられている。それを示したのが図表1-8である。企業はこの各項目の実施状況を確認表に記載する。

　また、前述のとおり国税庁は、大企業による税務コンプライアンスの維持・向上に効果的な取組事例を収集し、それを企業に対して紹介している。それを示したのが図表1-9である。確認表と同様の五つの分野に分けられている。

　前節においてコーポレートガバナンスについて説明したが、その内容と図表1-8及び1-9の内容とを照らし合わせると、国税庁が用いる「税務に関するコーポレートガバナンス」におけるコーポレートガバナンスは、前節において説明したコーポレートガバナンスよりもその内容の範囲が広い。

　前節においてコーポレートガバナンスを「企業が適切な意思決定を行うための仕組み」と定義した。コーポレートガバナンスをそのように定義するならば、税務に関するコーポレートガバナンスは「企業が適切な税務に関する意思決定を行うための仕組み」ということになるだろう。しかし、国税庁が用いる「税務に関するコーポレートガバナンス」は、それよりも範囲が広

く、「企業が適切な税務を行うための仕組み」といえるようなものである。

このように国税庁は、「企業が適切な意思決定を行うための仕組み」といった意味よりも広い意味でコーポレートガバナンスという言葉を用いている。そして、このズレが、税務に関するコーポレートガバナンスの理解を難しくしているのである。

図表1-8　税務に関するコーポレートガバナンス確認表の構成

1．トップマネジメントの関与指導
　① 税務コンプライアンスの維持・向上に関する事項の社訓、コンプライアンス指針等への掲載
　② 税務コンプライアンスの維持・向上に関する方針のトップマネジメントによる発信（例：社内LANに掲載、研修で伝達など）
　③ 税務に関する社内監査結果や税務調査結果のトップマネジメントへの報告
　④ 社内監査や税務調査等で税務上の問題事項が把握された場合における、その再発防止策に対するトップマネジメントの指示・指導
　⑤ トップマネジメントから社内に対する再発防止の徹底の指示
　⑥ トップマネジメントへの再発防止策の運用状況の報告
　⑦ トップマネジメントから社内に対する税務調査への適切な対応についての指示
　⑧ その他有効な取組

2．経理・監査部門の体制・機能の整備
　① 税務リスクのある取引に関して、事業部門や国内外の事業所から経理担当部署への情報の連絡・相談体制の整備（例：一定の取引については経理担当部署へ決済文書が回付されるなど）
　② 国外関連取引に係る取引価格の設定や事業再編など大きな税務リスクのある取引に関する社内検討の実施
　③ 税務精通者の養成・確保（例：外部研修を受講させている、経理事務に長く従事させる、税理士の中途採用など）

第2節　税務に関するコーポレートガバナンスとは

④ 経理担当部署等による税務に関する社内監査の実施
⑤ 税務コンプライアンスの維持・向上に関する経理部門と監査役・監査法人との連携
⑥ 連結子法人や国内グループ会社への税務面の指導や監査の実施
⑦ 海外の主要な支店・子会社への会計監査・モニタリングの実施
⑧ その他有効な取組

3．内部牽制の働く税務・会計処理手続の整備
  ① 個々の業務における税務リスクの把握
  ② 税務処理手続の明確化（例：マニュアルの作成など）
  ③ 会計処理の適否が事後においても検証可能となる仕組みの整備（例：修繕工事の施工検査において写真を撮影・保存など）
  ④ 不正な会計処理などの情報に関する内部通報制度の整備
  ⑤ その他の有効な取組

4．税務に関する情報の社内への周知
  ① 税務に関する情報の社員への提供（社内LAN等への掲載など）
  ② 税務研修の実施
  ③ 税務調査結果及び再発防止策の社内周知
  ④ その他有効な取組

5．不適切な行為に対するペナルティの適用
  ① 仮装・隠ぺいを行った社員に対する懲戒処分などのペナルティ制度の整備と運用
  ② その他有効な取組

（出所）「週刊税務通信」No. 3219、11-12頁

図表1-9　大企業の税務コンプライアンスの維持・向上に向けた取組事例

1. トップマネジメントの適切な関与・指導

   ○税務に対する会社の方針の明確化
   - 税法を遵守し正しく納税すること、記録の裏付けとなる資料を保管すること、帳票の偽造及び税務調査時の虚偽の答弁、事実の隠ぺいを行ってはならないことをコンプライアンス・ハンドブックに記載し、全社員に配布

   ○社内監査の活用
   - 税務監査実施基準に基づき、年2回（中間期末及び決算期末）、経理担当部署に子会社も含めて税務監査を実施させ、監査責任者（本社経理担当部長）が監査結果及び改善計画をトップに報告

   ○税務調査への対応と再発防止のための取組み
   - 税務調査の開始前に、税務調査への対応を優先する体制を構築することを、トップマネジメントが各部署に要請
   - 税務調査中に、当該税務調査において指摘された事項に類似する取引の有無について、全社に徹底調査を指示
   - 税務調査の結果と再発防止策を経営会議・取締役会等に報告
   - 徹底した再発防止を社長通達や社長メッセージとして電子メール、社内LAN等により指示
   - 監査部署が、税務調査での指摘事項の改善状況を経営会議に報告

2. 経理・監査部門の体制・機能の強化

   ○経理担当部署への情報の集約
   - 事業部門と経理担当部署が、毎月、情報交換を目的とした会議を実施
   - 経理担当部署に稟議書や取締役会資料を回付することで、税務上の検討を要する取引を早期に把握
   - 例外的な取引が発生した場合における、事業部から経理担当部署への報告をルール化し、取引内容に関する情報を共有化

   ○社内監査の効果的な実施

- ・会計監査専担チームを設置し、帳簿や証拠書類の実地調査、帳簿データのチェックを実施
- ・税務調査で臨場されなかった事業所に経理担当部署が臨場し、期末に発生した誤りやすい費用科目（修繕費、外注費など）について、サンプル調査により経理処理の誤りをチェック
- ・期末に竣工・検収する案件について、取引先であるグループ会社の帳簿・書類との整合性を確認

○税務精通者の育成・活用
- ・選抜された社員に高度な税務研修を実施し、税務精通者を養成
- ・税制が複雑化していく中、人事ローテーション期間内に税務精通者を育成できないため、短期間で知識を習得できる通信教育受講を税務担当者に義務付け
- ・税務担当者の外部税務研修への参加
- ・社内各部からの相談に対応でき、かつ、ダブルチェックが可能となるよう、財務部に税務精通者を複数人配置

○グループ企業への税務指導
- ・税制改正の内容等について、親会社が国内子会社の経理担当者に対して周知・指導
- ・申告にあたってのマニュアル・チェックリストを作成し、グループ会社に対して説明会を実施

3．内部牽制の働く税務・会計処理手続の整備
- ・過去の処理誤りを踏まえた税務・会計処理に関するマニュアルを作成し、手続を明確化
- ・決算時に誤りやすい項目についてチェックリストを作成し、各事業所が複数の者によりチェック
- ・税務・会計処理の誤りが多い業務（物品購入や修繕など）について、権限・職責の適切な分担（発注責任者と検定責任者の分離など）
- ・費用計上及び支払依頼を行う際に、請求書に請求事実の発生を証する資料等を添付して決済権者がチェック

- ・修繕工事の施工検査に際して、第三者が竣工の有無をチェック可能となるよう、写真の撮影・保管を徹底
- ・各部門が取引等を行う際に常に税務上の取扱いを意識するよう、取引実行時の決裁書に税務の取扱いを記載
- ・工事原価を他の現場に付け替えることのないよう、定期的に工事関係書類と会計帳票とを突合

4．税務に関する情報の社内への周知
  ○税務に関する研修の充実
  - ・新任課長など階層別の研修の中で経理・税務に関する研修を実施
  - ・税務の考え方や会計処理に関する社内ルールについてeラーニングを実施
  - ・経理部署が事業所等を巡回し、決済責任者や実務担当者に具体的事例に基づいた税務研修を実施

  ○税務調査の結果等の周知
  - ・税務調査の結果及び再発防止策を、指摘された部署だけでなく、広く社内に周知

5．不適切な行為に対するペナルティの適用
- ・不正な税務・会計処理を行った場合には、取引実行者及び監督責任者を懲戒処分
- ・予算消化のために意図的に経費を繰上げ計上した場合には、当該部署の予算を減額
- ・証ひょうの改ざんなどにより虚偽の費用申請を行った場合には、業務に関する費用であっても本人が負担

(出所)「週刊税務通信」No. 3219、13-14頁

2 求められるのはコーポレートガバナンスなのか

1 なぜコーポレートガバナンスなのか

　国税庁による税務に関するコーポレートガバナンスへの取組みは、前述のとおり限られた人的資源をより調査必要度の高い企業に対する税務調査に配

分することができるという考え方に基づくものである。これは、まず、コーポレートガバナンスを重視する国際的な流れがあり、その影響を受けて検討された取組みだろうと思われる。

　国税庁が「税務に関するコーポレートガバナンス」という言葉を最初に用いたのは平成23年なのだが（注）、税務に関する国際的な議論の場においては、それよりも前からコーポレートガバナンスという言葉が登場していた。例えば、平成21年5月に開催された第5回OECD（経済協力開発機構）税務長官会議において、そして、平成22年9月に開催された第6回OECD税務長官会議においても、「我々は、租税分野における強力なコーポレートガバナンスを引き続き推進する」との声明が出されている。

　このように税務に関する国際的な議論の場においてコーポレートガバナンスという言葉が用いられていたため、国税庁は、限られた人的資源を有効に税務調査に活かしたいという目的及び国際的な潮流に沿って、コーポレートガバナンスという概念を用いて仕組みを設けたのだろう。しかし、前述のとおりその意味は「企業が適切な意思決定を行うための仕組み」といったものよりも広いものとなっていることには、注意が必要である。具体的には国税庁は、企業に対して、経営者の税務コンプライアンスへの十分な関与といったことにとどまらず、更にその先にある税務が適切に行われるための体制全般の整備まで詳細に求めている。

(注)「国税庁レポート2011」において、まず当時の川北力国税庁長官による「納税者の皆様へ」の中で「大企業については、税務に関するコーポレートガバナンスの充実を図る取組も進めることとしています」（2頁）と記載された後、「Ⅰ国税庁について　2税務行政の運営の考え方（2）適正な調査・徴収」の中で「大企業の税務コンプライアンスの維持・向上には、コーポレートガバナンスが重要であるため、企業経営者等と意見交換を行い、効果的な取組事例を紹介するなどの取組を進めます」と記載された。

2 どう理解すべきか

　それでは、そもそも税務に関する国際的な議論の場においては、どのような意味でコーポレートガバナンスという言葉が用いられているのだろうか。

　第5回OECD税務長官会議において出された「我々は、租税分野における強力なコーポレートガバナンスを引き続き推進する」という声明の内容は、次のとおりである（注1）。「取締役会と上級経営者が十分に関与」という記載があることに注目したい。

> 効果的な税務リスク管理は、強力なコーポレートガバナンスのために必要不可欠な要素である。金融業界及びその他のいくつかの業界で最近明るみになった事件、及び現在のグローバルな金融経済危機の発端となった不十分なコーポレートガバナンスは、コーポレートガバナンスが重要であることや、企業セクターによっては変革する必要性があるということを明確に示している。
> 税務リスクを効果的に評価することは、ビジネスにおける意思決定プロセスにおいて、必要不可欠であると我々は考えている。我々は、あらゆる企業に対して、コーポレートガバナンス実務を見直し、税務上の影響が大きい取引の決定に関しては、取締役会と上級経営者が十分に関与し、説明責任を果たすよう促す。現在、多くの税務当局は、リスク評価プロセスの一環として、コーポレートガバナンス及びリスク管理制度に関する企業納税者の能力に、一層の焦点を当てている。（以下略）

　第6回OECD税務長官会議においても同じ題名の声明が出されたが、その内容は次のとおりである（注2）。こちらでも税務に対する取締役会の責任が強調されている。このようにOECD税務長官会議の声明におけるコーポレートガバナンスという言葉は、経営者の税務コンプライアンスへの十分な関与という点から用いられており、「企業が適切な意思決定を行うための仕組み」といった意味よりも広い意味で用いられているわけではない。

> 我々は、取締役会による税務リスクの管理は良いコーポレートガバナンスの原則であるという認識を確実にすることを目指して、コーポレートガバナンスに関する規範やガイドラインを策定する責任を世界的に有する企業、規制当局及び他の機関と協力を続けている。我々の経験上、取締役会は税務ノンコンプライアンスや濫用的租税回避に関係するレピュテーションリスク及び財務リスクを認識する必要があり、取締役会はこういったリスクを評価するための政策・手段を確立する必要がある。(以下略)

　また、これらより前から、第3回OECD税務長官会議と第4回OECD税務長官会議の声明においても、「OECDコーポレートガバナンス原則」の税務への適用が述べられているのだが(注3)、そのOECDコーポレートガバナンス原則の構成を示したものが図表1-8である(注4)。OECDコーポレートガバナンス原則とは、OECD加盟各国に適用可能なコーポレートガバナンスの望ましいあり方を示したものであり、あくまで「企業が適切な意思決定を行うための仕組み」という意味のコーポレートガバナンスの原則を定めたものである。

　このように税務に関するコーポレートガバナンスは、本来、「企業が適切な税務に関する意思決定を行うための仕組み」であるはずだが、確認表の記載により、国税庁が求めているのは、それよりも範囲が広い「企業が適切な税務を行うための仕組み」といえるものである。よって、本来の意味の税務に関するコーポレートガバナンス、そして、税務に関するコンプライアンスも包含していることとなる。企業としては、税務に関するコーポレートガバナンスにとどまらず、「税務に関する内部統制」までも求めていると理解すべきかと思われる（コーポレートガバナンスの問題が生じない非公開会社に対しては、もっぱら税務に関する内部統制が求められることになる）。

(注1) 原文では「corporate boards」とされているものを「取締役会」と訳している。
(注2) 原文では「corporate boards」とされているものを「取締役会」と訳している。
(注3) 第3回OECD税務長官会議の声明においては「2004年OECDコーポレートガバナンス原則を

拡大し、税務と良いガバナンスとの間の関連性に着目」、第4回 OECD 税務長官会議の声明においては「OECD コーポレートガバナンス原則の税務分野への適用可能性に係る作業の進展を確認するとともに、上場企業の会長・役員との対話を行うことにより企業の税務リスク管理に係るアプローチについて引き続き経験の共有を図ることとする」ということが述べられている。

(注4) 原文では「the board」とされているものを「取締役会」と訳している。

図表1-10　OECD コーポレートガバナンス原則の構成

Ⅰ．有効なコーポレートガバナンスの枠組みの基礎の確保
Ⅱ．株主の権利及び主要な持分機能
Ⅲ．株主の平等な取扱い
Ⅳ．コーポレートガバナンスにおけるステークホルダー（利害関係者）の役割
Ⅴ．開示及び透明性
Ⅵ．取締役会の責任

3 移転価格上の税務コンプライアンス維持・向上のための取組み

1 移転価格税制とは

　国税庁は、「税務に関するコーポレートガバナンス」に関わる取組みの一環として、移転価格上の税務コンプライアンス維持・向上のための取組みも行っている。具体的には、「移転価格に関する取組状況確認のためのチェックシート」を企業に配布し、企業の移転価格に関する自発的かつ適正な対応を促すというものである。

　しかし、移転価格税制は企業にとってリスクの高い制度であり、回避するのは容易ではない。例えば、株式会社小松製作所は、その第145期有価証券報告書の「第一部企業情報　第2事業の状況　4事業等のリスク」で「4．各国の規制」として次のような記載を行っている（下線は筆者による）。

> 当社グループが事業を展開する各国において、その国固有の政府の規制や承認手続きの影響を受ける。将来、その国の政府による規制、例えば関税、輸出入規制、通貨規制、その他各種規制等が導入又は変更されたときに、これらに対応するための費用が発生したり、製品の開発、生産、販売・サービス活動等に支障をきたす可能性がある。また、グループ会社間の国際的な取引価格に関しては、適用される日本及び相手国の移転価格税制を順守するよう細心の注意を払っているが、税務当局から取引価格が不適切であるなどの指摘を受ける可能性がある。更に政府間協議が不調となるなどの場合、結果として二重課税や追加課税を受ける可能性がある。これらの予期しない事態に直面した場合、当社グループの経営成績に不利益な影響を与えるリスクがある。

　移転価格税制のリスクは、それをめぐって企業と税務当局の間に見解の相違が生じやすいことに起因するのだろうと思われる。そして、必ずしも企業側の見解が誤っているとは限らない。例えば、過去、武田薬品工業株式会社（以下「武田薬品工業」という）と大阪国税局の間に移転価格税制をめぐって見解の相違が生じたのだが、最終的に武田薬品工業側の見解が認められるということがあった（注）。

　移転価格税制は、企業にとってリスクの高い制度なのだが、税務当局にとってもリスクの高い制度であるといえる。そのため、国税庁は、税務リスクの高い取引は他にもあるにも関わらず、特に移転価格上の税務コンプライアンス維持・向上のための取組みを行うのである。

　ここで「移転価格に関する取組状況確認のためのチェックシート」の説明に入る前に、移転価格税制の概要について触れておくこととする（措66の4）。

　まず移転価格税制とは、海外のグループ会社との取引により所得を海外に移転することを防止するための税制である。税率の低い国にあるグループ会社に所得を移転することができれば、企業は課税される額を抑えることができる。それでは、どのように海外のグループ会社との取引により所得を海外

に移転することができるのだろうか。

100円で仕入れたものを海外子会社を通じて150円で販売する場合を考えてみる。自社から海外子会社へ販売するにあたっての通常の取引価格は120円だとする（図表1-11参照）。この通常の取引価格を「独立企業間価格」という。この場合、自社の所得は、「売上120円－仕入100円＝20円」となる。

これに対して、自社から海外子会社へ販売するにあたっての取引価格を110円とすると、自社の所得は、「売上110円－仕入100円＝10円」となり、独立企業間価格での取引よりも所得が10円小さくなる（図表1-12参照）。独立企業間価格に対して、このグループ間で設定した取引価格を「移転価格」という。

図表1-11　独立企業間価格での取引

図表1-12　移転価格での取引

このように、グループ全体の所得は、独立企業間価格での取引でも移転価格での取引でも、「売上150円－仕入100円＝50円」で変わらないのだが、海外のグループ会社との取引価格を調整することにより（移転価格で取引することにより）、海外での所得のほうを大きくすることが可能になるのである。

これをそのまま放置したのでは、日本で課される税額が小さくなってしまう。そこで、どのような対応がなされるのかというと、移転価格での取引で得られた所得と独立企業間価格での取引で得られたであろう所得との差額を計算し、その差額分の課税を追加で行うのである。

　前述の例でいえば、移転価格での取引における自社の所得10円に対して課税するだけでなく、それと独立企業間価格での取引における自社の所得20円との差額10円に対しても追加で課税するのである。こうした制度が移転価格税制である。

　なお、独立企業間価格は、独立価格比準法、再販売価格基準法、原価基準法等の方法により算定されるが、その算定には曖昧さが残る。そのため、移転価格税制をめぐっては企業と税務当局の間に見解の相違が生じやすい。

（注）武田薬品工業は、平成18年6月、大阪国税局により、ＴＡＰファーマシューティカル・プロダクツ株式会社（武田薬品工業と米国アボット社との50：50の合弁会社）との間の消化性潰瘍治療剤「プレバシド」の製品供給取引等に関する移転価格税制に基づく更正処分を受けた（更正された所得金額は1,223億円）。武田薬品工業は、その更正処分を不服として、大阪国税局に対して異議申立手続を行ったところ、大阪国税局は、平成24年4月6日、更正した所得金額1,223億円のうち977億円を取り消すこととした。その後、武田薬品工業は、取消しが認められなかった部分の全額の取消しを求める審査請求を大阪国税不服審判所に対して行ったところ、平成25年3月5日にその主張を認容する旨の裁決書を同審判所長から受領し、最終的に武田薬品工業側の見解がすべて認められることとなった。

2　移転価格に関する取組状況確認のためのチェックシート

　前述のとおり、国税庁は、全国の国税局調査部の特別国税調査官所掌の大企業のうち、「税務に関するコーポレートガバナンス」の状況が良好で税務調査の必要度が低いと認められる企業に対して、税務調査の間隔を延長する取組みを行っている。移転価格上の税務コンプライアンス維持・向上のための取組みも、そうした「税務に関するコーポレートガバナンス」に関わる取組みの一環である。

ただし、「税務に関するコーポレートガバナンス」に関わる取組み自体とは異なり、この移転価格上の税務コンプライアンス維持・向上のための取組みの場合は、移転価格に関する取組状況が良好だからといって、税務調査の間隔が延長されるわけではない。「移転価格に関する取組状況確認のためのチェックシート」は、あくまで企業側における移転価格に関する取組状況確認、そして、企業と税務当局の間のコミュニケーションの手段として活用されるものとされている（注）。

　こうした性質の「移転価格に関する取組状況確認のためのチェックシート」は、七つの分野で構成され（図表1－13）、それぞれの分野ごとにいくつかの確認事項が挙げられている。「トップマネジメントの関与」と「海外の関連法人における移転価格対応（親会社のガバナンス）」という分野が設けられているところは、この取組みが「税務に関するコーポレートガバナンス」に関わる取組みの一環であることを感じさせる。

　また、最後に「税務当局とのコミュニケーション」という分野が設けられていることから、このチェックシートが企業と税務当局の間のコミュニケーションの手段として位置づけられていることがわかる。移転価格税制をめぐっては企業と税務当局の間に見解の相違が生じやすいため、両者間の事前のコミュニケーションが重要視されるのだろう。企業だけでなく税務当局の側にもある移転価格税制のリスクを両者間の事前のコミュニケーションを通じて回避しようと国税庁は考えているようである。

　なお、この移転価格上の税務コンプライアンス維持・向上のための取組みの対象は、「税務に関するコーポレートガバナンス」に関わる取組みと同様に、現在のところ大企業のみである。しかし、海外進出をしている中小企業は多く、大企業に限らず中小企業においても移転価格上の問題が生じる可能性がある。「移転価格に関する取組状況確認のためのチェックシート」は、海外進出をしている中小企業にとっても参考になるはずである。

　（注）「移転価格に関する取組状況確認のためのチェックシート」の冒頭の「このチェックシートの目

的」には、「この『移転価格に関する取組状況確認のためのチェックシート』を活用することにより、企業の移転価格に関する自発的かつ適正な対応や当局とのコミュニケーション作りが進み、企業の移転価格上の税務コンプライアンスの維持・向上や税務リスクの軽減に役立つことを期待しています。」と記載されている。

図表1-13　移転価格に関する取組状況確認のためのチェックシートの構成

1	移転価格税制についての認識
2	トップマネジメントの関与
3	国外関連取引の実態・問題点の把握
4	グローバルな移転価格ポリシーの策定
5	移転価格算定手法を念頭に置いた取引価格設定
6	海外の関連法人における移転価格対応（親会社のガバナンス）
7	税務当局とのコミュニケーション

3 税務に関するコーポレートガバナンスの構築における税理士の役割

1 税理士とコーポレートガバナンス・内部統制

1 税理士とコーポレートガバナンス・内部統制

　前述のとおり国税庁は、企業に対して、「税務に関するコーポレートガバナンス」にとどまらず、「税務に関する内部統制」までも求めていると理解すべきである。したがって、それらを構築するにあたっては、当然のことながらコーポレートガバナンスと内部統制の両方の理解が必要になる。

　税理士が関わる企業の多くは非公開会社であるが、非公開会社においては、所有と経営を一致させ、意思決定を株主自身で完結させることが可能であるため、そもそもコーポレートの問題が生じない。そのため、税理士がコーポレートガバナンスの問題に直面することはほとんどない。

　また、内部統制は、公開会社に限らず非公開会社においても必要とされるものではあるが、いわゆる内部統制報告制度の対象となるのは上場会社である（金24の44①、193の2②）。したがって、非公開会社において内部統制に配慮されることは少なく（注）、税理士は内部統制の問題に直面することもほとんどない。

（注）上場会社とは、自社の株式を株式市場に上場させている会社であり（厳密には「自社の有価証券を証券市場に上場させている会社」というべきであるが）、公開会社とは、その発行する全部または一部の株式の内容として譲渡による当該株式の取得について株式会社の承認を要する旨の定款の定めを設けていない株式会社（会2五）、すなわち、株主が自由に株式を譲渡することができる（会127）こととされている株式会社であるため、両者はあくまで異なる概念である。しかし、非

上場会社であるにも関わらず公開会社である場合というのは稀であるため、上場会社と公開会社の範囲、そして、非上場会社と非公開会社の範囲はともにほぼ重なり合う。

2 公認会計士とコーポレートガバナンス・内部統制

　一方、税理士と比較されることが多い公認会計士にとっては、コーポレートガバナンスと内部統制のいずれも身近なものである。

　公認会計士が会計監査等で関わる企業のほとんどは、上場会社であり、公開会社である。それらは、コーポレートガバナンスの問題が生じる企業であり、いわゆる内部統制報告制度の対象となる企業でもある。

　また、内部統制監査はもちろん会計監査を行うにあたっても、コーポレートガバナンスと内部統制の理解は必須となる。そのため、公認会計士の資格を取得する過程においてもそれらの理解が必要とされる。公認会計士試験には「企業法」や「監査論」という科目があり、それらを通じてコーポレートガバナンスと内部統制の知識が得られるようになっている。さらに公認会計士試験合格者は、実務補修を受け、修了考査を受験するのだが、これらを通じてもコーポレートガバナンスと内部統制の知識が得られるようになっている。

　それに対して、税理士の資格を取得する過程においてコーポレートガバナンスと内部統制の理解が必要とされることはない。ここで説明するまでもなく税理士試験は会計科目と税法科目で構成されるが、それらによってコーポレートガバナンスと内部統制の知識は得られない。税理士は、関わる企業の性質からコーポレートガバナンスと内部統制の問題に直面することがほとんどないだけでなく、資格を取得する過程においても接することがないのが通常である。

　こうした現状から、「税務に関するコーポレートガバナンス」と「税務に関する内部統制」の構築において主導的な役割を果たすのは公認会計士（税理士登録をした公認会計士を含む）となることが予想される。

2 税務に関するコーポレートガバナンスの今後

1 税務に関するコーポレートガバナンスの今後

　前述のとおり、国税庁による「税務に関するコーポレートガバナンス」重視の取組みは、現在のところ全国の国税局調査部の特別国税調査官所掌の大企業のみが対象とされている。しかし、今後、その対象は、ほかの大企業、そして、さらに中小企業へと広げられていくことになるだろう。実際に国税庁関係者が、そうした想定をしていることを発言している（注1）。また、国税庁調査課所管法人のうち一般部門所掌法人（特別国税調査官所掌法人以外）に対しては、平成27年3月期以降の決算期を対象に「申告書の自主点検と税務上の自主監査」を促進していくこととされている（注2）。

　現在のところ国税庁の取組みは一部の大企業のみが対象とされているため、税理士の方のほとんどはそれと無縁のはずである。しかし、その対象が、税理士の主たる関与先である中小企業へと広げられていった場合、当然のことながら現在のように無縁でいるわけにはいかないだろう。

　もちろん中小企業に対して大企業と同様の取組を行うわけにはいかず、中小企業を対象とした取組みは、大企業を対象としたそれとは異なるものとなるはずである。しかし、取組の目的自体は、対象が中小企業であれ大企業であれ、異ならない。

　したがって、水準は異なるかもしれないが、中小企業においても、「税務に関するコーポレートガバナンス」、そして、「税務に関する内部統制」の構築が必要とされると理解すべきである（非公開会社である中小企業においては、主として税務に関する内部統制の構築が必要となる）。

　そのため、中小企業に関わる税理士には、コーポレートガバナンスと内部統制の理解が求められることになるだろう。もしもそれらを理解しないまま、国税庁による中小企業対象の取組みに関わろうとした場合、混乱を招く

ことになるだろうし、何よりも公認会計士に遅れをとることになるだろう。

(注1)「この人に聞く　国税庁調査査察部調査課長　山川博樹氏」税のしるべ平成25年9月23日号・4頁、「大企業の税務コンプライアンスの維持・向上のため、税務に関するコーポレートガバナンスの充実を促進　国税庁調査査察部長　藤田博一」税理2014年1月号・5頁。

(注2) 国税庁は、平成27年3月に「申告書確認表」と「大規模法人における税務上の要注意項目確認表」の2種類の確認表を公表し、国税庁調査課所掌法人のうち一般部門所掌法人（特別国税調査官所掌法人以外）に対して、申告書の自主点検と税務上の自主監査にそれらを活用するよう働きかけていくこととした。これらの確認表は、申告書や税務調査の結果から誤りが多い事項をまとめたもので、「申告書確認表」は提出直前の申告書の自主点検に、「大規模法人における税務上の要注意項目確認表」は申告書を作成する前の決算調整事項や申告調整事項の把握漏れ等の自主監査に、それぞれ活用するためのものとされている。なお、これらの確認表を国税当局へ提出する必要はないが、活用した法人を国税当局が把握するため、申告書と併せて提出する「会社事業概況書」に「活用の有無」欄が設けられる。また、「税務に関するコーポレートガバナンス」重視の取組みとは異なり、これらの確認表を活用しても、税務調査の間隔が延長されるということはない。

2　税理士の役割

　国税庁が「税務に関するコーポレートガバナンス」重視の取組みを開始したことは、わが国の税務行政の大きな転換点であるといえるだろう。これまで税務当局は、もっぱら企業に対する調査を通じて、企業による適切な納税を実現しようとしていた。しかし、今後は、適切な納税を実現するための仕組み（「税務に関するコーポレートガバナンス」と「税務に関する内部統制」）を企業の内部に構築してもらうことによっても実現していこうとしている。

　こうしたわが国の税務行政の大きな転換点において主導的な役割を果たすことが期待されるのは、やはり税理士だろう。国税庁の取組みの対象が中小企業にも広げられていった場合、それに関与している税理士に協力が求められることになるのは当然の成り行きかと思われるが、そもそも税理士としての使命（注）から国税庁の取組みに積極的に関与していくことが求められる

はずである。

　しかし、前述のとおり、現状のままでは、国税庁の取組みにおいて税理士が貢献することは難しく、その構築において主導的な役割を果たすのは公認会計士（税理士登録をした公認会計士を含む）となってしまうだろう。

　日本税理士会連合会と日本公認会計士協会の間で税理士法改正をめぐる対立が生じたことがあったが、不毛な対立であったといわざるを得ない。わが国の税務行政の大きな転換点にある現在、税理士に求められるのは、税務だけでなく、「税務に関するコーポレートガバナンス」と「税務に関する内部統制」にも対応できるようになる自己改革だろう。日本税理士会連合会が提案すべきなのは、公認会計士を排除するための税理士法改正等ではなく、そうした自己改革を可能にするための施策のはずである。

（注）税理士法1条（税理士の使命）「税理士は、税務に関する専門家として、独立した公正な立場において、申告納税制度の理念にそつて、納税義務者の信頼にこたえ、租税に関する法令に規定された納税義務の適正な実現を図ることを使命とする。」

3 （参考）コーポレートガバナンス改革の流れ

1 会社法の改正

　現在、日本企業におけるコーポレートガバナンスのあり方を変えようという動きがある。それは主に上場会社を対象としたものであるため、本書の主たる対象読者である税理士の方は、自身と関係ないと思われるかもしれない。そのため、この項にも「参考」と付してある。しかし、後述するが、税理士の方と無関係とは必ずしも限らないため、ぜひ理解しておいていただきたい。

　コーポレートガバナンス改革の流れの中でまず取り上げなければならないのは、1❸でも触れたが、コーポレートガバナンスの仕組みを具体的に定め

ている法律である会社法の改正である。改正された点は、委員会設置会社から指名委員会等設置会社への名称変更や、監査等委員会設置会社の新設の他、社外取締役を置いていない場合にその理由を開示しなければならないという規定の新設や、社外取締役と社外監査役の要件の変更等である。

　まず社外取締役を置いていない場合の理由の開示だが、これは、事業年度の末日において監査役会設置会社（公開会社であり、かつ、大会社であるものに限る）であって金融商品取引法24条1項の規定によりその発行する株式について有価証券報告書を内閣総理大臣に提出しなければならないものが社外取締役を置いていない場合には、取締役は、当該事業年度に関する定時株主総会において、社外取締役を置くことが相当でない理由を説明しなければならないという規定が新設されたのである（会327の2）。

　ここで、「監査役会設置会社（公開会社であり、かつ、大会社であるものに限る）であって金融商品取引法24条1項の規定によりその発行する株式について有価証券報告書を内閣総理大臣に提出しなければならないもの」にあてはまるのは上場会社であるため、この規定は、社外取締役を置いていない上場会社に対してその理由の開示を求めるものである。

　もともとは会社法において上場会社に対して社外取締役の設置を義務づけることが検討されていたのだが、経済界からの反対があり、それは見送られた。その社外取締役設置の義務づけの代替案が、この社外取締役を置いていない場合の理由の開示である。

　しかし、社外取締役を置かない理由について、株主や投資家の理解を得られるように合理的に説明するのは、なかなか難しいのではないだろうか。確かに社外取締役設置の義務づけは見送られたが、社外取締役を置いていない場合の理由を開示しなければならないとされたことによって、実質的に社外取締役設置が義務づけられたといえるだろう。

　また、平成24年9月7日の法制審議会総会において採択され、法務大臣に答申された「会社法制の見直しに関する要綱」では、次のような附帯決議が

なされ、東京証券取引所（以下「東証」という）は、それに基づいて有価証券上場規程を改正した。具体的には、「上場内国株券の発行者は、独立役員に取締役会における議決権を有している者が含まれていることの意義を踏まえ、独立役員を確保するよう努めるものとする」とされていた独立性の高い社外取締役の確保に係る規定を「上場内国株券の発行者は、取締役である独立役員を少なくとも1名以上確保するよう努めなければならない」とした（上規445の4。平成24年2月10日施行）。

> 1　社外取締役に関する規律については、これまでの議論及び社外取締役の選任に係る現状等に照らし、現時点における対応として、本要綱に定めるもののほか、金融商品取引所の規則において、上場会社は取締役である独立役員を一人以上確保するよう努める旨の規律を設ける必要がある。
> 2　1の規律の円滑かつ迅速な制定のための金融商品取引所での手続において、関係各界の真摯な協力がされることを要望する。

次に社外取締役と社外監査役の要件の変更だが、これは、それらに該当する者の範囲をより限定しようという改正である（図表1-14参照）。具体的には、従来の要件に、親会社等または兄弟会社の関係者でないことや、自社の関係者（重要な使用人を含む）の配偶者または二親等内の親族でないことが追加された。

図表1-14を見るとわかるように、実はこれまで社外取締役と社外監査役に該当する者の範囲はかなり広く定められており、実際には「社外」とはいえない者がそれらに就任している場合が多かった。そのため、それらに該当する者の範囲をより限定することとしたのである（ただし、それでもまだ完全ではない）。

図表1-14　社外取締役と社外監査役の定義

	改正前	改正後
社外取締役 （会2十五）	株式会社の取締役であって、当該株式会社またはその子会社の業務執行取締役（株式会社の363条1項各号に掲げる取締役および当該株式会社の業務を執行したその他の取締役をいう。以下同じ）もしくは執行役または支配人その他の使用人でなく、かつ、過去に当該株式会社またはその子会社の業務執行取締役もしくは執行役または支配人その他の使用人となったことがないものをいう。	株式会社の取締役であって、次に掲げる要件のいずれにも該当するものをいう。 イ　当該株式会社またはその子会社の業務執行取締役（株式会社の363条1項各号に掲げる取締役および当該株式会社の業務を執行したその他の取締役をいう。以下同じ）もしくは執行役または支配人その他の使用人（以下「業務執行取締役等」という）でなく、かつ、その就任の前10年間当該株式会社またはその子会社の業務執行取締役等であったことがないこと。 ロ　その就任の前10年内のいずれかの時において当該株式会社またはその子会社の取締役、会計参与（会計参与が法人であるときは、その職務を行うべき社員）または監査役であったことがある者（業務執行取締役等であったことがあるものを除く）にあっては、当該取締役、会計参与または監査役への就任の前10年間当該株式会社またはその子会社

		の業務執行取締役等であったことがないこと。 ハ　当該株式会社の親会社等（自然人であるものに限る）または親会社等の取締役もしくは執行役もしくは支配人その他の使用人でないこと。 ニ　当該株式会社の親会社等の子会社等（当該株式会社およびその子会社を除く）の業務執行取締役等でないこと。 ホ　当該株式会社の取締役もしくは執行役もしくは支配人その他の重要な使用人または親会社等（自然人であるものに限る）の配偶者または二親等内の親族でないこと。
社外監査役 （会2十六）	株式会社の監査役であって、過去に当該株式会社またはその子会社の取締役、会計参与（会計参与が法人であるときは、その職務を行うべき社員）もしくは執行役または支配人その他の使用人となったことがないものをいう。	株式会社の監査役であって、次に掲げる要件のいずれにも該当するものをいう。 イ　その就任の前10年間当該株式会社またはその子会社の取締役、会計参与（会計参与が法人であるときは、その職務を行うべき社員。ロにおいて同じ）もしくは執行役または支配人その他の使用人であったことがないこと。 ロ　その就任の前10年内のいずれかの時において当該株式会社ま

		たはその子会社の監査役であったことがある者にあっては、当該監査役への就任の前10年間当該株式会社またはその子会社の取締役、会計参与もしくは執行役または支配人その他の使用人であったことがないこと。
		ハ　当該株式会社の親会社等（自然人であるものに限る）または親会社等の取締役、監査役もしくは執行役もしくは支配人その他の使用人でないこと。
		ニ　当該株式会社の親会社等の子会社等（当該株式会社およびその子会社を除く）の業務執行取締役等でないこと。
		ホ　当該株式会社の取締役もしくは支配人その他の重要な使用人または親会社等（自然人であるものに限る）の配偶者または二親等内の親族でないこと。

2　日本版コーポレートガバナンス・コードの策定

　コーポレートガバナンス改革の流れとして、会社法の改正に加えて取り上げなければならないのが、日本版コーポレートガバナンス・コードの策定である。OECD コーポレートガバナンス原則については 2 ❷で触れたが、日本版コーポレートガバナンス・コードとは、その日本版であり（注1）、日本の上場会社における望ましいコーポレートガバナンスのあり方を示すもの

である（注2）。

　日本版コーポレートガバナンス・コードの基本原則は図表1－15のとおりである（注3）。金融庁と東証を事務局とする「コーポレートガバナンス・コードの策定に関する有識者会議」（以下「有識者会議」という）が、その内容を検討して公表したものであり、平成27年6月までに東証がその規則として策定することとしている。

　この基本原則を見ると、すべて「すべきである」という文末になっていることがわかる。日本版コーポレートガバナンス・コードは、前述のとおり東証の「規則」として策定される予定ではあるが、「しなければならない」規則ではなく、あくまで「すべきである」原則であり（プリンシプルベース・アプローチ）、日本の上場会社すべてが受け入れなければならないものではない。ただし、受け入れない場合には説明が必要とされる（コンプライ・オア・エクスプレイン。すなわち、原則を実施するか、実施しない場合には、その理由を説明するかが求められる）。

　日本版コーポレートガバナンス・コードの中で最も注目を集めているのが、社外取締役の設置に関する原則である。日本版コーポレートガバナンス・コードは、基本原則・原則・補充原則という構成となっているのだが、「基本原則4　取締役会等の責務」に続く原則の中に次のような「原則4－8．独立社外取締役の有効な活用」がある（注4）。社外取締役が十分機能するためには複数名の設置が必要との考えから「社外取締役を少なくとも2名以上選任すべき」とされている。

> 　独立社外取締役は会社の持続的な成長と中長期的な企業価値の向上に寄与するように役割・責務を果たすべきであり、上場会社はそのような資質を十分に備えた独立社外取締役を少なくとも2名以上選任すべきである。
> 　また、業種・規模・事業特性・機関設計・会社をとりまく環境等を総合的に勘案して、自主的な判断により、少なくとも3分の1以上の独立社外取締役を選任することが必要と考える上場会社は、上記にかかわらず、そのための取組み方針を開示すべき

> である。

　確かに日本版コーポレートガバナンス・コードは日本の上場会社すべてが受け入れなければならないものではない。しかし、受け入れない場合には説明が必要とされる。社外取締役の設置に関する原則を受け入れない理由についても、株主や投資家の理解を得られるように合理的に説明するのは難しいだろう。

　前述のとおり上場会社は会社法によって実質的に社外取締役の設置が義務づけられたといえるが、更に日本版コーポレートガバナンス・コードによって複数名の社外取締役の設置が求められることになる。そのため、今後、上場会社の中で監査役設置会社から監査等委員会設置会社に移行する会社が多く出てくるのではないかと思われる。

　日本版コーポレートガバナンス・コードと併せて日本版スチュワードシップ・コードについても触れておくこととする。日本版スチュワードシップ・コードとは、金融庁に設置された「日本版スチュワードシップ・コードに関する有識者検討会」が平成24年2月26日に公表した「責任ある機関投資家の諸原則」のことであり、図表1－16に示した七つの原則によって構成されている。

　この七つの原則を読むと、まず「スチュワードシップ責任」という用語が出てくる。それは、「機関投資家が、投資先企業やその事業環境等に関する深い理解に基づく建設的な『目的を持った対話』（エンゲージメント）などを通じて、当該企業の企業価値の向上や持続的成長を促すことにより、『顧客・受益者』（最終受益者を含む）の中長期的な投資リターンの拡大を図る責任」と定義されている。要するに、個人投資家等よりも影響力の大きな機関投資家が、投資先企業の経営をきちんと監視して（定義の中では「対話」とされているが）、その成長を促し、最終的には資金を預かっている顧客等に利益をもたらすこと、であるといえるだろう。

したがって、日本版コーポレートガバナンス・コードが、日本の上場会社自体に対してコーポレートガバナンスの指針を示すものであるのに対して、日本版スチュワードシップ・コードは、日本の上場会社のコーポレートガバナンスの質を向上させるために、機関投資家の投資先企業への適切な関与の仕方についての指針を示すものであり、両者の最終的な目的は同じなのである（注5）。

　なお、日本版コーポレートガバナンス・コードと同様に、日本版スチュワードシップ・コードにおいても「プリンシプルベース・アプローチ」と「コンプライ・オア・エクスプレイン」が採用されている。図表1－16を見るとわかるように、「しなければならない」規則ではなく、あくまで「すべきである」原則であり、日本の上場会社に投資する機関投資家すべてが受け入れなければならないものではない（ただし、金融庁は、受け入れた機関投資家を公表するとしている）。また、受け入れたとしても、すべての原則を実施しなければならないわけでもなく、実施しない理由を十分に説明すれば、一部の原則を実施しなくても構わないのである。

(注1) 日本版コーポレートガバナンス・コードの内容は、OECDコーポレートガバナンス原則の趣旨を踏まえたものとされている（コーポレートガバナンス・コードの策定に関する有識者会議「コーポレートガバナンス・コードの基本的な考え方（案）」平成24年12月12日）。

(注2) 日本版コーポレートガバナンス・コードにおいてコーポレートガバナンスは「会社が、株主をはじめ顧客・従業員・地域社会等の立場を踏まえた上で、透明・公正かつ迅速・果断な意思決定を行うための仕組み」と定義されている（コーポレートガバナンス・コードの策定に関する有識者会議「コーポレートガバナンス・コードの基本的な考え方（案）」平成24年12月12日）。

(注3) 「コーポレートガバナンス・コードの策定に関する有識者会議」が平成24年12月12日に公表した「コーポレートガバナンス・コードの基本的な考え方（案）」において示されたものであり、最終的に変更される可能性がある。

(注4) 有識者会議が平成24年12月12日に公表した「コーポレートガバナンス・コードの基本的な考え方（案）」において示されたものであり、最終的に変更される可能性がある。

(注5) 有識者会議が平成24年12月12日に公表した「コーポレートガバナンス・コードの基本的な考え方（案）」においても、「本コード（原案）とスチュワードシップ・コードとは、いわば『車の

両輪』であり、両者が適切に相まって実効的なコーポレートガバナンスが実現されることが期待される」とされている。

図表1-15　日本版コーポレートガバナンス・コードの基本原則

【株主の権利・平等性の確保】

1．上場会社は、株主の権利が実質的に確保されるよう適切な対応を行うとともに、株主がその権利を適切に行使することができる環境の整備を行うべきである。

　また、上場会社は、株主の実質的な平等性を確保すべきである。少数株主や外国人株主については、株主の権利の実質的な確保、権利行使に係る環境や実質的な平等性の確保に課題や懸念が生じやすい面があることから、十分に配慮を行うべきである。

【株主以外のステークホルダーとの適切な協働】

2．上場会社は、会社の持続的な成長と中長期的な企業価値の創出は、従業員、顧客、取引先、債権者、地域社会をはじめとする様々なステークホルダーによるリソースの提供や貢献の結果であることを十分に認識し、これらのステークホルダーとの適切な協働に努めるべきである。

　取締役会・経営陣は、これらのステークホルダーの権利・立場や健全な事業活動倫理を尊重する企業文化・風土の醸成に向けてリーダーシップを発揮すべきである。

【適切な情報開示と透明性の確保】

3．上場会社は、会社の財政状態・経営成績等の財務情報や、経営戦略・経営課題、リスクやガバナンスに係る情報等の非財務情報について、法令に基づく開示を適切に行うとともに、法令に基づく開示以外の情報提供にも主体的に取り組むべきである。

　その際、取締役会は、開示・提供される情報が株主との間で建設的な対話を行う上での基盤となることも踏まえ、そうした情報（とりわけ非財務情報）が、正確で利用者にとって分かりやすく、情報として有用性の高いものとなるようにすべきである。

【取締役会等の責務】

4．上場会社の取締役会は、株主に対する受託者責任・説明責任を踏まえ、会社の持続的成長と中長期的な企業価値の向上を促し、収益力・資本効率等の改善を図るべく、

（1）企業戦略等の大きな方向性を示すこと

（2）経営陣幹部による適切なリスクテイクを支える環境整備を行うこと

（3）独立した客観的な立場から、経営陣（執行役及びいわゆる執行役員を含む）・取締役に対する実効性の高い監督を行うこと

をはじめとする役割・責務を適切に果たすべきである。

　こうした役割・責務は、監査役会設置会社（その役割・責務の一部は監査役及び監査役会が担うこととなる）、指名委員会等設置会社、監査等委員会設置会社など、いずれの機関設計を採用する場合にも、等しく適切に果たされるべきである。

【株主との対話】

5．上場会社は、その持続的な成長と中長期的な企業価値の向上に資するため、株主総会の場以外においても、株主との間で建設的な対話を行うべきである。

　経営陣幹部・取締役（社外取締役を含む）は、こうした対話を通じて株主の声に耳を傾け、その関心・懸念に正当な関心を払うとともに、自らの経営方針を株主に分かりやすい形で明確に説明しその理解を得る努力を行い、株主を含むステークホルダーの立場に関するバランスのとれた理解と、そうした理解を踏まえた適切な対応に努めるべきである。

図表1-16　責任ある機関投資家の諸原則

① 機関投資家は、スチュワードシップ責任を果たすための明確な方針を策定し、これを公表すべきである。

② 機関投資家は、スチュワードシップ責任を果たす上で管理すべき利益相反について、明確な方針を策定し、これを公表すべきである。

③ 機関投資家は、投資先企業の持続的成長に向けてスチュワードシップ責任を適切に果たすため、当該企業の状況を的確に把握すべきである。

④ 機関投資家は、投資先企業との建設的な「目的を持った対話」を通じて、投資先企

業と認識の共有を図るとともに、問題の改善に努めるべきである。
⑤ 機関投資家は、議決権の行使と行使結果の公表について明確な方針を持つとともに、議決権行使の方針については、単に形式的な判断基準にとどまるのではなく、投資先企業の持続的成長に資するものとなるよう工夫すべきである。
⑥ 機関投資家は、議決権の行使も含め、スチュワードシップ責任をどのように果たしているのかについて、原則として、顧客・受益者に対して定期的に報告を行うべきである。
⑦ 機関投資家は、投資先企業の持続的成長に資するよう、投資先企業やその事業環境等に関する深い理解に基づき、当該企業との対話やスチュワードシップ活動に伴う判断を適切に行うための実力を備えるべきである。

3 税理士に寄せられる期待

　これまで会社法の改正や日本版コーポレートガバナンス・コードの策定について説明してきたが、それらはもっぱら上場会社に関わるものであるが、税理士にとって必ずしも無関係とはいえない。なぜなら関与先の企業が将来IPO（initial public offering, 新規株式公開）するかもしれないからである。

　税理士の中には、関与先の企業がIPOを目指すことに反対する人もいる。上場会社になれば、自身の関与先ではなくなってしまうだろうし、また、IPOするにあたってはコーポレートガバナンスや内部統制に関する知識が必要とされる。公認会計士がやって来て、これまでの自身のやり方を否定されるのではないか、などと考えるのかもしれない。

　しかし、IPOは、中小企業が大企業へと飛躍するための重要な手段である。中小企業の味方であるはずの税理士は、関与先の企業がIPOを目指すことを当然応援すべきだろう。税理士は、コーポレートガバナンスや内部統制に関する知識を身につけたうえで、関与先の企業のIPOを支援し、上場会社になった後も関与し続ければよい。上場会社になった後は、その社外取締役として関与し続ければよいのではないだろうか。

前述のとおり、今後、上場会社には複数の社外取締役の設置が求められることになる。しかし、社外取締役を確保するのは簡単なことではない。適任だと思う者がいても、そう簡単に就任してはもらえない。特にIPOする企業が社外取締役を確保するのは、かなり困難である。なぜなら取締役には重い責任が課され、損害賠償責任を負うこととなる場合もあるからである（図表1－17参照）。

　取締役が損害賠償責任を負うこととなる場合とは、その任務を怠って会社に損害を生じさせた場合である（会423①）。そうした事態が生じる可能性はかなり高く、例えば、深く考えずにリスクの高い投資に賛成して、結果として会社に損失が生じてしまったような場合にも、善管注意義務・忠実義務違反として（会330、民644、会355）、損害賠償責任を負うこととなる。

　そうした場合、会社が取締役に対して損害賠償請求を行うのだが、取締役同士が馴れ合って行わないことがある。しかし、会社が取締役に対して損害賠償請求を行わない場合は、株主が会社に代わって取締役に対して損害賠償請求を行うことができる（会847。自分に対してではなく、会社に対して損害を賠償するように請求する）。これを株主代表訴訟という。

　また、取締役は、会社以外の第三者に対して損害賠償責任を負う場合もある。第三者に意図的に損害を与えたわけでなくとも、取締役としての職務の結果、第三者に損害が生じてしまった場合、その賠償責任を負うことがあるのである（会429①）。例えば、適切な経営判断を行わず（これも善管注意義務・忠実義務違反）、会社の業績が悪化して、ある債権者に対して債務の履行ができなくなり、その債権者に損害を生じさせた場合、会社ではなく取締役がその損害を賠償しなければならなくなることがある。

　こうした取締役の重い責任から、社外取締役に就任してくれる者はなかなか見つからないのである。そこで、社外取締役の候補者として期待されることになるのが、上場する前からその会社の顧問だった税理士である。その会社のことを熟知しているはずであり、コーポレートガバナンスや内部統制に

関する知識を身につけたならば、まさに社外取締役に最適である。税理士は、今後、IPO、そして、上場会社に対しても積極的に関わっていく存在となるべきだろう。

図表1-17　取締役が損害賠償責任を負うケース

会社 に対して	取締役としての任務を怠って損害を生じさせた場合（会423①）。 会社が取締役に対して損害賠償請求を行わない場合、株主が会社に代わって取締役に対して損害賠償請求を行うことができる（会847。株主代表訴訟）。
第三者 に対して	取締役としての職務の結果、損害を生じさせた場合（会429①）。

第2章

税務に関する内部統制の構築

　第1章では、「税務に関するコーポレートガバナンス」は、コーポレートガバナンスといいつつも、内部統制を意識したものであることを説明した。これを踏まえ、本章では内部統制についての説明を行い、「税務に関する内部統制」という概念を考察する。

　まず第1節においては、内部統制について先行するフレームワークに基づき説明を行う。続く第2節で、他法令等における内部統制についての制度的関係性を概観する。そして、第3節において、内部統制の構築についての考え方を説明し、第4節では、「税務に関するコーポレートガバナンス確認表」を参考としつつ、具体的な内部統制について検討する。

　なお、「税務に関する内部統制」という用語であるが、「税務に係る内部統制」という表現の採用についても検討したものの、現時点では「税務に関するコーポレートガバナンス」に合わせて「関する」という表現を用いることとした。

1 内部統制とは

1 内部統制の概念

　現在では「内部統制」という用語も一般的になってきたが、あくまで上場会社や大会社を中心とした概念であって、我が国企業の大半を占める中小企業にとっては、まだまだ縁遠い概念といえる。本節では、既存の内部統制に関するフレームワークに触れながら、内部統制という概念についての説明を試みる。

1 内部統制のフレームワーク

　「内部統制」は、平成16年5月に施行された会社法、同年6月に成立した金融商品取引法（以下「金商法」という）により、世間的に広く知られるようになった。それまでは、善管注意義務との関係では「内部管理体制」、金融検査マニュアルとの関係では「内部管理態勢」といった表現が存在していたが、現在では内部統制という表現が一般的となっている。なお、公認会計士監査の世界では以前より「内部統制」という用語は使われていた。

　内部統制のフレームワークとしては、米国のCOSO（トレッドウェイ委員会組織委員会）が有名であるが、日本では、「財務報告に係る内部統制の評価及び監査の基準」（以下「内部統制基準」という）「財務報告に係る内部統制の評価及び監査に関する実施基準」（以下「内部統制実施基準」という）によりフレームワークが提示されている。いずれも金融庁の企業会計審議会により平成19年2月に公表され、平成23年3月に改訂されたものであり、事実上の日本の内部統制のフレームワークとなっている。

　なお、内部統制に関するフレームワークとしては、米国のCOSOに加え

て、カナダの Canadian Institute of Chartered Accountants（カナダ勅許会計士協会）によって公表されている CoCo（criteria of control）のフレームワーク、英国のイングランド・ウェールズ勅許会計士協会によるターンブル・レポート等も存在しており、国際的に唯一無二のものが存在しているわけではない。ただ、こういったフレームワークが求められるのは、経営者・投資者・監査人といった企業の利害関係者にとって、下表のような目的のために必要とされるためである。

図表 2-1　フレームワークの必要性

主体	必　要　性
経営者	内部統制の構築及び評価のため
投資者	不測の事態に関する投資意思決定のため
監査人	監査のため

なお、米国の COSO は、2013年5月に内部統制の統合的枠組みを改定しており、内部統制の構成要素に関連して、17の「原則（Principles）」と87の「着眼点（Points of Focus）」が新たに示されている。直接的に日本の内部統制報告制度に影響を与えるものではないが、リスク評価の部分に不正リスクが明記されたといった特徴があることから、今後の動向については注意が必要であろう。

2　四つの目的

内部統制基準では、内部統制について、

> 基本的に、業務の有効性及び効率性、財務報告の信頼性、事業活動に関わる法令等の遵守並びに資産の保全の四つの目的が達成されているとの合理的な保証を得るために、業務に組み込まれ、組織内のすべての者によって遂行されるプロセスをいい、統制環境、リスクの評価と対応、統制活動、情報と伝達、モニタリング（監視活動）及びＩＴ（情報技術）への対応の六つの基本的要素から構成される。

と定義している。

この定義のポイントを分解すると、下表のとおりである。

図表 2-2　内部統制の定義のポイント

内部統制とは	・四つの目的がある
	・六つの基本的要素からなる
	・合理的な保証を得るためのものである
	・業務に組み込まれ、組織内のすべての者によって遂行される
	・プロセスである

第1節　内部統制とは

図表2-3　目的と基本的要素の関係（日本版 COSO キューブ）

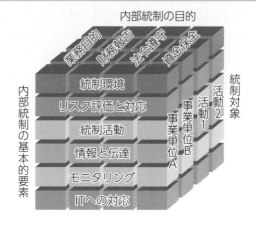

（1）アクセルでありブレーキである内部統制

　内部統制の四つの目的については、以下に説明する「業務の有効性及び効率性」をアクセル、「財務報告の信頼性」「事業活動に関わる法令等の遵守」「資産の保全」をブレーキと表現して説明されることがある。内部統制の本質が、経営者が組織を把握して事業活動を遂行していくためのプロセスであることを踏まえると、これらの目的の設定水準次第では、事業活動のスピードに影響が出ることになる。

　極端な例を挙げれば、とあるコンサルティング業で「販売に関しては契約書等の文書は作成せず口頭ベースで行う」「営業債権の回収については取引先から直接小切手等で行う」「各人が申請しただけの経費が支給される」といった組織を想定してみよう。「販売に関しては契約書等の文書は作成せず口頭ベースで行う」という部分については、文書を残さないがために後から契約内容を変更することも可能であることから取引先からすれば追加作業や支払条件といった面で有利と考え、成約しやすくなることが想定される。しかし、後から言った・言わないの争いになったときに、お互いに困難な状況になることは想像に難くない。「営業債権の回収については取引先から直接

小切手等で行う」の部分については、振込手数料が節約できることや入金確認手続が不要といったメリットが考えられるが、受取人が横領する場合や入出金記録が残らないために事後的な検証が困難となってしまう。「各人が申請しただけの経費が支給される」の部分については、領収書といった証拠資料を残さなくても経費精算できることから、現場からすると都合がよいが、私的な費用が紛れ込んでくる可能性が排除できず組織として望ましいものではない。

すなわち、スピードを出すような内部統制の構築もあれば、スピードを抑えるような内部統制の構築もあるため、組織が求める事業活動のスピードに応じた内部統制を構築できる。

内部統制というと、事業活動のスピードが落ちるということで、ブレーキの側面ばかりが強調されがちである。しかしながら、内部統制そのものの問題というよりは、当該内部統制を設けることとした過剰な要求、すなわちオーバーコンプライアンスな状態が問題であるといえる。

経営を運転に例えると、常に平坦な直線道路ばかりであれば、ブレーキよりもアクセル面が重要視されることになるだろう。しかしながら現実の経営は決して平坦なものではなく、カーブもあれば信号もあり、突然の急ブレーキすら必要となるような、そんな変化の激しい経営環境下にある。このような場合、アクセルはもちろん大事ではあるが、加速と停止を繰り返すためのブレーキのほうが重要となる。優秀なアクセルと優秀なブレーキが存在することで、複雑な経営環境下においても、適切な事業活動のスピードを維持できることになり、それが競争優位の源泉になりうるといえよう。

オーバーコンプライアンス状態に陥ってしまっている組織は活力が削がれてしまい、緩慢なる衰弱死を迎えることとなる一方で、コンプライアンスが皆無の組織はブレーキが存在しないためにクリティカルな事故を防ぐことができずに突然死の危険を孕んでいると指摘できよう。いずれも事業の継続性という点では問題である。かように、内部統制の目的設定では、バランスの

よさが求められることとなることは強調しておきたい。

（2）業務の有効性及び効率性

> 事業活動の目的の達成のため、業務の有効性及び効率性を高めることをいう。

　事業活動の目的については、「売上高目標」「利益目標」「経営指標目標」「定量的指標目標」「時価総額目標」「定性的目標」等、挙げれば枚挙にいとまがない。いずれにせよ、経営者が設定する事業活動の目的を達成するために、いかに組織を動かしていくのかという観点から、内部統制は構築される。

　この「いかに組織を動かすのか」という部分において、有効性及び効率性という概念が関連してくる。有効性を「ミスなく」、効率性を「手際よく」と換言すれば、この二つの概念はトレードオフの関係にあるといえる。

　モノづくりにおける品質管理で考えると、有効性を追求して「ミスは絶対に許さない」とするならば、目検のみならず、触検や作動検査まで実施したり、1人だけでなく複数人による複数回の点検を実施したりすることが考えられる。ところが、このような検査水準となってくると、出荷という意味での効率性については期待できない。一方で、効率性を重視して「いかに早く出荷するか」を目的とすると、最悪ノーチェックでの出荷となってしまい、不良品の混入のみならず仕様不適合の出荷等という事態も想定されよう。このように、有効性と効率性を両立させることは難しく、されどいずれかを軽視するわけにもいかないことから、許容可能な水準、両者のバランスが最大化できる水準で落ち着かせることになる。

(3) 財務報告の信頼性

> 財務諸表及び財務諸表に重要な影響を及ぼす可能性のある情報の信頼性を確保することをいう。

　内部統制基準自体が、「財務報告に係る内部統制」となっていることから、当該目的は金商法の内部統制に特有の目的と捕らえられがちである。しかしながら、本書の目的である税務コンプライアンスを考えてもわかるように、適正な財務諸表の作成は金融商品取引法の内部統制に限らず求められることから、当該目的の重要性は、税務に関する内部統制においても変わらないものといえる。

　ここで、財務報告の定義であるが、内部統制実施基準Ⅱ1①ロによると「財務諸表及び財務諸表の信頼性に重要な影響を及ぼす開示事項等に係る外部報告」とされており、このうち「財務諸表」については、「連結財務諸表の用語、様式及び作成方法に関する規則（昭和51年大蔵省令第28号）」1条に規定する連結財務諸表と、「財務諸表等の用語、様式及び作成方法に関する規則（昭和38年大蔵省令第59号）」1条に規定する財務諸表のことをいうとしている。

　また、「財務諸表の信頼性に重要な影響を及ぼす開示事項等」（注1）については、同実施基準によると、有価証券報告書等における財務諸表以外の開示事項としており、まとめると下表のとおりである。

(注1) 当該箇所については、平成23年3月31日に、金融庁総務企画局より、「内部統制報告制度に関するQ＆A（追加分）」が公表されている。

図表2-4　財務諸表の信頼性に重要な影響を及ぼす開示事項等

・財務諸表の表示等を用いた記載	・「企業の概況」の「主要な経営指標等の推移」 ・「事業の状況」の「業績等の概要」「生産、受注及び販売の

（財務諸表に記載された金額、数値、注記を要約、抜粋、分解又は利用して記載すべき開示事項）	状況」「事業等のリスク」「研究開発活動」 ・「財政状態、経営成績及びキャッシュ・フローの状況の分析」 ・「設備の状況」 ・「提出会社の状況」の「株式等の状況」「自己株式の取得等の状況」「配当政策」「コーポレート・ガバナンスの状況等」 ・「経理の状況」の「主要な資産及び負債の内容」「その他」 ・「保証会社情報」の「保証の対象となっている社債」 ・「指数等の情報」の項目のうち財務諸表の表示等を用いた記載
・関係会社の判定、連結の範囲の決定、持分法の摘要の要否、関連当事者の判定その他財務諸表の作成における判断に密接に関わる事項	・「企業の概況」の「事業の内容」「関係会社の状況」 ・「提出会社の状況」の「大株主の状況」における関係会社、関連当事者、大株主等の記載事項

　財務報告の信頼性を確保することは、経営者として組織の状況を適切に把握するために必要であることはもちろん、対外的にも投資者や会社債権者、税務当局等にとって重要なことから、内部統制の目的の一つとして挙げられている。

（4）事業活動に関わる法令等の遵守

> 事業活動に関わる法令その他の規範の遵守を促進することをいう。

　組織の事業活動にあたっては、会社法はもちろんのこと、上場会社であれば金融商品取引法、その他にも各種業法がハードローとして存在する。その他にも、業界の自主規制団体や、組織としての規範等がソフトローとして存在しており、明文化されるものではないが、世間の目も意識し、批判に耐え

うる事業活動を行うことが必要である。

　これらの法令等の遵守は、我が国において事業活動をなすにあたっての前提条件であることから、組織的な対応が当然に必要とされるものであり、内部統制の目的とされている。

　第2節で概観するが、法令等において内部統制の構築が求められる場面が増えてきており、今般の税務に関するコーポレートガバナンスも、その流れの一環で考えることができよう。税法の遵守を目的とした内部統制、すなわち、税務に関する内部統制という概念が、新たに提起されたと考えられる。

(5) 資産の保全

> 資産の取得、使用及び処分が正当な手続及び承認の下に行われるよう、資産の保全を図ることをいう。

　日本の内部統制のフレームワークは、ＣＯＳＯのフレームワークを踏まえたものであるが、資産の保全という目的は日本版の内部統制フレームワークで独自に設けられている。もともとＣＯＳＯのフレームワークでは、他の目的の中で消化されていたところ、あえて別掲されたものと整理されている。

　ここで、トヨタ自動車株式会社の内部統制報告書（平成26年6月24日）を参照すると、

> 【財務報告に係る内部統制の基本的枠組みに関する事項】
> 当社取締役社長　豊田　章男は、当社の財務報告に係る内部統制の整備および運用に責任を有しています。財務報告に係る内部統制とは、米国において一般に公正妥当と認められる会計原則に準拠した財務報告および外部報告目的の財務諸表の作成に関する信頼性について合理的な保証を提供するために整備されたプロセスです。当社の財務報告に係る内部統制には以下に関する方針および手続きが含まれます。
> （1）当社の資産の取引および処分を合理的な詳細さで、正確かつ適正に反映する記録の維持

> （2）一般に公正妥当と認められる会計原則に準拠して財務諸表を作成するために必要な取引の記録が行われていることおよび当社の収入と支出が当社の経営者および取締役の承認に基づいてのみ行われることに関する合理的な保証
> （3）財務諸表に重要な影響を及ぼす可能性のある未承認の当社の資産の取得、使用または処分を防止または適時に発見することに関する合理的な保証

という記載があり、（4）において資産の保全を意識していることがわかる。

株主等から調達した資金を、適切に保全する義務を経営者は負っていると考えられることから、調達資金を源泉とする資産の「取得」「使用」「処分」について明確に求めたものと考えられる。

3 六つの基本的要素

前項の内部統制の目的を達成するためには、六つの基本的要素が適切に整備及び運用されることが重要となる。内部統制が機能しているか否かは、この基本的要素の整備・運用状況の良否によることとなる。

（1）統制環境

> 統制環境とは、組織の気風を決定し組織内のすべての者の統制に対する意識に影響を与えるとともに、他の基本的要素の基礎をなし、リスクの評価と対応、統制活動、情報と伝達、モニタリング及びITへの対応に影響を及ぼす基盤をいう。

統制環境は、内部統制の基本的要素の中で、最重要の基本的要素とされており、他の基本的要素への影響を考えると、ここに問題がある場合には、有効な内部統制の構築は期待できない。

具体的には、以下の七項目が例示列挙されている。

図表 2-5 統制環境の例示事項

項目	説明	例示
誠実性及び倫理観	組織の気風を決定する重要な要因であり、組織内のすべての者の社会道徳上の判断に大きな影響を与える	倫理規程、行動指針
経営者の意向及び姿勢	組織の基本方針に重要な影響を及ぼすとともに、組織の気風の決定にも大きな影響を及ぼす	経営者による発信
経営方針及び経営戦略	組織の目的を達成するために、組織がどのような経営方針及び経営戦略を取るかは、組織内の者の価値基準に大きな影響を与え、かつ、組織内の各業務への資源配分を決定する要因となる	経営方針、経営戦略
取締役会及び監査役又は監査委員会の有する機能	取締役の業務を監視する職責を負う機関における活動の有効性は、組織全般のモニタリングが有効に機能しているかに大きな影響を与える	取締役会、監査役、監査委員会
組織構造及び慣行	組織の目的に適合した組織構造は情報と伝達の有効性に影響を与え、組織の慣行は、しばしば組織内における行動の善悪についての判断指針となりうる	組織形態、経営理念
権限及び職責	権限とは組織の活動を遂行するため付与された権利であり、職責とは遂行すべき活動を遂行する責任ないし義務である	職務権限
人的資源に対する方針と管理	人に関する経営上の方針や採用・昇進といった人事制度は、組織の経営資源である人に関する管理上重要となる	人事制度

(2) リスクの評価と対応

> リスクの評価とは、組織目標の達成に影響を与える事象について、組織目標の達成を阻害する要因をリスクとして識別、分析及び評価するプロセスをいう。

　基準におけるリスクの定義としては「組織目標の達成を阻害する要因」とされており、その種類としては外部的要因と内部的要因といった切り口が挙げられている。また、定義の中では、「リスクの評価」と「リスクへの対応」といった段階分けがなされている。

① リスクの評価

> 組織目標の達成に影響を与える事象について、組織目標の達成を阻害する要因をリスクとして識別、分析及び評価するプロセスをいう。

　流れとしては、下図のとおりとなる。

図表 2-6　リスクの評価の流れ

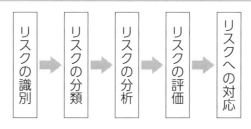

　税務に関する内部統制を考えるにあたっては、税務リスクを踏まえることが適切であり、第三章を参照されたい。

② **リスクへの対応**

> リスクの評価を受けて、当該リスクへの適切な対応を選択するプロセスをいう。

　リスクへの対応としては、下記の四つが示されているが、これらを組合せることも考えられる。

図表2-7　リスクへの対応

リスク回避	リスクの原因となる活動を見合わせ、または中止すること
リスク低減	リスクの発生可能性や影響を低くするため、新たな内部統制を設ける等の対応を取ること
リスク移転	リスクの全部または一部を組織の外部に転嫁することで、リスクの影響を低くすること
リスク受容	リスクの発生可能性や影響に変化を及ぼすような対応を取らないこと

③ **参考情報**

　リスクマネジメントについては、経済産業省が平成17年3月に公表した「先進企業から学ぶ事業リスクマネジメント　実践テキスト」が参考となる。また、リスクの識別については、上場会社の有価証券報告書における事業リスクが参考になる。

図表2-8　理想科学工業株式会社「事業リスク」

競争の激化について
技術革新への対応について
業績不振の子会社について
為替レートの変動が業績に与える影響について

会計制度・税制等の変更について
海外事業展開に伴うカントリーリスクについて
自然災害や事故に係るリスクについて
情報漏洩について
知的財産権の侵害、被侵害について
製品の欠陥について
法令違反に関するリスクについて
法的規制について
各種認定基準の変更について
その他リスクについて
・市場性のある株式保有
・退職給付債務
・固定資産の減損
・繰延税金資産

図表 2-9　東レ株式会社「事業等のリスク」

国内外の需要、製品市況の動向等に関わるリスク
原燃料価格の上昇に関わるリスク
設備投資、合弁事業・提携・買収等に関わるリスク
為替相場の変動、金利の変動、有価証券等の価値の変動等に関わるリスク
将来予測等の前提条件の変動に伴う退職給付債務や繰延税金資産に関わるリスク
海外での事業活動に関わるリスク
製造物責任に関わるリスク
訴訟に関わるリスク
法規制、租税、競争政策、内部統制に関わるリスク
自然災害・事故災害に関わるリスク

　リスクの分析において、発生可能性と影響度を要素として検討し、その重

要性を評価し、対応を選択することとなるが、その状況を表わすならば、下図のリスクマップが考えられる。

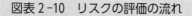
図表 2-10　リスクの評価の流れ

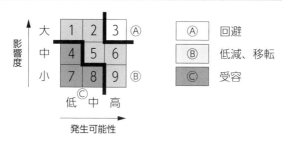

（3）統制活動

> 経営者の命令及び指示が適切に実行されることを確保するために定める方針及び手続をいう。

　統制活動として挙げられる方針や手続としては、「権限及び職責の付与」「職務の分掌」があり、職務権限規程や職務分掌表といった形をとる。リスクの評価と対応との関係では、リスク低減策として統制活動が存在するという関係にあり、必要な場合には統制活動の方針や手続をマニュアル化することで対応する。

　内部統制を説明するにあたっては、「可視化」と「相互牽制」は避けることはできない。可視化については、「ルールを見える形にする」という側面がある一方で、「内部統制の現状を把握する」といった側面もある。上場企業に内部統制報告制度が導入された際のことを振り返ると、不文律であったルールをマニュアル化したり、いわゆる業務フローチャートや業務記述書、Risk Control Matrix が作成されたが、見える形にして遵守を促す一方で、統制上の問題点が検出されれば是正が図られた。

図表2-11 業務フローチャート（例）

事業Aに係る卸売販売プロセス

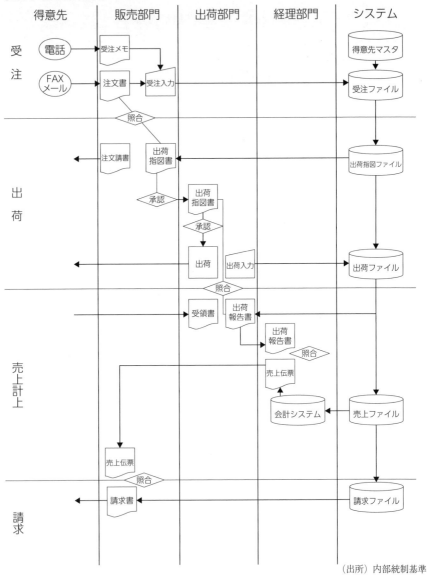

(出所) 内部統制基準

(注) より詳細な記述を要する場合には、表中に注記を行ったり、次頁の業務記述書（例）を別途、作成することも考えられる。

図表2-12 業務記述書（例）

業務記述書（例）

事業Aに係る卸売販売プロセス

1．受注
 （1） 電話による注文の場合は、販売担当者が受注メモを作成する。
 （2） 販売管理システムの受注入力は、得意先マスタに登録されている得意先の注文のみ入力することができる。
 （3） 受注入力後、販売管理システムから出荷指図書及び注文請書が出力され、受注メモ又は注文書と照合された後、販売責任者の承認が行われる。
 （4） 出荷指図書は受注メモ又は注文書を添付して出荷部門へ回付する。
2．出荷
 （1） 出荷担当者は、出荷責任者の承認を受けた後、出荷指図書に基づき商品の出荷をする。
 ・
 ・
 ・
3．売上計上
 （1） 出荷入力された出荷データは、売上データへ変換される。売上データは、会計システムへ転送され、売上伝票が出力される。
 ・
 ・
 ・
4．請求
 （1） 出力された請求書は販売担当へ回付され、販売担当者は売上伝票と照合する。
 ・
 ・
 ・

（出所）内部統制基準

図表 2-13　Risk Control Matrix（例）

業務	リスクの内容	統制の内容	要件						評価	評価内容
			実在性	網羅性	権利と義務の帰属	評価の妥当性	期間配分の適切性	表示の妥当性		
受注	受注入力の金額を誤る	注文請書、出荷指図書は、販売部門の入力担当者により注文書と照合される。全ての注文書と出荷指図書は、販売責任者の承認を受けている	○	○					○	―
受注	与信限度額を超過した受注を受ける	受注入力は、得意先の登録条件に適合した注文のみ入力できる				○			○	―
⋮										
出荷	出荷依頼より少ない数量を発送する	出荷部門の担当者により出荷指図書と商品が一致しているか確認される	○			○			△	不規則的な出荷に担当者が対応できなかった
出荷	出荷指図書の日程どおりに商品が出荷されない	出荷指図書の日付と出荷報告書の日付が照合される					○		○	―
⋮										
⋮										

（出所）内部統制基準

この統制上の問題点を検出するにあたっての一つの視点として「内部牽制」が存在する。1人ですべての業務をなすことは、非効率でもあることに加えて、エラーや不正に対して脆弱であると考えられることから、誰かが誰かを牽制するという建付けを採用することで、エラーや不正の発生を予防しようとするものである。上長によるチェック、内部監査部門によるモニタリング、取締役相互間の監視義務、監査役の監査、会計監査人の会計監査を考えると、誰かが誰かを牽制する制度である。

　組織においては、エラーや不正がないことが望ましいのはもちろんであるが、人間がなすことであることを踏まえ、ヒューマンエラーの発生を前提としつつも、それを低減するために相互牽制仕組みが組織に求められているといえよう。誰か超人的な存在を仮定して、「当組織においては誤り等発生しえない」等と強弁することなく、組織らしく誤りが最小化できるよう組織設計する方が望ましいと考える。本書の目的である税務に関する内部統制を構築するにあたっては、経理部等の特定個人に拠るところが大であることは想像に難くないが、過重な負担になってしまうようでは組織的な対応がなされているとは評価できない。

(4) 情報と伝達

> 必要な情報が識別、把握及び処理され、組織内外及び関係者相互に正しく伝えられることを確保することをいう。

　情報は、受信した部署と、必要とする部署が異なることはよくあるところであり、組織としての対応を考えた場合には、「自部署では必要性が乏しくとも、組織の別部署では必要な情報を、漏らさずに当該部署へ伝達すること」は必要不可欠である。そのための情報の流れの仕組みは下図のようになる。

図表 2-14　情報の流れ

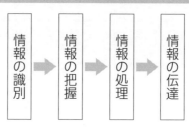

　また、情報については、「組織内部から組織内部」という受信と伝達のみならず、「組織内部から組織外部」というやりとりも想定されるところである。組織内部から組織外部への情報伝達がなされなかった場合には、のちのち発覚した際に、隠蔽したという批判が避けられないこととなる。また、組織外部から組織内部への情報伝達についての対応で適切な処理がなされずに、後に事件化した場合には、端緒を見逃したことによる批判が避けられないことになる。かように、組織外部との情報のやり取りについては、対応が大変難しい。

　また、組織内部においても、上司部下といった通常想定されるレポートラインのみならず、内部通報制度といった独立的なレポートラインが存在するのが通常であろう。この場合についても、独立的なレポートラインの処理如何では、後々問題となることが多々ある。

　この情報と伝達については、統制環境と同じく、他の基本的要素を相互に結びつけるものであることから、重要な基本的要素とされる。

(5) モニタリング

> 内部統制が有効に機能していることを継続的に評価するプロセスをいう。

　モニタリングとしては「日常的モニタリング」と「独立的評価」の2種類が挙げられる。

① **日常的モニタリング**

通常の業務に組み込まれた一連の手続を実施することで、内部統制の有効性を継続的に検討・評価することであり、業務遂行部門における自己点検や自己評価はここに位置づけられる。

② **独立的評価**

日常的モニタリングとは別個に、業務遂行部門とは独立した主体である、経営者、取締役会、監査役または監査委員会、内部監査等を通じて実施されるものであり、取締役間の相互監視や監査役監査、内部監査がここに位置づけられる。

③ **モニタリング結果の報告**

モニタリングはただ実行されることに意味があるのではなく、内部統制を評価する機能を有していることから、その評価結果の良否の報告が重要となる。否定的な評価結果については報告されにくいものであるが、エラーが検出されたことは事実であり、それが仕組みに起因するものであるか、特定個人に起因するものであるかといった分析は、エラーの再発防止のためには重要である。日常的モニタリングのみならず、独立的評価においても、報告を躊躇させない組織風土は、強靭な組織を作るにあたって必須といえよう。

④ **エラーの是正**

エラーについては再発防止が図られるのが通常である。検出され報告までされる時点でエラーの是正は期待されるところであるが、それを確実なものとすることは肝要である。内容として求められるのは、再発防止策の策定、その実行、再評価による改善の確認である。エラーが再発しないことが最重要であることを意識し、最後まで始末をつけなければならないことを忘れてはならない。報告されたこと、再発防止策を作ったことで満足して終わってしまい、エラーが再発するようでは意味がない。

(6) ITへの対応

> 組織目標を達成するために予め適切な方針及び手続を定め、それを踏まえて、業務の実施において組織の内外のITに対し、適切に対応することをいう。

　組織に深くITが浸透していることから、業務遂行においてITが不可分であることに鑑み、ITへの対応という基本的要素が設けられている。よって、組織におけるITシステムの利用状況によって、この項目についての対応状況は異なることになる。決して、ITシステムがないことをもって内部統制として有効ではないという結論になることを意味するものではない。

　この項目については、IT環境への対応とITの利用及び統制という二つの要素に細分化され、ITの利用及び統制のうち、ITの統制については、更にIT全般統制とIT業務処理統制に細分化されることになる。

図表2-15　ITへの対応

IT環境への対応		社会及び市場におけるITの浸透度
		組織が行う取引等におけるITの利用状況
		組織が選択的に依拠している一連の情報システムの状況
		ITを利用した情報システムの安定度
		ITに係る外部委託の状況
ITの利用及び統制	ITの利用	他の基本的要素の有効性を確保するためのITの利用
	ITの統制	組織目標を達成するためのITの統制目標
		ITの統制の構築

2 内部統制に関する基礎知識

　内部統制は、定義でもみたように、業務に組み込まれて、組織内のすべての者によって遂行されるプロセスとされる。その構築は、プロセスを作り上

げ周知するという整備の側面と、プロセスを理解して実行するという運用の側面が存在することとなる。また、内部統制は万能ではなく、限界も有しており、構築するにあたっては留意が必要になる。

1 内部統制のレベル

内部統制基準において、「全社的な内部統制」と「業務プロセスに係る内部統制」という表現が存在する。

> 全社的な内部統制は、企業全体に広く影響を及ぼし、企業全体を対象とする内部統制であり、基本的には企業集団全体を対象とする内部統制

> 業務プロセスに係る内部統制は、業務プロセスに組み込まれ一体となって遂行される内部統制

端的にいえば、全社的な内部統制は組織のインフラレベルの話であり、業務プロセスに係る内部統制は組織の現場レベルの話である。例えば、全社レベルの経営理念と各現場部門における事業年度スローガン、全社レベルの職務権限規程と各現場部門における実際の担当表、全社レベルの人事制度の設定と各現場部門における人事考課表といった関係等が考えられる。すなわち、各現場部門で行う統制活動の大枠を定めるものが全社レベルの統制活動であるといえる。

両者の関係性については、インフラであるところの全社的な内部統制の良否の影響を、業務プロセスに係る内部統制が受けるという関係にあることから、全社的な内部統制の良否がまず注目される。また、後述するコンプライアンスプログラムや税務に関するコーポレートガバナンス確認表の項目を眺めてみても、インフラレベルの内部統制に軸足をおいていることが明らかである。もっとも、内部統制の目的を達成するために目標とされる「誤り」と「不正」を減らすためには、業務プロセスに係る内部統制のほうが直接的に

効果的であるが、まずはインフラからそして現場へという流れで整理されているといえよう。

なお、内部統制実施基準において、全社的な内部統制の評価項目が六つの基本的要素別に42項目提示されており、下表のとおりである。

財務報告に係る全社的な内部統制に関する評価項目の例

統制環境

・経営者は、信頼性のある財務報告を重視し、財務報告に係る内部統制の役割を含め、財務報告の基本方針を明確に示しているか。
・適切な経営理念や倫理規程に基づき、社内の制度が設計・運用され、原則を逸脱した行動が発見された場合には、適切に是正が行われるようになっているか。
・経営者は、適切な会計処理の原則を選択し、会計上の見積り等を決定する際の客観的な実施過程を保持しているか。
・取締役会及び監査役又は監査委員会は、財務報告とその内部統制に関し経営者を適切に監督・監視する責任を理解し、実行しているか。
・監査役又は監査委員会は内部監査人及び監査人と適切な連携を図っているか。
・経営者は、問題があっても指摘しにくい等の組織構造や慣行があると認められる事実が存在する場合に、適切な改善を図っているか。
・経営者は、企業内の個々の職能（生産、販売、情報、会計等）及び活動単位に対して、適切な役割分担を定めているか。
・経営者は、信頼性のある財務報告の作成を支えるのに必要な能力を識別し、所要の能力を有する人材を確保・配置しているか。
・信頼性のある財務報告の作成に必要とされる能力の内容は、定期的に見直され、常に適切なものとなっているか。
・責任の割当てと権限の委任がすべての従業員に対して明確になされているか。
・従業員等に対する権限と責任の委任は、無制限ではなく、適切な範囲に限定されているか。
・経営者は、従業員等に職務の遂行に必要となる手段や訓練等を提供し、従業員等の能力を引き出すことを支援しているか。

・従業員等の勤務評価は、公平で適切なものとなっているか。

リスクの評価と対応
・信頼性のある財務報告の作成のため、適切な階層の経営者、管理者を関与させる有効なリスク評価の仕組みが存在しているか。
・リスクを識別する作業において、企業の内外の諸要因及び当該要因が信頼性のある財務報告の作成に及ぼす影響が適切に考慮されているか。
・経営者は、組織の変更やＩＴの開発など、信頼性のある財務報告の作成に重要な影響を及ぼす可能性のある変化が発生する都度、リスクを再評価する仕組みを設定し、適切な対応を図っているか。
・経営者は、不正に関するリスクを検討する際に、単に不正に関する表面的な事実だけでなく、不正を犯させるに至る動機、原因、背景等を踏まえ、適切にリスクを評価し、対応しているか。

統制活動
・信頼性のある財務報告の作成に対するリスクに対処して、これを十分に軽減する統制活動を確保するための方針と手続を定めているか。
・経営者は、信頼性のある財務報告の作成に関し、職務の分掌を明確化し、権限や職責を担当者に適切に分担させているか。
・統制活動に係る責任と説明義務を、リスクが存在する業務単位又は業務プロセスの管理者に適切に帰属させているか。
・全社的な職務規程や、個々の業務手順を適切に作成しているか。
・統制活動は業務全体にわたって誠実に実施されているか。
・統制活動を実施することにより検出された誤謬等は適切に調査され、必要な対応が取られているか。
・統制活動は、その実行状況を踏まえて、その妥当性が定期的に検証され、必要な改善が行われているか。

情報と伝達
・信頼性のある財務報告の作成に関する経営者の方針や指示が、企業内のすべての

者、特に財務報告の作成に関連する者に適切に伝達される体制が整備されているか。
・会計及び財務に関する情報が、関連する業務プロセスから適切に情報システムに伝達され、適切に利用可能となるような体制が整備されているか。
・内部統制に関する重要な情報が円滑に経営者及び組織内の適切な管理者に伝達される体制が整備されているか。
・経営者、取締役会、監査役又は監査委員会及びその他の関係者の間で、情報が適切に伝達・共有されているか。
・内部通報の仕組みなど、通常の報告経路から独立した伝達経路が利用できるように設定されているか。
・内部統制に関する企業外部からの情報を適切に利用し、経営者、取締役会、監査役又は監査委員会に適切に伝達する仕組みとなっているか。

モニタリング
・日常的モニタリングが、企業の業務活動に適切に組み込まれているか。
・経営者は、独立的評価の範囲と頻度を、リスクの重要性、内部統制の重要性及び日常的モニタリングの有効性に応じて適切に調整しているか。
・モニタリングの実施責任者には、業務遂行を行うに足る十分な知識や能力を有する者が指名されているか。
・経営者は、モニタリングの結果を適時に受領し、適切な検討を行っているか。
・企業の内外から伝達された内部統制に関する重要な情報は適切に検討され、必要な是正措置が取られているか。
・モニタリングによって得られた内部統制の不備に関する情報は、当該実施過程に係る上位の管理者並びに当該実施過程及び関連する内部統制を管理し是正措置を実施すべき地位にある者に適切に報告されているか。
・内部統制に係る開示すべき重要な不備等に関する情報は、経営者、取締役会、監査役又は監査委員会に適切に伝達されているか。

ITへの対応
・経営者は、ITに関する適切な戦略、計画等を定めているか。

- 経営者は、内部統制を整備する際に、IT環境を適切に理解し、これを踏まえた方針を明確に示しているか。
- 経営者は、信頼性のある財務報告の作成という目的の達成に対するリスクを低減するため、手作業及びITを用いた統制の利用領域について、適切に判断しているか。
- ITを用いて統制活動を整備する際には、ITを利用することにより生じる新たなリスクが考慮されているか。
- 経営者は、ITに係る全般統制及びITに係る業務処理統制についての方針及び手続を適切に定めているか。

(出所) 内部統制基準

2 内部統制の担い手

内部統制実施基準では以下の五つの主体が挙げられている。

図表2-16 内部統制の担い手

内部統制の担い手	・経営者
	・取締役会
	・監査役または監査委員会
	・内部監査人
	・組織内のその他の者

(1) 経営者

取締役会が決定した基本方針に基づいて内部統制を整備及び運用する役割と責任を担っている。統制環境に与える影響が大きく、内部統制を有効ならしめるか否かは経営者にかかっている。また、後述するように、内部統制の限界にも深く関係することから、組織外部から内部統制の良否を判断する際に、経営者が如何なる人物であるかが重要視される。

(2) 取締役会

内部統制の整備及び運用に係る基本方針を決定する。また、経営者の業務執行を監督する立場にもあることから、間接的に統制環境に影響を持つことになる。最近の社外取締役等の議論をみても、統制環境に良好な影響を与えることが期待されている。各種経営者不正において、取締役会の機能不全が指摘されることが多いが、社内における監督する立場であることに起因するものである。

(3) 監査役または監査委員会

取締役及び執行役の職務の執行に対する監査を行う。経営者や取締役会を牽制する立場にあることから統制環境に影響を与え、監査が独立的モニタリングであることからモニタリングにも影響を与える。

(4) 内部監査人

監査役よりも現場に近い主体として独立的モニタリングを実施すること、実務上の評価・是正を担うことが多いことから、モニタリングに影響を与える主体である。

(5) 組織内のその他の者

一括りにされているが、営業部、経理部といった、内部監査人を除いた現場部門が該当する。内部統制の定義において「組織内のすべての者によって遂行される」とされているが、トップの整備及び運用を現場レベルで実行する主体といえる。

3 内部統制の整備

内部統制の整備面は、統制活動を作るという部分と、作り上げた統制活動を周知するという部分に分けることができる。

内部統制実施基準では、「基本的計画及び方針の決定」「内部統制の整備状況の把握」「把握された不備への対応及び是正」という流れで構築していくことが示されている。

「基本的計画及び方針の決定」においては、財務報告に係る内部統制を前提として項目が例示列挙されているが、それを一般化すると下記の項目となろう。

- 内部統制に期待する目的を実現するために構築すべき内部統制の方針・原則、範囲及び水準
- 内部統制の構築にあたる経営者以下の責任者及び全社的な管理体制
- 内部統制の構築に必要な手順及び日程
- 内部統制の構築に係る個々の手続に関与する人員及びその編成ならびに事前の教育・訓練の方法等

続く「内部統制の整備状況の把握」においては、既存の内部統制の存在状況について把握し、それを可視化する作業となる。各種規定類やマニュアルやフローチャート等によって可視化されている部分はその入手と更新をすることになるが、問題となるのは可視化されていないが重要な統制活動行為であって、必要な場合には可視化することになる。

最後に「把握された不備への対応及び是正」であるが、整備上の不備として認識されることとなる。

ここで整備上の不備とは、「財務報告に係る内部統制の監査に関する実務上の取扱い」によると、以下のような不備として定義されており、統制活動が存在せずリスクが残存している場合（不存在）と、既存の統制活動が存在しているがリスクに対して不十分である場合（不整合）がある。

> 内部統制が存在しない、又は規定されている内部統制では内部統制の目的を十分に果たすことができない等

残存するリスクが、受容できる水準のリスクではない場合、新たに統制活動を設けることとなるため、現場レベルでの負担が増すことになるが、看過できないリスクであることを踏まえると、組織的に周知したうえで改善を図

ることが肝要となる。

4 内部統制の運用

　内部統制はプロセスであることから、内部統制の整備によって作られた統制活動について、計画されたとおりに実行されることが期待される。

　ここで「財務報告に係る内部統制の監査に関する実務上の取扱い」によると、運用上の不備とは、

> 整備段階で意図したように内部統制が運用されていない、又は運用に際して誤りが多い、又は内部統制を実施する者が統制内容や目的を正しく理解していない等

と定義されており、予定外運用、水準未達、理解不足といった表現が用いられることがある。

　予定外運用は、整備段階で理想形を追求しすぎた場合に発生しやすく、当初から無理な統制活動を設定しようとすると、現場は最初から諦めてしまうことになる。また、事業活動のスピードが求められてしまった場合にも、統制活動の手続を省略すること等で発生することとなる。

　水準未達は、整備段階で想定していた人員が配置転換等によって変更になった場合に、熟練度が低下するといったことを原因として発生したりする。経験を積めば水準が回復することが期待されるが、特定人物に依拠した水準で設定してしまっている場合には、水準自体の見直しが必要なことはいうまでもない。

　理解不足は、担当者次第になることが多いが、研修時間をしっかり設けることやルールの周知のためのマニュアル整備等が必要となるであろう。もっとも、細かいケース分けをした分厚いマニュアルを作成してしまうと、逆効果になってしまうおそれがある。

　整備上の不備は整備状況の把握によって検出されることとなるが、運用上

の不備は日常的モニタリングや独立的評価の過程において検出されることとなる。ここで発見された不備については、是正処置がとられることとなり、是正後の統制活動について再評価がなされることとなるのはモニタリングの箇所で説明したとおりである。

5 内部統制の限界

内部統制は万能ではなく、一定の限界があることが指摘されている。

図表2-17　内部統制の限界

- 内部統制は、判断の誤り、不注意、複数の担当者による共謀によって有効に機能しなくなる場合がある
- 内部統制は、当初想定していなかった組織内外の環境の変化や非定型的な取引等には、必ずしも対応しない場合がある
- 内部統制の整備及び運用に際しては、費用と便益との比較衡量が求められる
- 経営者が不当な目的の為に内部統制を無視ないし無効ならしめることがある

大企業の不正事例を考えてみると、組織内外の共謀、経営者不正を原因として、巨額の損失が発生していることが多い。大企業は堅牢な内部統制が構築されていると一般的には考えられがちだが、これら内部統制の限界の前には穴がある。

一方、中小企業の内部統制を考えた場合には、想定外の事態やコストベネフィットという観点からの内部統制の限界がわかりやすいのではないだろうか。新規事業や新規取引先との関係の中で、これまで有効であった内部統制が対応できず機能しなかったケースや、人員不足に起因して十分な相互牽制が発揮できなかったケース等になろう。

内部統制を構築するにあたっては、これらの限界を踏まえたうえで、効率的な構築を図っていくことが望まれる。

2 法令等で求められている内部統制とは

　税務に関する内部統制を検討するにあたって、先行事例として、他法令等において内部統制がどのように取り上げられているか概観する。なお、ここで取り上げた他にもマイナンバー制度やコーポレートガバナンス・コード等でも注目されていることを付言する。

1 会社法の内部統制

1 概要

　会社法における内部統制は、平成18年5月1日に施行された会社法で、「取締役の職務の執行が法令及び定款に適合することを確保するための体制その他株式会社の業務の適正を確保するために必要なものとして法務省令で定める体制（以下、「業務の適正を確保するための体制」という）」として明文化された。

　なお、会社法以前の商法においても、委員会設置会社を除き、内部統制についての明文規定こそなかったものの、取締役の善管注意義務や忠実義務との関係で内部統制の構築義務については判例によって認められていた。

　この流れを受け、業務の適正を確保するための体制について、資本金5億円以上の会社、または負債が200億円以上の大会社においては、その構築の基本方針の決定が義務づけられることとなった（会362⑤及び348④）。また、委員会設置会社については、大会社でなくとも義務となっている（会416②）。そして、この決定については、取締役会設置会社においては取締役会の、取締役会設置会社以外の会社では取締役の専決事項とされている。

この基本方針については、その決定をなした場合、事業報告書において記載が求められており（会規118）、その相当性に関する事項を監査報告の内容としなければならない（会規129①五、130②二）。

2 業務の適正を確保するための体制構築の基本方針

　業務の適正を確保するための体制構築の基本方針として決定が求められる事項については、会社法施行規則の、98条では取締役会設置会社以外の会社、100条では取締役会設置会社、112条では委員会設置会社といった、会社の種類ごとに定めが存在する。

　また、平成19年6月19日に犯罪対策閣僚会議より公表された「企業が反社会的勢力による被害を防止するための指針」の中で、内部統制システムについて言及している箇所があることから、業務の適正を確保するための体制構築の基本方針の中に織り込まれていることが多い。

　ここでは、実際の事例として、日本を代表する企業であるトヨタ自動車株式会社を事例として取り上げる。取締役会設置会社であることから、会社法施行規則100条に沿った大項目に対応している。

　当社は、「トヨタ基本理念」および「トヨタ行動指針」に基づき、子会社を含めて健全な企業風土を醸成しています。実際の業務執行の場においては、業務執行プロセスの中に問題発見と改善の仕組みを組み込むとともに、それを実践する人材の育成に不断の努力を払っています。

　以上の認識を基盤にした、会社法所定の以下の項目に関する当社の基本方針は次のとおりです。

(1) 取締役の職務の執行が法令及び定款に適合することを確保するための体制
① 倫理規程、取締役に必要な法知識をまとめた解説書等を用い、新任役員研修等の場において、取締役が法令および定款に則って行動するよう徹底します。

② 業務執行にあたっては、取締役会および組織横断的な各種会議体で、総合的に検討したうえで意思決定を行います。また、これらの会議体への付議事項を定めた規程に基づき、適切に付議します。
③ 企業倫理、コンプライアンスおよびリスク管理に関する重要課題と対応についてＣＳＲ委員会等で適切に審議します。また、組織横断的な各種会議体で各機能におけるリスクの把握および対応の方針と体制について審議し、決定します。

（２）取締役の職務の執行に係る情報の保存及び管理に関する体制

　取締役の職務の執行に係る情報は、関係規程ならびに法令に基づき、各担当部署に適切に保存および管理させます。

（３）損失の危険の管理に関する規程その他の体制

① 予算制度等により資金を適切に管理するとともに、稟議制度等により所定の権限および責任に基づいて業務および予算の執行を行います。重要案件については、取締役会や各種会議体への付議基準を定めた規程に基づき、適切に付議します。
② 資金の流れや管理の体制を文書化する等、適正な財務報告の確保に取り組むほか、情報開示委員会を通じて、適時適正な情報開示を確保します。
③ 安全、品質、環境等のリスクならびにコンプライアンスについて、各担当部署が、必要に応じ、各地域と連携した体制を構築するとともに、規則を制定し、あるいはマニュアルを作成し配付すること等により、管理します。
④ 災害等の発生に備えて、マニュアルの整備や訓練を行うほか、必要に応じて、リスク分散措置および保険付保等を行います。

（４）取締役の職務の執行が効率的に行われることを確保するための体制

① 中長期の経営方針および年度毎の会社方針を基に、組織の各段階で方針を具体化し、一貫した方針管理を行います。
② 取締役は、現場からの的確な情報に基づき、経営方針を迅速に決定するとともに、当社の強みである「現場重視」の考え方の下、センター・各地域・各機能・各工程における業務執行の責任者を定め、幅広い権限を与えます。各業務執行責任者は、経営方針達成のため、それぞれの業務計画を主体的に策定し、機動的な執行を行い、取締役はこれを監督します。
③ 随時、各地域の外部有識者をはじめとした様々なステークホルダーの意見を聞く機会を設け、経営や企業行動のあり方に反映させます。

（5）使用人の職務の執行が法令及び定款に適合することを確保するための体制
① 各組織の業務分掌を明確化するとともに、継続的な改善を図る土壌を維持します。
② 法令遵守およびリスク管理の仕組みを不断に見直し、実効性を確保します。そのため、各部署が点検し、ＣＳＲ委員会等に報告する等の確認を実施します。
③ コンプライアンスに関わる問題および疑問点に関しては、企業倫理相談窓口等を通じて、法令遵守ならびに企業倫理に関する情報の早期把握および解決を図ります。

（6）株式会社並びにその親会社及び子会社から成る企業集団における業務の適正を確保するための体制
① グループ共通の行動憲章として、トヨタ基本理念やトヨタ行動指針を子会社に展開し、グループの健全な内部統制環境の醸成を図ります。人的交流を通じてトヨタ基本理念やトヨタ行動指針の浸透も図ります。
② 子会社の財務および経営を管理する部署と事業活動を管理する部署の役割を明確化し、子会社の位置づけに応じた多面的な管理を図ります。これらの部署は、子会社との定期および随時の情報交換を通じて子会社の業務の適正性と適法性を確認します。

（7）監査役がその職務を補助すべき使用人を置くことを求めた場合における当該使用人に関する体制
　監査役室を設置し、専任の使用人を数名置きます。

（8）前号の使用人の取締役からの独立性に関する事項
　監査役室員の人事については、事前に監査役会または監査役会の定める常勤監査役の同意を得ます。

（9）取締役及び使用人が監査役に報告をするための体制その他の監査役への報告に関する体制
① 取締役は、主な業務執行について担当部署を通じて適宜適切に監査役に報告するほか、会社に著しい損害を及ぼすおそれのある事実を発見したときは直ちに監査役に報告します。
② 取締役、専務役員、常務役員および使用人は、監査役の求めに応じ、定期的に、また随時監査役に事業の報告をします。

（10）その他監査役の監査が実効的に行われることを確保するための体制
　主要な役員会議体には監査役の出席を得るとともに、監査役による重要書類の閲

> 覧、会計監査人との定期的および随時の情報交換の機会、必要に応じた外部人材の直接任用等を確保します。

(出所) トヨタ自動車株式会社 『事業報告 (平成25年4月1日から平成26年3月31日まで)』

3 平成26年会社法改正

 平成26年6月20日に可決成立し、同年同月27日に公布された「会社法の一部を改正する法律案」において、業務の適正を確保するための体制に係る改正が入っている。また、平成27年2月6日には「会社法の改正に伴う会社法施行規則等の一部を改正する省令」が公布された。

(1) 子会社管理

 従来、施行規則において定められていた子会社管理の部分が、本法に格上げとなったのが特徴である。この改正による影響については、施行後の実務運用の状況を見守ることになるが、これまでの運用と法的違いはないという考え方と、親会社取締役の善管注意義務との関係で留意が必要であるという考え方が存在している。

(2) その他の内部統制システムに係る改正

 改正会社法施行規則により、監査を支える体制や使用人からの情報収集に関する体制に係る規定に変更があった（会規98④、100③、110の4①、112①）。具体的には、「監査役等の使用人等に対する指示の実行性の確保に関する事項」「監査役等への報告に関する事項」「監査役等に報告した者が当該報告をしたことを理由として不利な取扱いを受けないことを確保するための体制」「監査役の監査費用の償還等の手続その他の監査費用の処理に係る方針」がその中身である。

 また、これまで整備状況が主であった業務の適正を確保するための体制について、運用状況の概要を事業報告において記載することとなった（会規118②）。「会社法の改正に伴う会社更生法施行令及び会社法施行規則等の改

正に関する意見募集の結果について」によると、「『業務の適正を確保するための体制』に則った運用を実施している。」という記載では十分とは言い難い旨、会社法の内部統制は財務報告に係る内部統制に限らない旨、運用状況の記載を求めるものであって評価の記載までを求めるものではない旨の記載がなされている。

会社法（抄）

> （業務の執行）
> 第三百四十八条　取締役は、定款に別段の定めがある場合を除き、株式会社（取締役会設置会社を除く。以下この条において同じ。）の業務を執行する。
> 2　取締役が二人以上ある場合には、株式会社の業務は、定款に別段の定めがある場合を除き、取締役の過半数をもって決定する。
> 3　前項の場合には、取締役は、次に掲げる事項についての決定を各取締役に委任することができない。
> 一　支配人の選任及び解任
> 二　支店の設置、移転及び廃止
> 三　第二百九十八条第一項各号（第三百二十五条において準用する場合を含む。）に掲げる事項
> 四　取締役の職務の執行が法令及び定款に適合することを確保するための体制その他株式会社の業務の適正を確保するために必要なものとして法務省令で定める体制の整備
> 五　第四百二十六条第一項の規定による定款の定めに基づく第四百二十三条第一項の責任の免除
> 4　大会社においては、取締役は、前項第四号に掲げる事項を決定しなければならない。
>
> （取締役会の権限等）
> 第三百六十二条　取締役会は、すべての取締役で組織する。
> 2　取締役会は、次に掲げる職務を行う。
> 一　取締役会設置会社の業務執行の決定

二　取締役の職務の執行の監督
三　代表取締役の選定及び解職
3　取締役会は、取締役の中から代表取締役を選定しなければならない。
4　取締役会は、次に掲げる事項その他の重要な業務執行の決定を取締役に委任することができない。
一　重要な財産の処分及び譲受け
二　多額の借財
三　支配人その他の重要な使用人の選任及び解任
四　支店その他の重要な組織の設置、変更及び廃止
五　第六百七十六条第一号に掲げる事項その他の社債を引き受ける者の募集に関する重要な事項として法務省令で定める事項
六　取締役の職務の執行が法令及び定款に適合することを確保するための体制その他株式会社の業務の適正を確保するために必要なものとして法務省令で定める体制の整備
七　第四百二十六条第一項の規定による定款の定めに基づく第四百二十三条第一項の責任の免除
5　大会社である取締役会設置会社においては、取締役会は、前項第六号に掲げる事項を決定しなければならない。

（委員会設置会社の取締役会の権限）
第四百十六条　委員会設置会社の取締役会は、第三百六十二条の規定にかかわらず、次に掲げる職務を行う。
一　次に掲げる事項その他委員会設置会社の業務執行の決定
イ　経営の基本方針
ロ　監査委員会の職務の執行のため必要なものとして法務省令で定める事項
ハ　執行役が二人以上ある場合における執行役の職務の分掌及び指揮命令の関係その他の執行役相互の関係に関する事項
ニ　次条第二項の規定による取締役会の招集の請求を受ける取締役
ホ　執行役の職務の執行が法令及び定款に適合することを確保するための体制その他株式会社の業務の適正を確保するために必要なものとして法務省令で定める体制の

整備
二　執行役等の職務の執行の監督
2　委員会設置会社の取締役会は、前項第一号イからホまでに掲げる事項を決定しなければならない。
3　委員会設置会社の取締役会は、第一項各号に掲げる職務の執行を取締役に委任することができない。
4　委員会設置会社の取締役会は、その決議によって、委員会設置会社の業務執行の決定を執行役に委任することができる。ただし、次に掲げる事項については、この限りでない。
一　第百三十六条又は第百三十七条第一項の決定及び第百四十条第四項の規定による指定
二　第百六十五条第三項において読み替えて適用する第百五十六条第一項各号に掲げる事項の決定
三　第二百六十二条又は第二百六十三条第一項の決定
四　第二百九十八条第一項各号に掲げる事項の決定
五　株主総会に提出する議案（取締役、会計参与及び会計監査人の選任及び解任並びに会計監査人を再任しないことに関するものを除く。）の内容の決定
六　第三百六十五条第一項において読み替えて適用する第三百五十六条第一項（第四百十九条第二項において読み替えて準用する場合を含む。）の承認
七　第三百六十六条第一項ただし書の規定による取締役会を招集する取締役の決定
八　第四百条第二項の規定による委員の選定及び第四百一条第一項の規定による委員の解職
九　第四百二条第二項の規定による執行役の選任及び第四百三条第一項の規定による執行役の解任
十　第四百八条第一項第一号の規定による委員会設置会社を代表する者の決定
十一　第四百二十条第一項前段の規定による代表執行役の選定及び同条第二項の規定による代表執行役の解職
十二　第四百二十六条第一項の規定による定款の定めに基づく第四百二十三条第一項の責任の免除
十三　第四百三十六条第三項、第四百四十一条第三項及び第四百四十四条第五項の承認
十四　第四百五十四条第五項において読み替えて適用する同条第一項の規定により定

めなければならないとされる事項の決定
十五　第四百六十七条第一項各号に掲げる行為に係る契約（当該委員会設置会社の株主総会の決議による承認を要しないものを除く。）の内容の決定
十六　合併契約（当該委員会設置会社の株主総会の決議による承認を要しないものを除く。）の内容の決定
十七　吸収分割契約（当該委員会設置会社の株主総会の決議による承認を要しないものを除く。）の内容の決定
十八　新設分割計画（当該委員会設置会社の株主総会の決議による承認を要しないものを除く。）の内容の決定
十九　株式交換契約（当該委員会設置会社の株主総会の決議による承認を要しないものを除く。）の内容の決定
二十　株式移転計画の内容の決定

会社法施行規則（抄）

第九十八条　法第三百四十八条第三項第四号に規定する法務省令で定める体制は、当該株式会社における次に掲げる体制とする。
一　当該株式会社の取締役の職務の執行に係る情報の保存及び管理に関する体制
二　当該株式会社の損失の危険の管理に関する規程その他の体制
三　当該株式会社の取締役の職務の執行が効率的に行われることを確保するための体制
四　当該株式会社の使用人の職務の執行が法令及び定款に適合することを確保するための体制
五　次に掲げる体制その他の当該株式会社並びにその親会社及び子会社から成る企業集団における業務の適正を確保するための体制
　イ　当該株式会社の子会社の取締役、執行役、業務を執行する社員、法第五百九十八条第一項の職務を行うべき者その他これらの者に相当する者（ハ及びニにおいて「取締役等」という。）の職務の執行に係る事項の当該株式会社への報告に関する体制
　ロ　当該株式会社の子会社の損失の危険の管理に関する規程その他の体制
　ハ　当該株式会社の子会社の取締役等の職務の執行が効率的に行われることを確保するための体制

二　当該株式会社の子会社の取締役等及び使用人の職務の執行が法令及び定款に適合することを確保するための体制

2　取締役が二人以上ある株式会社である場合には、前項に規定する体制には、業務の決定が適正に行われることを確保するための体制を含むものとする。

3　監査役設置会社以外の株式会社である場合には、第一項に規定する体制には、取締役が株主に報告すべき事項の報告をするための体制を含むものとする。

4　監査役設置会社（監査役の監査の範囲を会計に関するものに限定する旨の定款の定めがある株式会社を含む。）である場合には、第一項に規定する体制には、次に掲げる体制を含むものとする。

一　当該監査役設置会社の監査役がその職務を補助すべき使用人を置くことを求めた場合における当該使用人に関する事項

二　前号の使用人の当該監査役設置会社の取締役からの独立性に関する事項

三　当該監査役設置会社の監査役の第一号の使用人に対する指示の実効性の確保に関する事項

四　次に掲げる体制その他の当該監査役設置会社の監査役への報告に関する体制

イ　当該監査役設置会社の取締役及び会計参与並びに使用人が当該監査役設置会社の監査役に報告をするための体制

ロ　当該監査役設置会社の子会社の取締役、会計参与、監査役、執行役、業務を執行する社員、法第五百九十八条第一項の職務を行うべき者その他これらの者に相当する者及び使用人又はこれらの者から報告を受けた者が当該監査役設置会社の監査役に報告をするための体制

五　前号の報告をした者が当該報告をしたことを理由として不利な取扱いを受けないことを確保するための体制

六　当該監査役設置会社の監査役の職務の執行について生ずる費用の前払又は償還の手続その他の当該職務の執行について生ずる費用又は債務の処理に係る方針に関する事項

七　その他当該監査役設置会社の監査役の監査が実効的に行われることを確保するための体制

（業務の適正を確保するための体制）

第百条　法第三百六十二条第四項第六号に規定する法務省令で定める体制は、当該株式会社における次に掲げる体制とする。
一　当該株式会社の取締役の職務の執行に係る情報の保存及び管理に関する体制
二　当該株式会社の損失の危険の管理に関する規程その他の体制
三　当該株式会社の取締役の職務の執行が効率的に行われることを確保するための体制
四　当該株式会社の使用人の職務の執行が法令及び定款に適合することを確保するための体制
五　次に掲げる体制その他の当該株式会社並びにその親会社及び子会社から成る企業集団における業務の適正を確保するための体制
　イ　当該株式会社の子会社の取締役、執行役、業務を執行する社員、法第五百九十八条第一項の職務を行うべき者その他これらの者に相当する者（ハ及びニにおいて「取締役等」という。）の職務の執行に係る事項の当該株式会社への報告に関する体制
　ロ　当該株式会社の子会社の損失の危険の管理に関する規程その他の体制
　ハ　当該株式会社の子会社の取締役等の職務の執行が効率的に行われることを確保するための体制
　ニ　当該株式会社の子会社の取締役等及び使用人の職務の執行が法令及び定款に適合することを確保するための体制
2　監査役設置会社以外の株式会社である場合には、前項に規定する体制には、取締役が株主に報告すべき事項の報告をするための体制を含むものとする。
3　監査役設置会社（監査役の監査の範囲を会計に関するものに限定する旨の定款の定めがある株式会社を含む。）である場合には、第一項に規定する体制には、次に掲げる体制を含むものとする。
一　当該監査役設置会社の監査役がその職務を補助すべき使用人を置くことを求めた場合における当該使用人に関する事項
二　前号の使用人の当該監査役設置会社の取締役からの独立性に関する事項
三　当該監査役設置会社の監査役の第一号の使用人に対する指示の実効性の確保に関する事項
四　次に掲げる体制その他の当該監査役設置会社の監査役への報告に関する体制
　イ　当該監査役設置会社の取締役及び会計参与並びに使用人が当該監査役設置会社の

監査役に報告をするための体制
ロ　当該監査役設置会社の子会社の取締役、会計参与、監査
五　指名委員会等に出席した取締役（当該指名委員会等の委員であるものを除く。）、執行役、会計参与又は会計監査人の氏名又は名称
六　指名委員会等の議長が存するときは、議長の氏名

（業務の適正を確保するための体制）
第百十二条　法第四百十六条第一項第一号ロに規定する法務省令で定めるものは、次に掲げるものとする。
一　当該株式会社の監査委員会の職務を補助すべき取締役及び使用人に関する事項
二　前号の取締役及び使用人の当該株式会社の執行役からの独立性に関する事項
三　当該株式会社の監査委員会の第一号の取締役及び使用人に対する指示の実効性の確保に関する事項
四　次に掲げる体制その他の当該株式会社の監査委員会への報告に関する体制
イ　当該株式会社の取締役（監査委員である取締役を除く。）、執行役及び会計参与並びに使用人が当該株式会社の監査委員会に報告をするための体制
ロ　当該株式会社の子会社の取締役、会計参与、監査役、執行役、業務を執行する社員、法第五百九十八条第一項の職務を行うべき者その他これらの者に相当する者及び使用人又はこれらの者から報告を受けた者が当該株式会社の監査委員会に報告をするための体制
五　前号の報告をした者が当該報告をしたことを理由として不利な取扱いを受けないことを確保するための体制
六　当該株式会社の監査委員の職務の執行（監査委員会の職務の執行に関するものに限る。）について生ずる費用の前払又は償還の手続その他の当該職務の執行について生ずる費用又は債務の処理に係る方針に関する事項
七　その他当該株式会社の監査委員会の監査が実効的に行われることを確保するための体制
2　法第四百十六条第一項第一号ホに規定する法務省令で定める体制は、当該株式会社における次に掲げる体制とする。
一　当該株式会社の執行役の職務の執行に係る情報の保存及び管理に関する体制

二　当該株式会社の損失の危険の管理に関する規程その他の体制

三　当該株式会社の執行役の職務の執行が効率的に行われることを確保するための体制

四　当該株式会社の使用人の職務の執行が法令及び定款に適合することを確保するための体制

五　次に掲げる体制その他の当該株式会社並びにその親会社及び子会社から成る企業集団における業務の適正を確保するための体制

イ　当該株式会社の子会社の取締役、執行役、業務を執行する社員、法第五百九十八条第一項の職務を行うべき者その他これらの者に相当する者（ハ及びニにおいて「取締役等」という。）の職務の執行に係る事項の当該株式会社への報告に関する体制

ロ　当該株式会社の子会社の損失の危険の管理に関する規程その他の体制

ハ　当該株式会社の子会社の取締役等の職務の執行が効率的に行われることを確保するための体制

ニ　当該株式会社の子会社の取締役等及び使用人の職務の執行が法令及び定款に適合することを確保するための体制

第百十八条　事業報告は、次に掲げる事項をその内容としなければならない。

一　当該株式会社の状況に関する重要な事項（計算書類及びその附属明細書並びに連結計算書類の内容となる事項を除く。）

二　法第三百四十八条第三項第四号、第三百六十二条第四項第六号、第三百九十九条の十三第一項第一号ロ及びハ並びに第四百十六条第一項第一号ロ及びホに規定する体制の整備についての決定又は決議があるときは、その決定又は決議の内容の概要及び当該体制の運用状況の概要

三　株式会社が当該株式会社の財務及び事業の方針の決定を支配する者の在り方に関する基本方針（以下この号において「基本方針」という。）を定めているときは、次に掲げる事項

イ　基本方針の内容の概要

ロ　次に掲げる取組みの具体的な内容の概要

（1）　当該株式会社の財産の有効な活用、適切な企業集団の形成その他の基本方針の実現に資する特別な取組み

（2）　基本方針に照らして不適切な者によって当該株式会社の財務及び事業の方針の

決定が支配されることを防止するための取組み
ハ　ロの取組みの次に掲げる要件への該当性に関する当該株式会社の取締役（取締役会設置会社にあっては、取締役会）の判断及びその理由（当該理由が社外役員の存否に関する事項のみである場合における当該事項を除く。）
（１）　当該取組みが基本方針に沿うものであること。
（２）　当該取組みが当該株式会社の株主の共同の利益を損なうものではないこと。
（３）　当該取組みが当該株式会社の会社役員の地位の維持を目的とするものではないこと。

（監査役の監査報告の内容）
第百二十九条　監査役は、事業報告及びその附属明細書を受領したときは、次に掲げる事項（監査役会設置会社の監査役の監査報告にあっては、第一号から第六号までに掲げる事項）を内容とする監査報告を作成しなければならない。
一　監査役の監査（計算関係書類に係るものを除く。以下この款において同じ。）の方法及びその内容
二　事業報告及びその附属明細書が法令又は定款に従い当該株式会社の状況を正しく示しているかどうかについての意見
三　当該株式会社の取締役（当該事業年度中に当該株式会社が指名委員会等設置会社であった場合にあっては、執行役を含む。）の職務の遂行に関し、不正の行為又は法令若しくは定款に違反する重大な事実があったときは、その事実
四　監査のため必要な調査ができなかったときは、その旨及びその理由
五　第百十八条第二号に掲げる事項（監査の範囲に属さないものを除く。）がある場合において、当該事項の内容が相当でないと認めるときは、その旨及びその理由
六　第百十八条第三号若しくは第五号に規定する事項が事業報告の内容となっているとき又は前条第三項に規定する事項が事業報告の附属明細書の内容となっているときは、当該事項についての意見
七　監査報告を作成した日
２　前項の規定にかかわらず、監査役の監査の範囲を会計に関するものに限定する旨の定款の定めがある株式会社の監査役は、同項各号に掲げる事項に代えて、事業報告を監査する権限がないことを明らかにした監査報告を作成しなければならない。

> （監査等委員会の監査報告の内容等）
> 第百三十条の二　監査等委員会は、事業報告及びその附属明細書を受領したときは、次に掲げる事項を内容とする監査報告を作成しなければならない。この場合において、監査等委員は、当該事項に係る監査報告の内容が当該監査等委員の意見と異なる場合には、その意見を監査報告に付記することができる。
> 一　監査等委員会の監査の方法及びその内容
> 二　第百二十九条第一項第二号から第六号までに掲げる事項
> 三　監査報告を作成した日
> 2　前項に規定する監査報告の内容（同項後段の規定による付記の内容を除く。）は、監査等委員会の決議をもって定めなければならない。

2　金融商品取引法の内部統制

1　概要

　平成19年9月30日より全面施行された金融商品取引法において、内部統制報告制度が誕生した。

　ただし、それ以前の証券取引法においても、制度としては明文化されてはいなかったものの、証券取引法監査が内部統制に依拠して行われるという建付けが存在していたことから、企業が有効な内部統制を構築することは当然の前提として存在していた。

　この内部統制報告制度については、その詳細が内部統制基準及び内部統制実施基準によって具体化されている。

　内部統制基準及び内部統制実施基準の「Ⅰ．内部統制の基本的枠組み」の箇所において、米国のＣＯＳＯのフレームワークをベースとしつつ、日本独自の視点を織り込んだ内部統制のフレームワークが提示されており、事実上の日本における内部統制のフレームワークとなっている。本書においても、

金融商品取引法の提示するフレームワークをベースとして、内部統制の解説を行っている。

2 財務報告に係る内部統制

内部統制に関するフレームワークを提示している内部統制基準及び内部統制実施基準であるが、内部統制報告制度の対象となる内部統制、すなわち評価や監査の対象範囲となる内部統制については「財務報告に係る内部統制」に限定している。

財務報告に係る内部統制については、内部統制実施基準において、「財務報告の信頼性を確保するための内部統制」という定義がなされている。この財務報告の信頼性については、内部統制の四つの目的の一つとして挙げられているところであり、「財務諸表及び財務諸表に重要な影響を及ぼす可能性のある情報の信頼性を確保すること」を目的とする内部統制といえる。

3 内部統制報告制度

金融商品取引法では、24条の4の4第1項において、財務報告に係る内部統制を評価し内部統制報告書を提出すること、193条の2第2項において、その内部統制報告書について監査証明を受けることを求めている。

それらの対象となるべき財務報告に係る内部統制の構築については、内部統制実施基準の「Ⅰ．内部統制の基本的枠組み 5．財務方向に係る内部統制の構築」において記載があり、「財務報告に係る内部統制構築の要点」「財務報告に係る内部統制構築のプロセス」としてまとめられている。

金融商品取引法（抄）

（財務計算に関する書類その他の情報の適正性を確保するための体制の評価）
第二十四条の四の四
1 　第二十四条第一項の規定による有価証券報告書を提出しなければならない会社

(第二十三条の三第四項の規定により当該有価証券報告書を提出した会社を含む。次項において同じ。)のうち、第二十四条第一項第一号に掲げる有価証券の発行者である会社その他の政令で定めるものは、内閣府令で定めるところにより、事業年度ごとに、当該会社の属する企業集団及び当該会社に係る財務計算に関する書類その他の情報の適正性を確保するために必要なものとして内閣府令で定める体制について、内閣府令で定めるところにより評価した報告書(以下「内部統制報告書」という。)を有価証券報告書(同条第八項の規定により同項に規定する有価証券報告書等に代えて外国会社報告書を提出する場合にあつては、当該外国会社報告書)と併せて内閣総理大臣に提出しなければならない。

(公認会計士又は監査法人による監査証明)
第百九十三条の二
2 金融商品取引所に上場されている有価証券の発行会社その他の者で政令で定めるものが、第二十四条の四の四の規定に基づき提出する内部統制報告書には、その者と特別の利害関係のない公認会計士又は監査法人の監査証明を受けなければならない。ただし、次に掲げる場合は、この限りでない。
一 前項第一号の発行者が、外国監査法人等から内閣府令で定めるところにより監査証明に相当すると認められる証明を受けた場合
二 前号の発行者が、<u>公認会計士法第三十四条の三十五第一項</u>ただし書に規定する内閣府令で定める者から内閣府令で定めるところにより監査証明に相当すると認められる証明を受けた場合
三 監査証明を受けなくても公益又は投資者保護に欠けることがないものとして内閣府令で定めるところにより内閣総理大臣の承認を受けた場合

3 その他の法令等の内部統制

1 不当景品類及び不当表示防止法

平成26年6月6日に成立し同年同月13日に公布された、不当景品類及び不

当表示防止法(以下「景表法」という)等の一部を改正する等の法律によって、景表法の世界においても、内部統制が注目されている。

消費者庁の法律概要に記載されているとおり、本件改正では消費者行政における「事業者のコンプライアンスの確立(的確な指示)」を目的とするものである。より具体的には、コンプライアンスを目的として、事業者の表示管理体制の構築を求めている。

改正後の景表法7条1項では、「景品類の価額の最高額、総額その他の景品類の提供に関する事項及び商品又は役務の品質、規格その他の内容に係る表示に関する事項を適正に管理するために必要な体制の整備その他の必要な措置」という記載で、内部統制の整備が求められている。

不当景品類及び不当表示防止法(抄)

> (事業者が講ずべき景品類の提供及び表示の管理上の措置)
> 第七条
> 1　事業者は、自己の供給する商品又は役務の取引について、景品類の提供又は表示により不当に顧客を誘引し、一般消費者による自主的かつ合理的な選択を阻害することのないよう、景品類の価額の最高額、総額その他の景品類の提供に関する事項及び商品又は役務の品質、規格その他の内容に係る表示に関する事項を適正に管理するために必要な体制の整備その他の必要な措置を講じなければならない。

2　外国公務員贈賄防止指針

平成9年にOECDが採択した「外国公務員贈賄防止条約」を受け、日本でも、産業構造審議会貿易経済協力分科会国際商取引関連企業行動小委員会の審議を経て、平成16年5月に「外国公務員贈賄防止指針」が経済産業省より公表された。その後、平成19年1月と平成22年9月の改訂がなされている。

その「第2章　企業における内部統制の有効性の向上について」の冒頭において、

> 個々の企業レベルにおける外国公務員贈賄防止対策の実効性を高め、内部統制（「企業がその業務を適正かつ効率的に遂行するために、社内に構築され、運用されるプログラム」を指す。）の有効性の向上を図るための参考となる方策等を例示する。

とうたっており、内部統制の構築を求めている。

また、「１．基本的考え方（２）本指針における内部統制の考え方」では、

> 本章で述べる内部統制の在り方については、各方面で行われている既存の成果も参考に、これらを尊重しつつ、外国公務員贈賄防止の視点に特化して、留意すべき内容を例示したものである。

と記載し、既存の内部統制のフレームワークを意識しつつ、その中で外国公務員贈賄防止を目的とした内部統制の構築を求めるものであることを明確にしている。これは、税務コンプライアンスを目的とする、税務に関する内部統制の構築を検討するにあたって、参考となる建付けである。

この外国公務員贈賄防止指針においては、下表の六つの大項目が、内部統制の内容として挙げられている。項目の内容から、全社的な内部統制が重要視されていることがわかる。

図表２-18　目標とすべき内部統制のあり方

（１）基本方針の明確化とコンプライアンス・プログラムの策定
①基本方針の明確化
②コンプライアンス・プログラムの策定
（２）組織体制の整備
①企業の最高責任者の関与
②コンプライアンス責任者の指名
③社内相談窓口及び通報窓口の設置等

	④疑義等発覚後の事後対応体制整備
（3）	社内における普及活動及び教育活動の実施
	①普及活動の実施
	②教育活動の実施
（4）	定期的監査
（5）	企業の最高責任者による見直し
（6）	その他海外における事業活動に当たって特に留意すべき事項

3 連邦量刑ガイドライン

　平成3年（1991年）に米国で施行された連邦量刑ガイドラインでは、effective compliance and ethics program（「効果的なコンプライアンス・倫理プログラム」）の実施に応じて、量刑が軽減される規定が設けられている。

　このため、コンプライアンス・倫理プログラムを実施していないことにより量刑が軽減されない不利益は、企業及びその経営者が受けることとなるため、企業側としては当該プログラムに取り組まざるをえないものとなった。

　下表は、連邦量刑ガイドラインの Chapter 8, Part B2.1 Effective Compliance and Ethics Program の（b）を抜粋したものである。

図表2-19　EFFECTIVE COMPLIANCE AND ETHICS PROGRAM

(1)	The organization shall establish standards and procedures to prevent and detect criminal conduct.
(2)	(A) The organization's governing authority shall be knowledgeable about the content and operation of the compliance and ethics program and shall exercise reasonable oversight with respect to the implementation and effectiveness of the compliance and ethics program.
	(B) High-level personnel of the organization shall ensure that the or-

	ganization has an effective compliance and ethics program, as described in this guideline. Specific individual(s) within high-level personnel shall be assigned overall responsibility for the compliance and ethics program.
	(C) Specific individual(s) within the organization shall be delegated day-to-day operational responsibility for the compliance and ethics program. Individual(s) with operational responsibility shall report periodically to high-level personnel and, as appropriate, to the governing authority, or an appropriate subgroup of the governing authority, on the effectiveness of the compliance and ethics program. To carry out such operational responsibility, such individual(s) shall be given adequate resources, appropriate authority, and direct access to the governing authority or an appropriate subgroup of the governing authority.
(3)	The organization shall use reasonable efforts not to include within the substantial authority personnel of the organization any individual whom the organization knew, or should have known through the exercise of due diligence, has engaged in illegal activities or other conduct inconsistent with an effective compliance and ethics program.
(4)	(A) The organization shall take reasonable steps to communicate periodically and in a practical manner its standards and procedures, and other aspects of the compliance and ethics program, to the individuals referred to in subparagraph (B) by conducting effective training programs and otherwise disseminating information appropriate to such individuals' respective roles and responsibilities.
	(B) The individuals referred to in subparagraph (A) are the members of the governing authority, high-level personnel, substantial authority personnel, the organization's employees, and, as appropriate, the organization's agents.
(5)	The organization shall take reasonable steps-

	(A) to ensure that the organization's compliance and ethics program is followed, including monitoring and auditing to detect criminal conduct;
	(B) to evaluate periodically the effectiveness of the organization's compliance and ethics program; and
	(C) to have and publicize a system, which may include mechanisms that allow for anonymity or confidentiality, whereby the organization's employees and agents may report or seek guidance regarding potential or actual criminal conduct without fear of retaliation.
(6)	The organization's compliance and ethics program shall be promoted and enforced consistently throughout the organization through (A) appropriate incentives to perform in accordance with the compliance and ethics program; and (B) appropriate disciplinary measures for engaging in criminal conduct and for failing the take reasonable steps to prevent or detect criminal conduct.
(7)	After criminal conduct has been detected, the organization shall take reasonable steps to respond appropriately to the criminal conduct and to prevent further similar criminal conduct, including making any necessary modifications to the organization's compliance and ethics program.

　上表の内容を簡単にまとめると以下のとおりである。
（1）法令遵守のための基準と手続
（2）上長による監督体制
（3）裁量権の適切配分
（4）周知徹底システム
（5）モニタリング及び監査による遵守システム
（6）違反行為への懲罰実施
（7）再発防止策と改善
　項目を見ると明らかなとおり、全社的な内部統制に軸足が置かれている。

4 FCPAリソースガイド

The Foreign Corrupt Practices Act（「海外腐敗防止法」、以下「FCPA」という）に関連して、平成24年にSEC（アメリカ証券取引委員会）とDOJ（アメリカ合衆国司法省）が公表したA Resource Guide to the U.S. Foreign Corrupt Practices Act（「アメリカ海外腐敗行為防止法の手引き」）では、Chapter 5: GUIDING PRINCIPLES OF ENFORCEMENTにおいて、Corporate Compliance Programという項目が存在し、FCPAの遵守のためのガイドラインが示されている。

図表2-20 Hallmarks of Effective Compliance Programs（「効果的なコンプライアンス・プログラム」の特徴）

Commitment from Senior Management and a Clearly Articulated Policy Against Corruption
Code of Conduct and Compliance Policies and Procedures
Oversight, Autonomy, and Resources
Risk Assessment
Training and Continuing Advice
Incentives and Disciplinary Measures
Third-Party Due Diligence and Payments
Confidential Reporting and Internal Investigation

Continuous Improvement: Periodic Testing and Review
Mergers and Acquisitions: Pre-Acquisition Due Diligence and Post-Acquisition Integration

上表の内容を簡単にまとめると以下のとおりである。
- 経営幹部による関与及び贈賄禁止方針
- 行動規範及びコンプライアンス指針
- 監督、自治及びリソース
- リスク評価
- 研修及び継続的な助言
- インセンティブ及び懲戒
- 第三者に関するデューデリジェンス及び第三者への支払
- 匿名内部通報及び社内調査
- 定期的なテストと再評価
- M&Aにおける買収前デューデリジェンス及び買収後調査

リスク評価の項目が独立していることは、一つの特色といえよう。

5 UK Bribery Act

UK Bribery Act（イギリス賄賂防止法）とは、英国で平成22年に裁可され、翌年から発効した、贈賄に関して定めた法律である。この7条（2）において、

> But it is a defense for C to prove that C had in place adequate procedures designed to prevent persons associated with C from undertaking such conduct.

と定めがあり、「adequate procedures（適切な手続）」という概念が提示され

ている。これは、贈賄防止に関する適切な手続が導入されていれば、企業の刑事罰の責任を回避することが可能となるものであり、連邦量刑ガイドラインと類似している。「Bribery Act 2010 Guidance」(イギリス賄賂防止法ガイダンス)では、下表の The six principles(六つの原則)が提示されている。

図表2-21　The six principles（イギリス賄賂防止法の六つの原則）

Proportionate procedures
Top-level commitment
Risk Assessment
Due diligence
Communication (including training)
Monitoring and review

内容としては、以下のとおりであり、これまで取り上げてきた規則と類似する部分が多い。

・適切な贈賄防止手続
・トップマネジメントの関与
・贈賄リスク評価
・実行可能者のデューデリジェンス
・贈賄防止手続の周知徹底
・継続的なモニタリングと再評価

ここで取り上げた海外の諸規則をみると、「コンプライアンスプログラムを求めること」が共通しており、その内容を検討すると、全社的な内部統制が重要視されていることは明らかである。

なお、共通する要素としては、

・基本方針の策定
・トップの関与

・周知の仕組み
・モニタリング
・再発防止と是正
・違反への懲罰制度

であり、後述する「税務に関するコーポレートガバナンス確認表」と比較すると、共通していることは指摘できる。

3 税務に関する内部統制とは

　前節では他法令等で求められる内部統制を概観したが、税務に関する内部統制については、会社法及び金融商品取引法の内部統制をベースとしつつ、事業活動に関わる税法の遵守、すなわち税務コンプライアンスを目的とするものと整理できよう。

　税務に関するコーポレートガバナンスの性質については、確認表により27項目を確認したうえで、有効性の判定を行うとしていることからも、贈賄等の不正関連法規が企業に求めているコンプライアンスプログラムが、参考となる。

　加えて不正関連法規において、良好なコンプライアンスプログラムの存在が罰則を軽減する効果があることを踏まえると、確認表の判定結果が良好な場合には税務調査期間を延長する本制度は、これら不正関連法規と制度的近接性が高いと思料される。

　本節では、先行する内部統制関連の制度を踏まえつつ、税務に関する内部統制の構築について検討する。

1 税務コンプライアンスとリスク・アプローチ

1 税務コンプライアンス

　第1章においてコンプライアンスの概念を検討する中で「納税者が納税義務を自発的かつ適正に履行すること」が税務当局の想定するコンプライアンスであって、単なる法令遵守に留まらず社会規範まで含めた広義のコンプライアンス概念が意識されている旨を指摘している。以降はこの税務当局が想

定するコンプライアンス概念を税務コンプライアンスと呼称する。

　このような社会規範も含めた広義のコンプライアンスについては、現在のところ強制する基準等は存在しないものの、参考とされる基準等は存在する。その中でも社団法人日本経済団体連合会が公表している「企業行動憲章」（注）が著名であり、その序文において「企業の社会的責任」という表現を用い、10原則に基づいて社会的責任を果たしていくことがうたわれている。なお、この10原則のうち、

> 9．経営トップは、本憲章の精神の実現が自らの役割であることを認識し、率先垂範の上、社内ならびにグループ企業にその徹底を図るとともに、取引先にも促す。また、社内外の声を常時把握し、実行ある社内体制を確立する。

が内部統制との関係が深い。

　企業行動憲章実行の手引きでは、この原則が細分化され、「基本的心構え・姿勢」「具体的アクション・プランの例」といった形で解説されているが、税務コンプライアンスを検討するに際しても、当該項目は参考となろう。

（注）現在は第6版が平成22年9月14日付で公表されている。

図表2-22　企業行動憲章

9-1	経営トップは、リーダーシップを最大限発揮し、経営理念や行動規範の明確化とその社内への徹底、CSRの推進などにあたる。
9-2	経営トップは、経営理念や行動規範およびCSRに対する基本姿勢を社外に表明し、具体的取り組みについて情報開示する。
9-3	全社的な取り組み体制を整備する。
9-4	企業グループ全体において企業倫理の徹底とCSRの推進を図る。あわせて、取引先をはじめとするサプライチェーンにおいても、そうした取り組みを促す。

9-5	通常の指揮命令系統から独立した企業倫理ヘルプライン(相談窓口)を整備・活用し、企業行動の改善につなげる。
9-6	企業倫理の徹底とCSRの推進に関する教育・研修を実施、充実する。
9-7	取り組みの浸透・定着状況をチェック・評価する。

　この税務コンプライアンスの実施に際しては、「コンプライアンス意識」と「遵守能力」に細分化することが理解に資する。

　コンプライアンス意識とは、守るべき規準等を守らなければならないという意識であり、組織風土や各人の内面によるものである。

　遵守能力とは、コンプライアンス意識を基礎として、実際にコンプライアンスを実施する能力であり、組織の各種統制活動やモニタリングが関係する。

　両者は車の両輪の関係にあり、コンプライアンス意識が希薄な中での統制活動やモニタリングは意味をなさない一方で、高いコンプライアンス意識を保持しながら実際の活動がなければやはり意味をなさないことから明白であろう。

2　税務リスク・アプローチ

　税務コンプライアンスを目的とする税務に関する内部統制を構築するにあたっては、第1節の内部統制の限界でもふれたように、内部統制構築の費用対効果を考慮する必要がある。そもそも、内部統制の定義において「合理的な保証を得るために」という記載があることを踏まえると、すべてのリスクをゼロにすることを内部統制は想定しているのではなく、すべてのリスクを許容水準以下にすることを目的としていることが明らかである。

　この合理的な保証を確保するための参考になる考え方として、「リスク・

アプローチ」を説明する。リスク・アプローチとは、公認会計士監査において発展してきた考え方であるが、内部統制報告制度の導入にあたり、内部統制の構築水準を検討するためにも参考された。

　リスク・アプローチを税務リスクに関連して説明するならば、「重要な税務に関する誤りや不正が生じる可能性が高い事項について、重点的に内部統制を構築するもの」、といえよう。ポイントとしては、「重要な」という表現であり、内部統制の定義にもある合理的な保証という表現に対応する。ある取引を想定した場合に、税務リスク・アプローチにおいては、いかなる税務リスクもゼロにしようとするのではなく、重要な税務リスクを許容水準に抑えようとするものである。「取引そのものが持つ固有の税務リスク」をリスクの分析によって識別し、リスク評価を踏まえて統制活動を設定することで「取引に関連する内部統制によっても軽減できない税務リスク」を決定し、残存する税務リスクを一定水準以下に抑えることになる。これを表わすと下図となる。

図表2-23　税務リスクアプローチ

| 取引そのものが持つ固有の税務リスク |
|---|//
| × |
| 取引に関連する内部統制によっても軽減できない税務リスク |
| ＝ |
| 残存する税務リスク |
| ＝ |
| （税務当局的には）税務調査によって発見しなければならない税務リスク |

この残存する税務リスクが許容水準を超えている場合、税務調査によって指摘事項となる可能性が高い取引であることを示唆する。あくまで可能性ではあるが、税務当局側から考えると、このような取引については、税務調査を重点項目とする必要が高いことは明らかであろう。限られたリソースを、残存する税務リスクが低い箇所ではなく、低いと評価できない箇所に振り分けることで、効率的な税務調査の実施が期待されるのである。

　整理すると、税務に関するコーポレートガバナンスが良好と判定された事業体は、税務調査によって指摘事項が発見される可能性が低いと考えることが可能であるため、税務調査の周期を長くし、良好ではない事業体の税務調査を実施することで、税務当局の効率的なリソース配分を図ろうとするものである。

　企業側から考えると、残存する税務リスクを低くするような、税務コンプライアンスを意識した税務に関する内部統制を構築することで税務調査の周期が長くなることが期待されることから、税務調査の負担を考慮すると、税務に関する内部統制を構築するインセンティブとなりうる。

2 税務に関する内部統制の範囲

1 税務に関する内部統制の射程

　執筆時点では、税務に関するコーポレートガバナンスは、大企業を対象とした制度になることが想定されている。しかしながら、税務調査の効率化といった大きな潮流を踏まえた場合、中小企業へ展開されてくることが想定される。中小企業の内部統制の整備・運用状況は推して知るべしという意見はあるが、税務に関するコーポレートガバナンス調査票の内容を見ると明らかなとおり、全社的な内部統制を重要視しており、中小企業であっても制度導入しやすいのではないかと思料される。

中小企業であっても、むしろ中小企業であるがゆえに、税務コンプライアンス意識が高い組織も少なくないことから、当該制度の射程が伸びることは税務当局のみならず真面目な納税者にとってもメリットがあると考えられる。

2　企業集団概念

　内部統制の構築範囲については、単体の法人にとどまることなく、企業集団単位に拡張する動きがあり、会社法や金融商品取引法のみならず、コンプライアンスプログラムや企業行動憲章にも表われている。税務に関するコーポレートガバナンスにおいても、確認表の項目で企業集団を意識した記載となっていることから、親会社のみならずその子会社等についても、範囲となっている。

　実際のところ、企業集団内の取引については、アームズレングス・ルールや連結納税との関係等もあり、実務上問題となりやすい。さらに海外子会社ともなれば、税務リスクはますます高くなろう。経理部やリスク管理部において、企業集団全体の税務リスクを管掌するような担当が存在することが望ましいが、実際のところは人数的能力的な観点から困難である。

　場合によっては、外部の専門家の利用も選択肢となろう。

3　税務に関する内部統制の構築

　ここでは税務に関するコーポレートガバナンス確認表の内容を概観する。なお、「その他有効な取組み」については、ベストプラクティスに近いと考えられることから、取り上げる項目としては除外した。

1　税務に関するコーポレートガバナンス確認表

　以下、各項目の中身を検討するが、内部統制の態様は各社各様であり、記

載する制度や統制活動等に限るものではなく、例示であることに留意されたい。

（1）トップマネジメントの関与・指導

① 税務コンプライアンスの維持・向上に関する事項の社訓、コンプライアンス指針等への掲載

　経営理念、経営方針、社訓等といった組織の基本方針を有する組織は多い。そのような組織の基本方針の中で、税務コンプライアンスを意識することを求めている。

　税務コンプライアンスの維持・向上については当然であるが、それを組織内に浸透させるために明文化することを求め、周知徹底を図るものといえる。内部統制の基本的要素でいうところの、統制環境に関係する項目である。なお、企業は社会の公器であるという考えから、経営理念やCSRの中で、適正な納税をうたっている事例が存在する。

② 税務コンプライアンスの維持・向上に関する方針のトップマネジメントによる発信

　トップマネジメントによる発信行為としては、各種会議や社内報といった形での発信や、規程類への落とし込みが考えられる。

　前述①に挙げた、基本方針に定めた内容を、トップからのメッセージとして発信することにより、組織全体または組織外部へ伝達することとなる。他にも、定期的な周知のための仕組みも求められる。内部統制の基本的要素では、統制環境に位置づけられよう。

　なお、トヨタ自動車株式会社は、その「行動指針 第2章 会社における私たちの活動 2-11 収益性向上活動」の中で、
「トヨタは、適切な財務指標により、単独・連結ベースの経営効率・収益体質の評価を行い、その継続的改善に最善を尽くすと共に、財務状況の公正かつタイムリーな開示と適正な納税に努めます。その一環として、子会社・関連会社に対しても適切な管理に努めます」

とうたっており、適正な納税を明示している。

③ **税務に関する社内調査結果や税務調査結果のトップマネジメントへの報告**

　税務調査のみならず、社内で自浄作用として自主的に実施する調査があるが、それらの結果について、税務担当部門のみにとどめることなく、組織の重要事項であるという意識のもと、トップマネジメント層へのレポーティングを求め共有を図るものである。内部統制の基本的要素では、情報と伝達に関係する項目といえる。

④ **社内監査や税務調査等で税務上の問題事項が把握された場合における、その再発防止策に対するトップマネジメントの指示・指導**

　外部からの税務調査や会計監査に加え、社内の内部監査やグループ監査において発見された税務上の問題事項については、当然に是正が求められるが、その再発防止策についてのトップマネジメントの関与を求めるものである。

　これは、トップの関与のない方策は、画餅に帰すことが多いことから、再発防止策の実効性を高めるものである。内部統制の基本的要素では、モニタリングに関係する項目といえる。

⑤ **トップマネジメントから社内に対する再発防止の徹底の指示**

　再発防止策について、その場しのぎの弥縫策で終わらせることなく、実効性のあるものとするため、再発防止策の策定からその実施にいたるまでの、トップマネジメントの関与を求めるものであり、前述④と関連性が深い。内部統制の基本的要素では、モニタリングに関係する項目である。

⑥ **トップマネジメントへの再発防止策の運用状況の報告**

　前述④⑤を踏まえて、再発防止策の実施とその効果測定を行い、問題が再発しないように、対象についての継続的なPlan-Do-Seeを求めるものである。モニタリングの基本的要素に関係する。

⑦ **トップマネジメントから社内に対する税務調査への適切な対応についての指示**

税務調査に対する忌避行動をすることなく、税務調査へ協力することを求めるものである。当然ではあるものの、トップによる指示を明文で求めることに意味がある。内部統制の基本的要素の、統制環境に関係する項目といえる。

（2）経理・監査部門の体制・機能の整備

① 税務リスクのある取引に関して、事業部門や国内外の事業所から経理担当部署への情報の連絡・相談体制の整備

この体制の整備の肝となるのは、事業部門や国内外の事業所における、税務リスクへの感度といえる。感度が鈍い場合には、連絡・相談ルートを用意したところで、税務リスクの高い取引が実行されることが必要な部署まで伝達されてこないおそれがある。基本的要素の情報と伝達に該当することを考えると、情報の識別のために必要な税務リスクに係るリスクマップ等を共有するといった方策が考えられる。

② 国外関連取引に係る取引価格の設定や事業再編等大きな税務リスクのある取引に関する社内検討の実施

移転価格税制や企業再編といった税務リスクが高い取引について、税務担当部門が知らないうちに実行され、その実行の報告もなされない事態が発生しないよう、社内検討が可能となる体制の整備を求めている。これも情報と伝達の基本的要素に関係するものである。

③ 税務精通者の養成・確保

現場レベルの税務コンプライアンス意識の涵養は必要であるが、とりわけ、税務担当部門においては、より専門的な感度を持っている人材を確保することが求められる。内部統制の基本的要素で考えると、人材の確保に関係する部分であることから、統制環境に該当する。

④ 経理担当部署等による税務に関する社内監査の実施

報告されていない税務リスクが存在していないか、という観点から、現場とは別の視点によるモニタリングの仕組みを整えることが求められる。当該

項目がモニタリングの基本的要素に関係することを考えると、内部監査部門が担当することも考えられるが、業務リスクではなく税務リスクという特殊性を鑑みるに、経理担当部署に委ねるほうが効率的という考え方も採用しうるであろう。

⑤ 税務コンプライアンスの維持・向上に関する経理部門と監査役・監査法人との連携

会計監査の担い手である監査役及び監査法人がその監査の過程で発見した事項について、経理部門と認識共有される仕組みを整備することが求められている。これは、情報と伝達に関係するが、会計的知見を有している監査役等の場合には、より密接な連携が期待されることとなろう。

⑥ 連結子法人や国内のグループ会社への税務面の指導や監査の実施

物理的な距離感から目が届きにくくなる、国内子会社等への社内税務指導等の実施により、企業集団としての税務リスクの高まりを抑えることを意図するものである。主にモニタリングの基本的要素に関係するものであるが、指導の部分については、統制活動の要素も含まれる。

⑦ 海外の主要な支店・子会社への会計監査・モニタリングの実施

海外における税務リスクについては、我が国の国内法に基づくものにとどまらないことから、より慎重に監査やモニタリングが実施されることを求めている。モニタリングの基本的要素に該当する。

(3) 内部牽制の働く税務・会計処理手続の整備

① 個々の業務における税務リスクの把握

現場の業務プロセスに潜む税務リスクについて、税務リスク認識及び評価を適切に実施することを求めている。基本的要素のリスクの評価と対応に該当する部分であり、税務リスクのリスクマップ等に基づき、業務プロセスに内在する税務リスクを識別分析することが要請されていると考えられる。

② 税務処理手続の明確化

手続の文書化が、内部統制では求められる場合があるが、税務コンプライ

アンスを目的とした処理手続について検討することを求めるものである。統制活動の基本的要素に関係するものといえる。

③ **会計処理の適否が事後においても検証可能となる仕組みの整備**

なぜその会計処理を実施したかについて、その検討・判断過程を説明することができるようにすることを求めている。統制活動に該当する部分である。

②との関係が深く、必ずしも文書化を求めるものではないと考えられるが、稟議書等に文書化する仕組み等が一案といえる。

④ **不正な会計処理等の情報に関する内部通報制度の整備**

不正会計、不正な税務処理といった不祥事の発生について、内部通報の範囲内であることを明確にし、有事の早期発見につなげるものである。独立したレポートラインであることから、情報と伝達に関係するものといえる。

（4）税務に関する情報の社内への周知

① **税務に関する情報の社員への提供**

税制改正といった新しい情報のみならず、注意が必要な税務に関する情報について、必要なタイミングで社内・企業集団内へ情報提供する仕組みが求められている。社内イントラネットによる周知という形は一つの方策として考えられる。基本的要素でいうところの、情報と伝達に該当する。

② **税務研修の実施**

社内の税務に関する知識向上を図るために、税務情報を研修等によって周知することで、より深度ある理解につなげようとするものである。情報と伝達に該当することとなる。場合によっては、外部講師を招いての研修等の実施も考えられる。

③ **税務調査結果及び再発防止策の社内周知**

税務調査やその結果に対する再発防止策については、実行に加えて周知することが必要であることから、組織内への周知を求めるものである。情報と伝達に該当するものといえる。

(5) 不適切な行為に対するペナルティの適用

・ 仮装・隠ぺいを行った社員に対する懲戒処分等のペナルティ制度の整備と運用

　罰則のないルール及び適用されない罰則は意味がないことから、罰則を設けたうえで、実際にその罰則が適用されることにより、ルールの実効性を高めるものである。基本的要素としては、統制環境に該当することとなる。

2 内部統制構築の要点

　内部統制実施基準において、下表のとおり内部統制構築の要点が挙げられている。

○　適正な財務報告を確保するための全社的な方針や手続が示されるとともに、適切に整備及び運用されていること	・適正な財務報告についての意向等の表明及びこれを実現していくための方針・原則等の設定 ・取締役会及び監査役または監査委員会の機能発揮 ・適切な組織構造の構築
○　財務報告の重要な事項に虚偽記載が発生するリスクへの適切な評価及び対応がなされること	・重要な虚偽記載が発生する可能性のあるリスクの識別、分析 ・リスクを低減する全社的な内部統制及び業務プロセスに係る内部統制の設定
○　財務報告の重要な事項に虚偽記載が発生するリスクを低減するための体制が適切に整備及び運用されていること	・権限や職責の分担、職務分掌の明確化 ・全社的な職務規程等や必要に応じた個々の業務手順等の整備 ・統制活動の実行状況を踏まえた、統制活動に係る必要な改善
○　真実かつ公正な情報が識別、把握及び処理され、適切な者に適時に伝達される仕組みが整備及	・明確な意向、適切な指示の伝達を可能とする体制の整備 ・内部統制に関する重要な情報が適時・適切に伝達される仕組みの整備

び運用されていること	・組織の外部から内部統制に関する重要な情報を入手するための仕組みの整備
○ 財務報告に関するモニタリングの体制が整備され、適切に運用されていること	・財務報告に係る内部統制の有効性を定時または随時に評価するための体制の整備 ・内部・外部の通報に適切に対応するための体制の整備 ・モニタリングによって把握された内部統制上の問題（不備）が、適時・適切に報告されるための体制の整備
○ 財務報告に係る内部統制に関するITに対し、適切な対応がなされること	・IT環境の適切な理解とこれを踏まえたITの有効かつ効率的な利用 ・ITに係る全般統制及び業務処理統制の整備

　金融商品取引法における内部統制報告制度であることから、財務報告の信頼性に偏ってはいるが、税務コンプライアンスを目的とした場合でも、財務報告の信頼性の重要性は変わらないことから、税務に関する内部統制を検討するにあたって参考となる。

　本章では、内部統制実施基準、不正関連法規におけるコンプライアンスプログラム、税務に関するコーポレートガバナンス確認表等を検討したが、税務に関する内部統制が全社的な内部統制を重視していること、先行する諸制度において確認表に共通するような全社的な内部統制を意識したコンプライアンスプログラム等が存在していることが確認された。
　もちろん、「税務リスク評価」「税務精通者の育成」「企業集団レベルでの税務リスク管理体制」といった税務に関する内部統制に独自の視点は存在するが、税務に関するコーポレートガバナンスへの対応を独自に実施するのではなく、先行する諸制度を踏まえた対応を実施することが効率的であると思料される。また、内部統制の構築についても、先行する諸制度、とりわけ会社法と金融商品取引法の考え方を参考として実施することが有効であろう。

第3章

税務リスクの高い取引とは

　「税務に関する内部統制」を構築するためには、まず税務リスクの高い取引について把握しておく必要がある。そのため、本章において税務リスクの高い取引について説明する。

　第1節を「大企業における税務リスクの高い取引」、第2節を「中小企業における税務リスクの高い取引」としているが、これは大まかな分類であり、大企業におけるものと中小企業におけるものとを明確に分けることはできない。第1節で挙げた取引が中小企業において問題となる可能性もあるし、また、当然のことながら、第2節で挙げた取引は大企業も注意する必要がある。

第 3 章 参考文献

- 近畿税理士会業務対策部、近畿税理士会調査研究部『税理士業務チェックリストと実務詳解』（税務研究会出版局）
- 安楽恒樹『平成26年度版図解法人税』（大蔵財務協会）
- 中村慈美『平成25年度版図解グループ法人課税』（大蔵財務協会）
- 中村慈美『図解組織再編税制』（大蔵財務協会）
- 小林磨寿美、佐藤増彦、濱田康宏『改訂版関係会社間取引における利益移転と税務』（大蔵財務協会）
- 冨永賢一『平成23年度版源泉所得税　現物給与をめぐる税務』（大蔵財務協会）
- 天羽和彦『減価償却実務問答集（平成22年12月改訂）』（納税協会連合会）
- 保険税務ハンドブック編集委員会『(2014年度版) 保険税務ハンドブック』（保険毎日新聞社）

1 大企業における税務リスクの高い取引

本節では、特に大企業において問題となることが多い取引について説明する。ここで挙げる取引は、いずれも、その額が多額で、かつ、企業と課税当局の間に見解の相違が生じる可能性が高いものである。

1 適格組織再編の適用要件の判定

1 概要

適格組織再編の適用要件の判定は、高度な税務知識や判断が必要とされ、かつ、企業の恣意性の介入の余地が大きいため、税務リスクが高いといえる。

したがって、次の①～③のように、組織再編を利用した複雑、かつ、巧妙な租税回避を防止するための制度が設けられている。

① 適格組織再編の適格要件…適格か非適格かを判定するための要件
② 組織再編に係る個別的な租税回避防止規定…繰越欠損金の利用制限、特定資産の譲渡等損失額の損金不算入等の規定
③ 組織再編に係る包括的な租税回避防止規定（法132条の2）…税務署長が租税回避のために組織再編を行ったと判断すれば、否認できる規定

2 適格組織再編の適格要件

適格組織再編の場合、資産・負債を簿価で引き継ぎ、非適格組織再編の場合、資産・負債を時価で引き継ぐ。

例えば、適格合併の場合、合併法人は、被合併法人の資産・負債を簿価で引き継ぐため、譲渡損益の課税は繰り延べられる。また、一定の要件を満た

せば、合併法人は、被合併法人の繰越欠損金を引き継ぐことができる。一方、非適格合併の場合、合併法人は、被合併法人の資産・負債を時価で引き継ぐため、譲渡損益が発生する。また、合併法人は、被合併法人の繰越欠損金を引き継ぐことができない。

こうした違いを濫用した組織再編を防止するため、一定の要件が設けられている（図表3-1参照）。

図表3-1　適格組織再編の適格要件

	企業グループ内の組織再編成		共同事業を行う場合の組織再編成	
	完全支配関係(100%)	支配関係(50%超)	被合併法人の株主等が50人以上	被合併法人の株主等が50人未満
金銭等不交付要件（注1）	○	○	○	○
完全支配関係継続要件（注2）	○	－	－	－
支配関係継続要件（注3）	－	○	－	－
独立事業単位要件（注4）	－	○	○	○
事業継続要件（注5）	－	○	○	○
事業関連性要件（注6）	－	－	○	○
事業規模等要件（注7）	－	－	○	○
株式継続保有要件（注8）	－	－	－	○

（注1）金銭等不交付要件

　　　　金銭等不交付とは、被合併法人の株主等に合併法人株式又は合併親法人株式のいずれか一方の株式又は出資以外の資産が交付されないことをいう（法2十二の八）。

（注2）完全支配関係継続要件

　　　　完全支配関係とは、次に掲げるいずれかの関係をいう（法2十二の八イ、法令4の3②）。

　　　・被合併法人と合併法人との間にいずれか一方の法人による完全支配関係がある場合における当該完全支配関係

・合併前に被合併法人と合併法人との間に同一の者による完全支配関係があり、かつ、合併後に当該同一の者による完全支配関係が継続することが見込まれている場合における被合併法人と合併法人との間の関係

(注3) 支配関係継続要件

　　支配関係とは、被合併法人と合併法人との間にいずれか一方の法人による支配関係があること等をいう（法２十二の八ロ、法令４の３③）。

(注4) 独立事業単位要件

　　独立事業単位とは、被合併法人の合併直前の従業者のうち、その総数のおおむね80％以上に相当する数の者が合併後に合併法人の業務に従事することが見込まれていることをいう（法２十二の八ロ（１））。

(注5) 事業継続要件

　　事業継続とは、被合併法人の合併前に営む主要な事業が合併後に合併法人において引き続き営まれることが見込まれていることをいう（法２十二の八ロ（２））。

(注6) 事業関連性要件

　　事業関連性とは、被合併法人の被合併事業と合併法人の合併事業とが相互に関連するものをいう（法令４の３④一）。

(注7) 事業規模等要件

　　事業規模等とは、被合併法人の被合併事業と合併法人の合併事業のそれぞれの資本金の額若しくは出資金の額若しくはこれらに準ずるものの規模の割合がおおむね５倍を超えないこと又は合併前の被合併法人の特定役員（社長、副社長、代表取締役、代表執行役、専務取締役若しくは常務取締役又はこれらに準ずる者で法人の経営に従事している者をいう）のいずれかと合併法人の特定役員のいずれかが合併後に合併法人の特定役員となることが見込まれていることをいう（法令４の３④一）。

(注8) 株式継続保有要件

　　株式継続保有とは、合併直前の被合併法人の株主等で合併により交付を受ける合併法人の株式又は合併親法人株式のいずれか一方の株式の全部を継続して保有することが見込まれる者並びに合併法人及び他の被合併法人が有する被合併法人の株式の数を合計した数が被合併法人の発行済株式等の総数の100の80以上であることをいう（法令４の３④五）。

3 組織再編に係る個別的な租税回避防止規定

適格合併の場合、合併法人は、被合併法人の繰越欠損金を引き継ぐことができるが、繰越欠損金を引き継ぐことを目的とした合併をするのは本末転倒である。

繰越欠損金を引き継ぐことを目的とした組織再編を防止するため、一定の要件が設けられている（図表3-2参照）。

図表3-2　繰越欠損金の引継ぎ要件

	企業グループ内の合併				共同事業を行う場合の合併
適格合併である	○	○	○	○	○
繰越欠損金を有する法人の支配関係構築時の純含み益が繰越欠損金を上回る（法令113）	○	-	-	-	-
5年前の日または設立日から継続して支配関係がある（法令112④⑨）	-	○	-	-	-
欠損金を利用する目的で法人を設立していない	-	○	-	-	-
事業関連性要件（注9）	-	-	○	○	-
事業規模要件（注10）	-	-	-	○	-
被合併事業規模継続要件（注11）	-	-	-	○	-
合併事業規模継続要件（注12）	-	-	-	○	-
特定役員要件（注13）	-	-	○	-	-

(注9) 事業関連性要件

 事業関連性とは、次に掲げる要件のすべてに該当することをいう（法規3、26）。

- 被合併法人及び合併法人が合併直前において次に掲げる要件のすべてに該当すること
  - 事務所、店舗、工場その他の固定施設（その本店又は主たる事務所の所在地がある国又は地域にあるこれらの施設に限る。以下、「固定施設」という）を所有し、又は賃借していること
  - 従業者（役員は、その法人の業務に専ら従事するものに限る）があること
  - 自己の名義をもって、かつ、自己の計算において次に掲げるいずれかの行為をしていること
  - 商品販売等（商品の販売、資産の貸付け又は役務の提供で、継続して対価を得て行われるものをいい、その商品の開発若しくは生産又は役務の開発を含む）
  - 広告又は宣伝による商品販売等に関する契約の申込み又は締結の勧誘
  - 商品販売等を行うために必要となる資料を得るための市場調査
  - 商品販売等を行うに当たり法令上必要となる行政機関の許認可等についての申請又は当該許認可等に係る権利の保有
  - 知的財産権（特許権、実用新案権、育成者権、意匠権、著作権、商標権等）の取得をするための出願若しくは登録の請求若しくは申請、知的財産権（実施権及び使用権を含むものとし、商品販売等を行うために必要となるものに限る。以下、「知的財産権等」という）の移転の登録の請求若しくは申請又は知的財産権若しくは知的財産権等の所有
  - 商品販売等を行うために必要となる資産（固定施設を除く）の所有又は賃借
  - 上記に掲げる行為に類するもの
- 被合併事業と合併事業との間に合併直前において次に掲げるいずれかの関係があること
  - 被合併事業と合併事業とが同種のものである場合における被合併事業と合併事業との間の関係
  - 被合併事業に係る商品、資産若しくは役務又は経営資源と合併事業に係る商品、資産若しくは役務又は経営資源とが同一のもの又は類似するものである場合における被合併事業と合併事業との間の関係
  - 被合併事業と合併事業とが合併後に被合併事業に係る商品、資産若しくは役務又は経営資源と当該合併事業に係る商品、資産若しくは役務又は経営資源とを活用して営まれることが見込まれている場合における被合併事業と合併事業との間の関係

(注10) 事業規模要件

 (注7) 参照

(注11) 被合併事業規模継続要件

　　　被合併事業規模とは、被合併事業が適格合併に係る被合併法人と合併法人との間に最後に支配関係があることとなった時（被合併法人がその時から適格合併の直前までの間に被合併法人を合併法人、分割承継法人又は被現物出資法人とする適格合併、適格分割又は適格現物出資（以下、「適格合併等」という）により被合併事業の全部又は一部の移転を受けている場合には、適格合併等の時。以下、「被合併法人支配関係発生時」という）から適格合併の直前まで継続して営まれており、かつ、被合併法人支配関係発生時と適格合併の直前における被合併事業の規模の割合がおおむね２倍を超えないことをいう（法令112③三）。

(注12) 合併事業規模継続要件

　　　合併事業規模とは、合併事業が合併法人と被合併法人との間に最後に支配関係があることとなった時（合併法人がその時から適格合併の直前までの間に合併法人を合併法人等とする適格合併等により合併事業の全部又は一部の移転を受けている場合には、適格合併等の時。以下、「合併法人支配関係発生時」という）から適格合併の直前の時まで継続して営まれており、かつ、合併法人支配関係発生時と適格合併の直前における合併事業の規模の割合がおおむね２倍を超えないことをいう（法令112③四）。

(注13) 特定役員要件

　　　特定役員要件とは、被合併法人の適格合併の前における特定役員（社長、副社長、代表取締役、代表執行役、専務取締役若しくは常務取締役又はこれらに準ずる者で法人の経営に従事している者をいう）である者のいずれかの者と合併法人の適格合併の前における特定役員である者のいずれかの者とが適格合併後に合併法人の特定役員となることが見込まれていることをいう（法令112③五）。

4　組織再編に係る包括的な租税回避防止規定

　前述2及び3を満たしていても、包括的な見地から租税回避行為とされ、否認されることがある（法132の２）。例えば、法人税の負担を少なくすることを目的として繰越欠損金のある関連会社を吸収合併し、その繰越欠損金を引き継いだことが明らかな場合である。法人税法132条の２には以下の定めがある。

> (組織再編成に係る行為又は計算の否認)
> 第132条の2　税務署長は、合併、分割、現物出資若しくは現物分配(第二条第十二号の六(定義)に規定する現物分配をいう。)又は株式交換若しくは株式移転(以下この条において「合併等」という。)に係る次に掲げる法人の法人税につき更正又は決定をする場合において、その法人の行為又は計算で、これを容認した場合には、合併等により移転する資産及び負債の譲渡に係る利益の額の減少又は損失の額の増加、法人税の額から控除する金額の増加、第一号又は第二号に掲げる法人の株式(出資を含む。第二号において同じ。)の譲渡に係る利益の額の減少又は損失の額の増加、みなし配当金額(第二十四条第一項(配当等の額とみなす金額)の規定により第二十三条第一項第一号(受取配当等の益金不算入)に掲げる金額とみなされる金額をいう。)の減少その他の事由により法人税の負担を不当に減少させる結果となると認められるものがあるときは、その行為又は計算にかかわらず、税務署長の認めるところにより、その法人に係る法人税の課税標準若しくは欠損金額又は法人税の額を計算することができる。
> 一　合併等をした法人又は合併等により資産及び負債の移転を受けた法人
> 二　合併等により交付された株式を発行した法人(前号に掲げる法人を除く。)
> 三　前二号に掲げる法人の株主等である法人(前二号に掲げる法人を除く。)

2 特別損失の計上時期及び計上額

1 概要

　特別損失の一つに、損害賠償金がある。損害賠償金は、企業の役員や社員が不祥事を起こした際、損害を与えた者に対し支払う。損害賠償金の計上時期は、その発生状況に応じて、損害賠償金が確定した日、または、損害賠償金を支払った日に損金に算入する。また、損害賠償金の計上額は、不祥事を起こした役員や社員の支払能力の有無に応じて損金に算入し、場合によっては、役員賞与として損金不算入になることがある。よって、計上時期は発生

状況に応じて異なり、計上額は支払能力の有無に応じて異なるため、見解の相違が生じやすいことから、税務リスクが高いといえる。

2 損害賠償金の計上時期及び計上額

　法人の業務の遂行に関連し、かつ、故意または重過失に基づかない場合は、全額損金に算入できる。損害賠償金が確定した日に損金に算入することとなる。

　一方、法人の業務の遂行に関連し、かつ、故意または重過失に基づく場合は、不祥事を起こした役員や社員への貸付金となる。その役員や社員へ求償できない事情がある場合には、全部または一部を貸倒損失とすることができる。貸付金を回収できるにも関わらず、回収しない場合には、その役員や社員への給与となる。また、損害賠償金を支払った日に貸付金・貸倒損失に計上する。

　例えば、社員が仕事中に顧客の個人情報を持ち出して社外へ流出させ、企業が顧客に損害賠償金を支払ったとする。また、社員に支払能力はないものとする。法人の業務の遂行に関連し、かつ、故意であることから、社員への貸付金となる。貸付金の計上時期は、顧客に損害賠償金を支払った日になる。また、この社員には支払能力がないことから、貸付金を貸倒損失へ振り替えて全額損金算入する。これが社員ではなく役員で、かつ、役員に支払能力があり、貸付金の一部を回収できる見込みがあるにも関わらず役員へ求償しなかった場合には、貸倒損失ではなく役員賞与となり、損金不算入になる。

3 過少資本税制の適用要件の判定

1 概要

　過少資本税制は、海外の関係会社から資金調達する際、出資（配当は損金に算入できない）を少なくし、借入（支払利子は損金に算入できる）を多くして、過大な支払利子を海外の関係会社へ支払うことにより税負担を圧縮しようとする租税回避を防止するための制度である。したがって、企業としては海外の関係会社からの資金調達方法に注意し、場合によっては見直さなければならず、税務リスクが高いといえる。

2 過少資本税制の適用要件

　内国法人が国外支配株主等または資金供与者等に負債の利子等を支払う場合（要件1）に、国外支配株主等及び資金供与者等に対する負債に係る平均負債残高が国外支配株主等の資本持分の3倍を超えるとき（要件3）は、内国法人が国外支配株主等及び資金供与者等に支払う負債の利子等の額のうち、その超える部分に対応する金額は、損金に算入できない。ただし、内国法人の総負債（負債の利子等の支払の基因となるものに限る）に係る平均負債残高が内国法人の自己資本の額の3倍以下となる場合（要件2）は、この限りでない（措66の5①）。

要件1	国外支配株主等（注1）または資金供与者等（注2）に負債の利子等を支払う
要件2	総負債に係る平均負債残高（注3）＞自己資本の額×3倍
要件3	国外支配株主等及び資金供与者等に対する負債に係る平均負債残高＞国外支配株主等の資本持分×3倍

（注1）国外支配株主等

　　　　国外支配株主等とは、次に掲げる関係にある者をいう（措66の5⑤一、措令39の13⑫）。

　　　・内国法人がその発行済株式又は出資（自己の株式又は出資を除く）の50％以上を直接又は間

接に保有される関係
- 内国法人と外国法人が同一の者によって発行済株式等の50％以上の株式等を直接又は間接に保有される場合における内国法人と外国法人の関係
- 内国法人と非居住者又は外国法人（以下、非居住者等）との間に次に掲げる事実その他これに類する事実が存在することにより、非居住者等が内国法人の事業の方針の全部又は一部につき実質的に決定できる関係
  ・内国法人がその事業活動の相当部分を非居住者等との取引に依存して行っていること
  ・内国法人がその事業活動に必要とされる資金の相当部分を非居住者等からの借入れにより、又は非居住者等の保証を受けて調達していること
  ・内国法人の役員の２分の１以上又は代表する権限を有する役員が、外国法人の役員若しくは使用人を兼務している者又は外国法人の役員若しくは使用人であったこと

（注２）資金供与者等

資金供与者等とは、次に掲げる者をいう（措66の５⑤二、措令39の13⑭）。
- 内国法人に係る国外支配株主等が第三者を通じて内国法人に対して資金を供与したと認められる場合における第三者
- 内国法人に係る国外支配株主等が第三者に対して内国法人の債務の保証をすることにより、第三者が当該内国法人に対して資金を供与したと認められる場合における第三者
- 内国法人に係る国外支配株主等から内国法人に貸し付けられた債券が、他の第三者に担保として提供され、債券現先取引で譲渡され、又は現金担保付債券貸借取引で貸し付けられることにより、他の第三者が内国法人に対して資金を供与したと認められる場合における第三者及び他の第三者

（注３）平均負債残高

平均負債残高とは、負債の帳簿価額の日々の平均残高や各月末の平均残高等、その事業年度を通じた負債の帳簿価額の平均的な残高をいう（措66の５⑤五、措令39の13⑲）。なお、期首と期末の負債の帳簿価額の平均残高は、平均負債残高に該当しない。

図表3-3　過少資本税制の概要

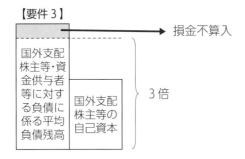

4 過大支払利子税制の適用要件の判定

1 概要

　過大支払利子税制は、支払利子が損金に算入できることを利用して、過大な支払利子を海外の関係会社へ支払うことにより税負担を圧縮しようとする租税回避を防止するための制度である。

　支払利子を国内の関係会社へ支払う場合、国内の関係会社は、受取利子を益金に算入する。一方、支払利子を海外の関係会社へ支払う場合、海外の関係会社は、支払利子に対する源泉所得税を徴収されるものの、法人税は納税

しないため、税務リスクが高いといえる。

2 過大支払利子税制の適用要件

関連者純支払利子等の額が調整所得金額の50％相当額を超えるときは、その超える部分の金額は、損金に算入できない（措66の5の2①）。

損金不算入額は、翌事業年度以降、7年間繰り越して一定の限度額まで損金に算入できる（措66の5の3①）。

> 損金不算入額＝関連者純支払利子等の額（注1）－調整所得金額（注2）×50％

（注1）関連者純支払利子等の額

関連者純支払利子等の額＝関連者支払利子等の額の合計額－控除対象受取利子等合計額

関連者支払利子等の額＝その法人の関連者等（その法人の株式や出資を直接または間接に50％以上保有する親法人、子法人等）に対する支払利子等の額（関連者等の課税対象所得に含まれないものに限る）－除外対象特定債券現先取引等に係る金額

控除対象受取利子等合計額 ＝ 法人が受ける受取利子等の額（対応債券現先取引等に係る受取利子等の額を除く）の合計額 × $\dfrac{\text{関連者支払利子等の額の合計額}}{\text{支払利子等の額の合計額}}$

（注2）調整所得金額

調整所得金額 ＝ 措令39条の13の2第1項の規定を適用せず、かつ、寄附金の全額を損金に算入して計算した所得金額 ＋ 関連者純支払利子等の額、減価償却費の損金算入額、貸倒損失の損金算入額 － 特定外国子会社等または特定外国法人に係る課税対象金額または部分課税対象金額

図表3-4 過大支払利子税制の概要

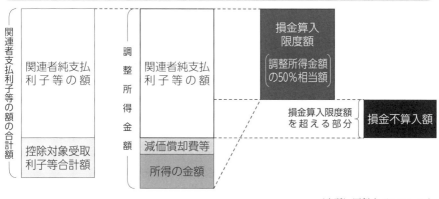

(出所) 国税庁パンフレット

5 租税回避と指摘される可能性のある取引

1 概要

租税回避と指摘される可能性のある取引の一つに、寄附金がある。寄附金とは、金銭その他の資産の贈与または経済的な利益の無償の供与等をいう。

2 取引例

例えば、A社（子会社）がB社（親会社）にロイヤリティ（経営指導料）を支払う際、そのロイヤリティの根拠が不明瞭であれば、課税当局から寄附金と認定される可能性がある。A社に多額の利益が発生している状況でA社の決算期が近づいた場合、B社に依頼してロイヤリティの請求額を増やしてもらえば、A社の利益を減らすことができてしまうためである。

また、C社がD社（C社の関連会社）からの請求書に基づいて業務委託費を支払ったとする。しかし、実態はC社からD社への資金の移動・金銭の貸付であれば、課税当局から寄附金と認定される可能性もあり（図表3-5参照）、税務リスクが高いといえる。

図表3-5 寄附金と認定される可能性のある取引例

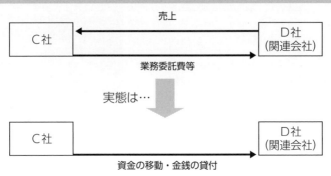

6 損失取引

1 概要

　損失取引の一つに、貸倒損失がある。大企業は、平成27年4月1日以後に開始する事業年度から貸倒引当金繰入額が全額損金不算入になるため、会計上の処理と税務上の処理が異なってくる。今後、貸倒損失の重要性は増すものと考えられる。

2 貸倒損失

　貸倒損失を計上できるのは、次の①〜③に掲げる場合である。

① 法律上の貸倒れ （法基通9-6-1）	債権の全部又は一部が法的手段により切り捨てられた場合
② 事実上の貸倒れ （法基通9-6-2）	債務者の資産状況、支払能力等からみて全額が回収できないことが明らかになった場合
③ 形式上の貸倒れ （法基通9-6-3）	債務者との取引停止後、1年以上経過した場合等。なお、債務者との間に継続的な取引があった場合の売掛債権が対象とされ、それ以外の債権は対象外とされる。

①と③は、客観的な事実に基づくことから、課税当局との間に見解の相違が生じにくい。一方、②は、「全額が回収できないことが明らか」という主観的な事実に基づくことから、課税当局との間に見解の相違が生じる可能性がある。例えば、債務者の資産状況や支払能力等から一部を回収できると課税当局から指摘されれば、「全額が回収できないことが明らか」ではなくなり、貸倒損失は損金不算入となる。

7 仮受金・仮払金の処理

概要

　仮受金・仮払金は、決算時までに適当な勘定科目に振り替えるようにし、やむを得ず残った場合は、なるべく少額になるように処理することが望ましい。益金や損金の計上時期を任意に選択することはできない。

　決算書に多額の仮受金・仮払金が計上されていれば、課税当局や金融機関から厳しい目が向けられる。役員に対する仮払金が貸付金とされれば、受取利息を計上しなければならなくなるため、税務リスクが高いといえる。

2 中小企業における税務リスクの高い取引

　本節では、全国法人会総連合の自主点検チェックシート（図表3-17参照）の、税務に関連する点検項目のうち、特に注意が必要な項目について具体的に解説する。

　自主点検チェックシートは、「自主点検」とあるように中小企業自らチェックを行い、結果を確認し、改善する形式になっている。その目的は、税務コンプライアンスの向上である。

　国税庁による「税務に関するコーポレートガバナンス」重視の取組みが、今後、中小企業にも広げられていった場合、中小企業における取組みにおいては、こうしたチェックシートが活用される可能性が高いと思われる。

　なお、前述のとおり、国税庁調査課所管法人のうち一般部門所掌法人（特別国税調査官所掌法人以外）に対しては、平成27年3月期の決算期から、確認表を活用した「申告書の自主点検と税務上の自主監査」が促進される。

1 文書管理

　文書管理における点検項目は以下のように挙げられている。

科目等	No	点 検 項 目
文書管理	1	自社で使用する領収書等は定型化され、担当者の責任の下に保管されていますか。
	2	重要な書類等（現金、通帳、権利証等）は金庫に保管・施錠し、鍵は適切に保管されていますか。
	3	通帳、小切手帳、手形帳等と印鑑は別の場所に保管されていますか。

4	小切手帳、手形帳の控えは必要事項（支払先など）が記入され、保管されていますか。	
5	書損じた小切手、手形は社印を抹消した上で、控えに添付されていますか。	
6	インターネットバンキングのＩＤ、パスワードはセキュリティの観点から適切に保管されていますか。	
7	インターネットバンキングによる送受金は、上席の責任者によって確認する体制になっていますか。	
8	注文書、納品書、請求書などの書類は一定の基準の下に整理し、保存されていますか。	
9	株主総会、取締役会等の議事録は適切に作成し、保存されていますか。	
10	税務署などに提出している申告書・届出書等の控えは適切に保存されていますか。	
11	継続的取引に関しては、契約書を作成していますか。	

1　帳簿書類の管理（No 8 ）

（1）法人税法に定められている帳簿書類の保存期間

　法人税法では、その事業年度の確定申告書の提出期限から7年間帳簿書類を保存するよう定められている（法126、150の2、法規59、66、67）。

（2）消費税法に定められている帳簿書類の保存期間

　消費税法では、簡易課税制度を適用している場合には帳簿書類の保存に関する法令上の定めはない。原則課税制度を適用している場合には仕入税額控除を受けるために、課税期間の末日の翌日から2か月を経過した日から7年間帳簿書類を保存するよう定められている（消30、消令49、50、消規15の3）。

2　契約書の作成・管理（No11）

　契約書には、適正な額の印紙を貼付しなければならない（No82も併せて参照）。

2 棚卸資産

棚卸資産における点検項目は以下のように挙げられている。

科目等	No	点 検 項 目
棚卸資産	21	実地棚卸は定期的に行われていますか。
	22	棚卸表の原始記録は廃棄されずに保存されていますか。
	23	陳腐化した在庫については、正常在庫との区分が明らかにされていますか。
	24	決算期末において、預け在庫・預り在庫の有無・金額を確認する体制になっていますか。
	25	決算期末において、取引先又は自社に積送中の商品等は明らかにされていますか。
	26	棚卸資産の自社消費等は売上に計上されていますか。

1 棚卸資産の評価損の税務上の取扱い（No23）

次に掲げる場合には、棚卸資産の評価損を計上することができる（法33②、法令68①一ロ、法基通9－1－4、9－1－5）。

・季節商品で売れ残ったものについて、今後通常の価額では販売できないことが既往の実績その他の事情に照らして明らかである場合
・当該商品と用途の面で概ね同様のものであるが、型式、性能、品質等が著しく異なる新製品が発売されたことにより、当該商品につき今後通常の方法により販売することができないようになった場合
・破損、型崩れ、たなざらし、品質変化等により通常の方法で販売することができないようになった場合

2 棚卸資産の自家消費の税務上の取扱い（No26）

個人事業主が棚卸資産の自家消費をした場合、次の①または②のいずれか

の金額を売上（総収入金額）に計上する（所39、所基通39-1、39-2）。
① 販売価額
② 販売価額の70％以上の仕入価額で帳簿に記載している場合、仕入価額

なお、法人が棚卸資産の自社消費をした場合、個人事業主と異なり、売上に計上しない。社外へ配布した場合は、見本品費や交際費といった勘定科目へ振り替える。社内の役員や従業員へ配布した場合は、現物給与に該当するか検討する。ここでの現物給与とは、役員や従業員が給料以外の経済的利益を会社から受けた場合に、その経済的利益に所得税が課税されることをいう（所36①）。

3 有価証券、出資金、会員権

有価証券等における点検項目は以下のように挙げられている。

科目等	No	点 検 項 目
有価証券、出資金、会員権	32	名義は適切に変更されていますか。

名義書換料の税務上の取扱い（No32）

有価証券の取得価額は、購入代価に購入手数料その他購入のために要した費用を加算した金額とされる（法令119①一）。名義書換料は、購入のために要した費用に含めないことができる（法基通2-3-5）。

4 貸付金

貸付金における点検項目は以下のように挙げられている。

科目等	No	点検項目
貸付金	33	契約書の内容を確認していますか。役員、グループ法人への貸付金はその理由が明確にされていますか。
	34	回収が遅延しているものについては、その理由が明らかにされていますか。
	35	受取利息は適正な利率で計上されていますか。
	36	貸付先に対して、定期的に残高確認が実施されていますか。

受取利息の利率（No35）

（1）役員や従業員に対する貸付金の利率

　役員や従業員に対する貸付金は、年1.9％以上の利率で利息を計上すれば、給与として課税されない。年1.9％未満の利率で利息を計上すれば、次の①～③に該当する場合を除き、年1.9％の利率と貸しつけている利率との差額が給与として課税される。

① 災害や病気等で臨時に多額の生活資金が必要となった役員や従業員に、合理的と認められる金額や返済期間で金銭を貸しつける場合
② 会社における借入金の平均調達金利等、合理的と認められる貸付利率を定め、この利率によって役員や従業員に対して金銭を貸しつける場合
③ 年1.9％の利率と貸しつけている利率との差額が1年間で5,000円以下である場合

　なお、認定利息の利率は、早ければ1年、長くても5年で変更になるため、利率に変更がないかを定期的に確認したほうがよい（図表3-6参照）。

図表3-6　認定利息の利率の変遷

貸　付　時　期	利　率
平成14年1月1日～平成18年12月31日	4.1%
平成19年1月1日～平成19年12月31日	4.4%
平成20年1月1日～平成20年12月31日	4.7%
平成21年1月1日～平成21年12月31日	4.5%
平成22年1月1日～平成25年12月31日	4.3%
平成26年1月1日～	1.9%

（注1）従業員に対する住宅資金の貸付を平成22年12月31日までに行った場合は、年1％
（注2）会社が貸付の資金を金融機関から借り入れている場合は、金融機関からの借入利率

　また、役員や従業員への貸付金が多額になるほど、認定利息も多額になる。会社が黒字であれば法人税等の負担が増すことになり、無駄な税金を払うことになる。同時に、役員や従業員への貸付金には金融機関から厳しい目が向けられる。特に、役員への貸付金は、役員報酬を増額する、あるいは社長の資産を会社へ売却する等して早く減少させたほうがよい。

（2）グループ法人に対する貸付金の利率

　グループ法人に対する貸付金は、金融機関からの借入利率等の適正な利率で利息を計上すれば、寄附金認定されない。無利息・低利で利息を計上すれば、適正な利率と貸しつけている利率との差額が寄附金認定されることがある。ただし、業績不振の子会社等の倒産を防止するためにやむをえず行われるもので合理的な再建計画に基づくものである等、無利息・低利での貸付に相当の理由があると認められるときは、寄附金認定されない（法基通9-4-2）。

　例えば、P社がグループ内のS社へ無利息にて貸しつけた場合、P社とS社の間に完全支配関係があるケースとないケースの会計上、税務上の処理は、次のとおりである。なお、適正な利率で計算した利息を100とする。

・完全支配関係があるケース

<会計上>
P社　仕訳なし
S社　仕訳なし
<税務上>
P社　寄附金（損金不算入）　100　受取利息（益金算入）　100
S社　支払利息（損金算入）　100　受贈益（<u>益金不算入</u>）　100

・完全支配関係がないケース
<会計上>
P社　仕訳なし
S社　仕訳なし
<税務上>
P社　寄附金（損金不算入）　100　受取利息（益金算入）　100
S社　支払利息（損金算入）　100　受贈益（<u>益金算入</u>）　100

　貸しつけたP社は、完全支配関係の有無に関わらず、受取利息が益金算入される。一方、借り入れたS社は、完全支配関係がある場合には、受贈益が益金不算入、完全支配関係が無い場合には、受贈益が益金算入される点で異なる（法基通4-2-6）。

5　買掛金、未払金、未払費用

　買掛金、未払金、未払費用における点検項目は以下のように挙げられている。

科目等	No	点検項目
	38	補助簿（買掛一覧表、仕入先元帳）と請求書の金額は一致していますか。
	39	残高がマイナスになっている取引先がないか確認しましたか。

	40	支払が滞留しているものはないか確認しましたか。
買掛金、未払金、未払費用	41	支払条件の変化について確認しましたか。
	42	決算期末においては、締め後の取引についても買掛金等に含めていますか。
	43	配当の未払金については、支払が確定した日から1年が経過したものについて、適正に源泉徴収がされていますか。

配当の未払金の源泉徴収（No43）

　源泉徴収は、支払時に行い、未払時には行わないのが原則である。しかし、配当の未払金で支払が確定した日（株主総会決議日等）から1年を経過した日までに支払がない場合には、1年を経過した日に支払があったものとみなして源泉徴収する（所181②）。

　例えば、平成26年3月31日に株主総会決議により配当金の支払が確定し、その後未払の場合、平成27年4月1日に源泉徴収する（所基通181-5）。

6　前受金、仮受金、預り金

　前受金、仮受金、預り金における点検項目は以下のように挙げられている。

科目等	No	点　検　項　目
前受金、仮受金、預り金	44	相手先、金額及び内容を個別に把握していますか。
	45	未精算の残高・期間が多額・長期化しているものがないか確認していますか。
	46	納付が遅延している源泉所得税や社会保険料などの預り金はありませんか。

納付が遅延している源泉所得税に係るペナルティ（No46）

源泉所得税の納付が遅延すると、不納付加算税と延滞税がかかる。具体的には以下のようになる。

①不納付加算税	納付税額×10％（自主納付の場合は、5％）で課税される。5,000円未満の不納付加算税は、納付不要である。
②延滞税	納期限の翌日から2か月間は2.9％（平成26年）、その後の期間は9.2％（平成26年）の割合で課税される（図表3－7参照）。1,000円未満の延滞税は、納付不要である。

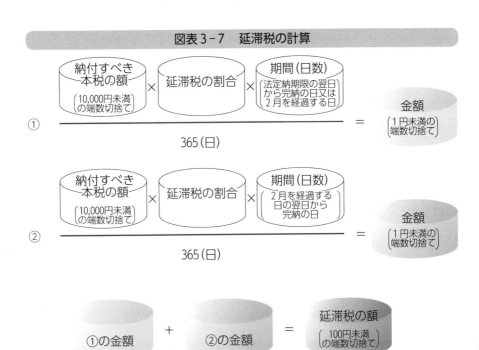

図表3－7　延滞税の計算

（出所）国税庁ホームページ

（注）①の算式中の「延滞税の割合」は2.9％（平成26年）、②の算式中の「延滞税の割合」は9.2％（平成26年）。

7 借入金

借入金における点検項目は以下のように挙げられている。

科目等	No	点 検 項 目
借入金	47	契約書の内容を確認していますか。役員、グループ法人からの借入金はその理由が明確にされていますか。
	48	支払利息は適正な利率で計上していますか。
	49	借入先に対して、定期的に残高確認が実施されていますか。

グループ法人からの借入金の利率（No48）

貸付金の利率と同様に対応することとなる（No35参照）。

8 売上

売上における点検項目は以下のように挙げられている。

科目等	No	点 検 項 目
売上	50	自社の売上計上基準に基づいて計上されていますか。
	51	値引き、割引、割戻し等は責任者の承認の下に処理されていますか。
	52	相殺がある場合には、相殺前の金額で売上に計上していますか。

売上の計上基準の税務上の取扱い（No50）

商品や製品の販売については、その引渡しがあった日の属する事業年度に売上計上（益金算入）する（法基通2－1－1）。

引渡しがあった日とは、出荷した日、相手方が検収した日、相手方において使用収益ができることとなった日、検収等により販売数量を確認した日

等、引渡しがあった日として合理的と認められる日のうち継続的に売上計上を行うこととしている日をいう（法基通2-1-2）。

なお、売上の計上基準は、毎期継続して適用しなければならない。

9 売上原価、製造原価、工事原価

原価における点検項目は以下のように挙げられている。

科目等	No	点 検 項 目
売上原価、製造原価、工事原価	53	自社の仕入計上基準に基づいて計上されていますか。
	54	自社の固定資産に計上すべきものについて適切に区分しましたか。
	55	自社専属の外注先と従業員との区分が明確にされていますか。
	56	値引き、割引、割戻し等は適切に処理されていますか。

外注費と給与の区分（No55）

外注費と給与の区分は、契約に基づいて判定する。請負契約や業務委託契約等であれば外注費、雇用契約であれば給与である。ただし、区分が明らかでないときは、以下の通達の下線部を総合勘案して判定する。

所得税法　法令解釈通達「大工、左官、とび職等の受ける報酬に係る所得税の取扱いについて」（課個5-5）

1　定義

　この通達において、「大工、左官、とび職等」とは、日本標準職業分類（総務省）の「大工」、「左官」、「とび職」、「窯業・土石製品製造従事者」、「板金従事者」、「屋根ふき従事者」、「生産関連作業従事者」、「植木職・造園師」、「畳職」に分類する者その他これらに類する者をいう。

2　大工、左官、とび職等の受ける報酬に係る所得区分

　事業所得とは、自己の計算において独立して行われる事業から生ずる所得をいい、

例えば、請負契約又はこれに準ずる契約に基づく業務の遂行ないし役務の提供の対価は事業所得に該当する。また、雇用契約又はこれに準ずる契約に基づく役務の提供の対価は、事業所得に該当せず、給与所得に該当する。

したがって、大工、左官、とび職等が、建設、据付け、組立てその他これらに類する作業において、業務を遂行し又は役務を提供したことの対価として支払を受けた報酬に係る所得区分は、当該報酬が、請負契約若しくはこれに準ずる契約に基づく対価であるのか、又は、雇用契約若しくはこれに準ずる契約に基づく対価であるのかにより判定するのであるから留意する。

この場合において、その区分が明らかでないときは、例えば、次の事項を総合勘案して判定するものとする。

① <u>他人が代替して業務を遂行すること又は役務を提供することが認められるかどうか。</u>
② <u>報酬の支払者から作業時間を指定される、報酬が時間を単位として計算されるなど時間的な拘束（業務の性質上当然に存在する拘束を除く。）を受けるかどうか。</u>
③ <u>作業の具体的な内容や方法について報酬の支払者から指揮監督（業務の性質上当然に存在する指揮監督を除く。）を受けるかどうか。</u>
④ <u>まだ引渡しを了しない完成品が不可抗力のため滅失するなどした場合において、自らの権利として既に遂行した業務又は提供した役務に係る報酬の支払を請求できるかどうか。</u>
⑤ <u>材料又は用具等（くぎ材等の軽微な材料や電動の手持ち工具程度の用具等を除く。）を報酬の支払者から供与されているかどうか。</u>

消費税法　基本通達1－1－1（個人事業者と給与所得者の区分）
　事業者とは自己の計算において独立して事業を行う者をいうから、個人が雇用契約又はこれに準ずる契約に基づき他の者に従属し、かつ、当該他の者の計算により行われる事業に役務を提供する場合は、事業に該当しないのであるから留意する。したがって、出来高払の給与を対価とする役務の提供は事業に該当せず、また、請負による報酬を対価とする役務の提供は事業に該当するが、支払を受けた役務の提供の対価が出来高払の給与であるか請負による報酬であるかの区分については、雇用契約又は

これに準ずる契約に基づく対価であるかどうかによるのであるから留意する。この場合において、その区分が明らかでないときは、例えば、次の事項を総合勘案して判定するものとする。
① その契約に係る役務の提供の内容が他人の代替を容れるかどうか。
② 役務の提供に当たり事業者の指揮監督を受けるかどうか。
③ まだ引渡しを了しない完成品が不可抗力のため滅失した場合等においても、当該個人が権利として既に提供した役務に係る報酬の請求をなすことができるかどうか。
④ 役務の提供に係る材料又は用具等を供与されているかどうか。

10 役員報酬

役員報酬における点検項目は以下のように挙げられている。

科目等	No	点 検 項 目
役員報酬	57	株主総会の決議等に基づいて、適切な時期に支給されていますか。

役員報酬の税務上の取扱い（No57）

役員報酬は、定期同額給与、事前確定届出給与、利益連動給与のいずれかに該当しなければ損金不算入とされる（法34）。利益連動給与は、大企業・上場企業向けのため、中小企業は、定期同額給与、または、事前確定届出給与のいずれかになる。

また、役員報酬は、定款に定めていないときは、株主総会決議にて定める（会361）。中小企業の多くが「株主＝役員」のため形式的な株主総会になることが多いが、株主総会議事録を作成し、保管する（図表3-8、3-9参照）。

図表3-8　定期同額給与の株主総会議事録のひな型

（3月決算の会社が5月より役員報酬を月額30万円に設定するケース）

臨時株主総会議事録

1. 日　　時：平成27年5月1日
　　　　　　午前10時00分から午前10時10分
2. 場　　所：当会社本店会議室
3. 出 席 者：発行済株式総数　　　　　　　　　　　　　　　500株
　　　　　　この議決権を有する総株主数　　　　　　　　　1名
　　　　　　この議決権の総数　　　　　　　　　　　　　　500個
　　　　　　本日出席株主数　　　　　　　　　　　　　　　1名
　　　　　　この議決権の個数　　　　　　　　　　　　　　500個
4. 議　　長：代表取締役　田中　一郎
5. 出席役員：取　締　役　田中　一郎
6. 会議の目的事項並びに議事の経過の要領及び結果：

　議長は、開会を宣し、上記のとおり定足数にたる株主の出席があったので、本総会は適法に成立した旨を述べ、議案の審議に入った。

　　　　第1号議案　取締役の受けるべき報酬金額決定の件

　議長は、平成27年5月支給分からの取締役の受けるべき報酬金額を次のように決定したい旨を述べ、その承認を求めた。
　ここにおいて、総会は別段の異議なく、これを承認した。

　（役　職　名）　　（　氏　名　）　　　（報酬金額）
　　代表取締役　　　田中　一郎　　　　　月額30万円

　以上をもって本日の議事が終了したので、議長は閉会を宣した。

上記決議を明確にするため、本議事録を作成し、議長及び出席取締役が次に記名押印する。

平成27年5月1日

株式会社田中商事　臨時株主総会

議長・議事録作成者　代表取締役　田中　一郎　㊞

図表3-9　事前確定届出給与の株主総会議事録のひな型

（3月決算の会社が5月より役員報酬を月額30万円に設定し、平成28年3月31日に役員賞与を100万円支給するケース）

臨時株主総会議事録

1. 日　　時：平成27年5月1日
　　　　　　午前10時00分から午時10時10分
2. 場　　所：当会社本店会議室
3. 出 席 者：発行済株式総数　　　　　　　　　　　500株
　　　　　　この議決権を有する総株主数　　　　　1名
　　　　　　この議決権の総数　　　　　　　　　　500個
　　　　　　本日出席株主数　　　　　　　　　　　1名
　　　　　　この議決権の個数　　　　　　　　　　500個
4. 議　　長：代表取締役　田中　一郎
5. 出席役員：取　締　役　田中　一郎
6. 会議の目的事項並びに議事の経過の要領及び結果：
　議長は、開会を宣し、上記のとおり定足数にたる株主の出席があったので、本総会は適法に成立した旨を述べ、議案の審議に入った。

　　第1号議案　取締役の受けるべき報酬金額決定の件

議長は、平成27年５月支給分からの取締役の受けるべき報酬金額を次のように決定したい旨を述べ、その承認を求めた。
　ここにおいて、総会は別段の異議なく、これを承認した。

(役職名)(氏　名)(月額報酬)　　(事前確定届出給与)
　　　　　　　　　(定期同額)
代表取締役 田中　一郎 30万円　　100万円（平成28年３月31日支給）

　以上をもって本日の議事が終了したので、議長は閉会を宣した。
　上記決議を明確にするため、本議事録を作成し、議長及び出席取締役が次に記名押印する。

　　平成27年５月１日

　　株式会社田中商事　臨時株主総会

　　議長・議事録作成者　代表取締役　田中　一郎　　㊞

11 給料、賞与

給料、賞与における点検項目は以下のように挙げられている。

科目等	No	点　検　項　目
給料、賞与	58	労働者台帳（名簿）は適正に作成されていますか。
	59	扶養控除等申告書等は期限までに提出を受け、適切に保存されていますか。
	60	出勤簿、タイムカードは適切に作成・保管されていますか。

給与所得者の扶養控除等（異動）申告書の提出期限（No59）

　給与所得者の扶養控除等（異動）申告書の提出期限は、その年の最初に給与の支払を受ける日の前日である。中途就職の場合は、就職後、最初に給与の支払を受ける日の前日である。当初提出した申告書の記載内容に異動があった場合は、異動日後、最初に給与の支払を受ける日の前日である。

12 福利厚生費

　福利厚生費における点検項目は以下のように挙げられている。

科目等	No	点　検　項　目
福利厚生費	61	食事の支給や借上げ社宅など所得税の源泉徴収が必要となる支給について確認しましたか。

現物給与（No61）

　役員や従業員が給料以外の経済的利益を会社から受けた場合、その経済的利益に所得税が課税されることがある（所36①）。これを現物給与という。食事の支給や借上げ社宅等のうち一定のものについては、現物給与となり所得税の源泉徴収が必要となる。

（1）食事の支給

　会社が役員や従業員に対して支給した食事は、次の①または②により評価する（所基通36-38）。

①会社が調理して支給する食事	その食事の材料等に要する直接費の額に相当する金額

②会社が購入して支給する食事	その食事の購入価額に相当する金額

　①または②の評価額が、次の③、④のいずれの要件も満たす場合は、所得税は非課税となり、いずれかの要件を満たさない場合は、会社の負担額（①または②の評価額－役員または従業員の負担額）が現物給与となり所得税の源泉徴収が必要となる（所基通36-38の2）。

③　役員または従業員の負担額≧①または②の評価額×50％
④　月額3,500円（税別）（注）≧会社の負担額（①または②の評価額－役員または従業員の負担額）

（注）　税込3,780円。3,780円×100／108＝3,500円

（2）役員への借上げ社宅の提供

① 小規模住宅（132㎡以下の木造住宅、または、99㎡の木造住宅以外の住宅）の場合

　小規模住宅の社宅に係る通常の賃貸料は、次の算式により計算した額である（所基通36-41）。

$$\text{その年度の家屋の固定資産税の課税標準額} \times 0.2\% + 12円 \times \frac{\text{家屋の総床面積（㎡）}}{3.3（㎡）} + \text{その年度の敷地の固定資産税の課税標準額} \times 0.22\%$$

　会社がこの算式にて計算した通常の賃貸料以上の額を役員から徴収している場合には、所得税は非課税となり、徴収していない場合には、通常の賃貸料と役員から徴収した賃貸料の差額が現物給与となり所得税の源泉徴収が必要となる。

② 小規模住宅以外の場合

　小規模住宅以外の社宅に係る通常の賃貸料は、次の①、②のうち、いずれか多い額である（所基通36-40）。

①
$$\left\{ \text{その年度の家屋の固定資産税の課税標準額} \times 12\%（木造家屋以外については10\%） + \text{その年度の敷地の固定資産税の課税標準額} \times 6\% \right\} \times \frac{1}{12}$$

② 会社が家主に支払う家賃の50％相当額

　会社が上記算式にて計算した通常の賃貸料以上の額を役員から徴収している場合には、所得税は非課税となり、徴収していない場合には、通常の賃貸料と役員から徴収した賃貸料の差額が現物給与となり所得税の源泉徴収が必要となる。

（3）従業員への借上げ社宅の提供

　社宅に係る通常の賃貸料は、次の算式により計算した額である（所基通36-45）。

$$\text{その年度の家屋の固定資産税の課税標準額} \times 0.20\% + 12円 \times \frac{\text{当該家屋の総床面積(㎡)}}{3.3 (㎡)} + \text{その年度の敷地の固定資産税の課税標準額} \times 0.22\%$$

　会社が上記にて計算した通常の賃貸料以上の額を従業員から徴収している場合には、所得税は非課税となり、徴収していない場合には、通常の賃貸料と従業員から徴収した賃貸料の差額が現物給与となり所得税の源泉徴収が必要となる。

（4）実務上の取扱い

　実務上は、会社が家主に支払う家賃の50％相当額以上を役員や従業員から

徴収するのが一般的である。例えば、家賃10万円の社宅を役員や従業員に提供する場合、役員報酬や従業員給料から５万円以上を天引きする。

13 旅費交通費

旅費交通費における点検項目は以下のように挙げられている。

科目等	No	点 検 項 目
旅費交通費	62	実費精算又は出張旅費規程に基づき支出していますか。

旅費交通費の税務上の取扱い（No62）

出張旅費規程を作成すれば、日当を支給できる。役員に対し、役員報酬とは別に日当を支給することができ、しかも、所得税は非課税である。ただし、所得税が非課税となるのは、通常必要と認められる金額とされる（所⑨一四、所基通９－３）。高額な日当を支給すると所得税が課税される可能性がある。日当の上限額は明確にされていないが、役員の場合、日当１万円前後であれば問題ないと考える。

日当は、出張旅費規程に記載する。図表３-11においては、出張旅費規程の末尾の別表１、２の表中に日当の記載をした。出張旅費規程を作成後は、出張した役員や従業員に出張旅費精算書を会社へ提出してもらい、会社はその内容を確認の上、役員や従業員に出張旅費を支給することとなる。

図表３-10　旅費交通費の税務上の取扱い

	会社		役員・社員
	法人税	消費税	所得税
通常必要と認められる金額	旅費交通費として損金算入	国内出張：課税仕入 海外出張：不課税	非課税

第２節　中小企業における税務リスクの高い取引

| 上記を超える金額 | 役員：役員賞与として損金不算入
社員：給与として損金算入 | 不課税 | 課税 |

（出所）上前剛「出張に関する税務Q＆A」『労務事情』（平成23年11月15日号、産労総合研究所）

図表 3-11　出張旅費規程のひな型

出張旅費規程

（目的）
第1条　この規程は、役員及び従業員が社命により出張する場合の旅費について定めたものである。
（適用範囲）
第2条　この規程は、役員及び従業員について適用する。
（旅費の種類）
第3条　この規程でいう旅費とは次のものをいう。
一　日帰り出張旅費
二　宿泊出張旅費
（旅費の定義）
第4条　この規程に基づく旅費とは、交通費、宿泊費のことをいう。
（出張の定義）
第5条　出張とは、役員及び従業員が自宅または通常の勤務地を起点として、片道100キロ以上の目的地に移動し、職務を遂行することをいう。
（出張の区分）
第6条　出張は、以下のとおり区分する。
一　日帰り出張
日帰り出張とは、片道100km以上の用務先に赴き、当日中に帰着することが可能なものであり、会社が必要と認めたものとする。
二　宿泊出張
宿泊出張とは、日帰り出張以外の地域への宿泊を伴う出張であり、会社が必要と認め

たものとする。
（交通機関）
第7条　利用する交通手段は、原則として、鉄道、船舶、飛行機、バスとする。
2　前項に関わらず、会社が必要と認めた場合は、タクシーまたは社有の自動車を利用できるものとする。
（交通費の計算）
第8条　交通費は、最も経済的な順路や方法に基づいて計算する。
2　前項に関わらず、会社が必要と認めた場合は、実際に通過した順路や方法に基づいて計算する。
3　通勤手当として定期券を支給している場合は、その区間については除外して交通費を計算するものとする。
（旅費の不支給）
第9条　出張に係る旅費が社外から支払われる場合は、本規程に基づく旅費は支給しないものとする。
2　会社の施設または縁故先に宿泊し、宿泊費の負担を要しない場合は、宿泊費は支給しないものとする。
（日帰り出張の日当）
第10条　日帰り出張したときは、別表1に定める区分に基づき、交通費及び日当を支給する。
（宿泊出張の日当及び宿泊費）
第11条　宿泊出張したときは、別表2に定める区分に基づき、交通費、宿泊費、日当を支給する。なお、宿泊費は、別表2の金額を上限として実費精算するものとし、やむを得ない事情がある場合は、その旨を出張精算書に記載するものとする。
2　前項に関わらず、第9条に該当する場合は、日当のみを支給する。

附　則
この規程は、平成27年〇月〇日から施行する。

別表1　日帰り出張

		役員	従業員
交通費	新幹線	グリーン車	普通車
	在来線	グリーン車	普通車
	飛行機	ビジネス	エコノミー
	船舶	1等	2等
	車・バス	実費	実費
日当		2,000円	1,000円

別表2　宿泊出張

		役員	従業員
交通費	新幹線	グリーン車	普通車
	在来線	グリーン車	普通車
	飛行機	ビジネス	エコノミー
	船舶	1等	2等
	車・バス	実費	実費
宿泊費		10,000円	7,000円
日当		10,000円	2,000円

14 交際費

交際費における点検項目は以下のように挙げられている。

科目等	No	点検項目
交際費	63	参加人員、相手先、支出内容が明らかにされていますか。
	64	精算せず、渡し切りとなっているものがないか確認しましたか。

1　1人あたり5,000円以下の飲食費の税務上の取扱い（No63）

1人あたり5,000円以下の飲食費は、次の①～⑤を記載した書類の作成・

保存を条件に、交際費から除かれる（図表3-12参照）。

① **飲食等の年月日**

通常、領収書等にて足りる。

② **飲食等に参加した得意先、仕入先その他事業に関係のある者等の氏名または名称及びその関係**

「社内」の役員や従業員の氏名まで記載することは求められておらず、「社外」の得意先等に関する事項を記載すれば足りる。また、「社内」と「社外」の区別について、例えば、資本関係が100％の親会社の役員や従業員であっても「社外」の者になる。

③ **飲食等に参加した者の数**

参加した者のうち、②の得意先等が1人であってもかまわない。ただし、形式的に参加させていると認められる場合には交際費に該当することがある。

④ **その費用の金額ならびに飲食店等の名称及び所在地**

店舗がない等の理由で名称または所在地が明らかでないときは、領収書等に記載された支払先の名称、住所等

ここでいうその費用の金額とは、テーブルチャージ料やサービス料といった飲食店に直接支払う飲食費をいう。得意先等を飲食店へ送迎するための送迎費は、交際費に該当する。

⑤ **その他参考となるべき事項**

商品説明、販路開拓といった目的や忘年会、懇親会といった内容等、参考となると考えられるものは付記しておく。

図表3-12　交際費の税務上の取扱い

		期末資本金の額	
		1億円以下	1億円超
（交際費から除かれる）1人あたり5,000円以下の飲食費		100％損金算入	
交際費	800万円以下	100％損金算入	飲食費（社内飲食費を除く）×50％は損金算入、その他は損金不算入
	800万円超	100％損金不算入	飲食費（社内飲食費を除く）×50％は損金算入、その他は損金不算入

選択適用

2　渡し切り交際費の税務上の取扱い（No64）

　渡し切り交際費は、その支給を受けたのが役員であれば役員報酬、従業員であれば給料として所得税が課される（所基通28-4）。

15 賃借料

　賃借料における点検項目は以下のように挙げられている。

科目等	No	点　検　項　目
賃借料	65	契約書により、契約者、支払内容、金額、期間を確認していますか。
	66	賃借物件の使用目的は明確にされていますか。
	67	敷金・権利金等について、資産性（前払費用）の有無を確認しましたか。

敷金・権利金等の税務上の取扱い(No67)

20万円以上の礼金・更新料及び返還不要の敷金・権利金・保証金は、繰延資産として減価償却を行う(図表3-13参照)。

図表3-13　敷金・権利金等の税務上の取扱い

		税務上の取扱い	減価償却
礼金・更新料	20万円未満	支払日の属する事業年度に全額損金算入(法令134)	―
	20万円以上	繰延資産	契約期間が5年未満、かつ、更新料を支払う契約の場合は、契約期間で償却する(法基通8-2-3)
			上記以外は、5年で償却する(法基通8-2-3)
敷金・権利金・保証金	返還されない部分	繰延資産	返還を要しないことが確定した時点で償却する
	返還される部分	資産	償却しない
仲介手数料		支払日の属する事業年度に全額損金算入(法基通8-1-5)	―

16 保険料

保険料における点検項目は以下のように挙げられている。

科目等	No	点検項目
保険料	68	支払保険料について、資産性（保険積立金）の有無を確認しましたか。
	69	決算期末における保険積立金の残高等を確認していますか。

支払保険料の税務上の取扱い（No68）

支払保険料は、全額損金になるケース、一部損金算入・一部資産計上のケース、全額資産計上のケース、給与になるケースがあるため、契約前に保険会社に税務上の取扱いを確認する（図表3-14参照）。

図表3-14 支払保険料（生命保険）の税務上の取扱い

養老保険

契約者	被保険者	保険金受取人		主契約保険料	特約保険料		契約者配当
					特約給付金受取人		
		死亡保険金	生存保険金		法人	従業員	
法人	従業員	法人		資産計上	損金算入	損金算入。ただし、役員等のみが受取人の場合は給与	資産計上額から控除
		従業員の遺族	従業員	給与			益金算入
		従業員の遺族	法人	½…資産計上 ½…損金算入。ただし、役員等のみを被保険者とする場合には給与			

（注）従業員とは役員および使用人のことをいう。

定期保険（逓増定期等を除く）

契約者	被保険者	死亡保険金の受取人	主契約保険料	特約保険料		契約者配当
				特約給付金受取人		
				法人	従業員	
法人	従業員	法人	損金算入	損金算入	損金算入。ただし、役員等のみが受取人の場合は給与	益金算入
		従業員の遺族	損金算入。ただし、役員等のみを被保険者とする場合には給与			

定期付養老保険

契約者	被保険者	保険金の受取人		主契約保険料		特約保険料		契約者配当
		死亡保険金	生存保険金	養老保険部分	定期保険部分	特約給付金受取人		
						法人	従業員	
保険料が区分されている場合 法人	従業員	法人		資産計上	損金算入	損金算入	損金算入。ただし、役員等のみが受取人の場合は給与	益金算入
		従業員の遺族	従業員	給　与				
		従業員の遺族	法人	½…資産計上 ½…損金算入。ただし、役員等のみを被保険者とする場合には給与	損金算入。ただし、役員等のみを被保険者とする場合には給与			
保険料が区分されていない場合 法人	従業員	法人		資　産　計　上		損金算入	損金算入。ただし、役員等のみが受取人の場合は給与	資産計上額から控除できる
		従業員の遺族	従業員	給　与				
		従業員の遺族	法人	½…資産計上 ½…損金算入。ただし、役員等のみを被保険者とする場合には給与				益金算入

（出所）保険税務ハンドブック編集委員会『保険税務ハンドブック』（保険毎日新聞社）

17 経費全般

経費全般における点検項目は以下のように挙げられている。

科目等	No	点　検　項　目
経費全般	70	支出の相手方が不明なものについては、その内容を確認しましたか。
	71	領収書の宛名は法人名（自社）となっていますか。
	72	特に飲食等を伴う支出については、①個人的に負担すべきもの、②交際費に該当するものがないか確認しましたか。
	73	固定資産の付随費用及び修繕費については、その内容の分かる資料は保存されていますか。
	74	前払費用となるものについて適切に区分しましたか。
	75	支出の効果が１年以上に及ぶものがないか確認しましたか。

1　固定資産の付随費用、修繕費の税務上の取扱い（No73）

（1）取得価額に含めなければならない付随費用、含めなくてもよい付随費用

　次に掲げる費用は、固定資産の取得価額に含めなければならない（法令54）。

・その資産を事業の用に供するために直接要した費用
・引取運賃、荷役費、運送保険料、購入手数料、関税等その資産の購入のために要した費用

　次に掲げる費用は、固定資産の取得価額に含めなくてもよい（法基通7－3－1の2、7－3－2、7－3－3の2）。

・不動産取得税、新増設に係る事業所税、登録免許税その他登記や登録のために要する費用
・建物の建設等のために行った調査、測量、設計、基礎工事等でその建設計画を変更したことにより不要となったものに係る費用
・いったん結んだ減価償却資産の取得に関する契約を解除して、他の減価

償却資産を取得することにした場合に支出する違約金
・減価償却資産を取得するための借入金の利子のうち、使用を開始するまでの期間に係る部分
・割賦販売契約等によって購入した資産の取得価額のうち、契約において購入代価と割賦期間分の利子や代金回収のための費用等が明らかに区分されている場合のその利子や費用

（2）修繕費と資本的支出の判定

　修繕費とは、固定資産の修理や改良等のために支出した金額のうち、固定資産の維持管理や現状回復のために要したと認められる費用をいう。資本的支出とは、固定資産の修理や改良等のために支出した金額のうち、固定資産の使用可能期間を延長させる部分に対応する金額及び固定資産の価値を増加させる部分に対応する金額をいう。

　修繕費と資本的支出の判定は、修繕費、改良費等の名目ではなく、実質によって判定する。判定が困難な場合には、法人税法基本通達に定める基準により判定する（図表3-15参照）。

図表3-15 法人税法基本通達に定める基準

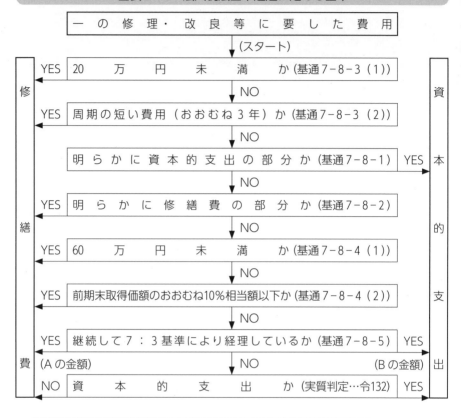

A＝支出金額×30％と前期末取得価額×10％との少ない金額
B＝支出金額－A

（出所）天羽和彦『減価償却実務問答集』（財団法人納税協会連合会）

2 前払費用の税務上の取扱い（No74）

　前払費用は、支出時に資産に計上し、役務の提供を受けたときに損金に算入する。前払費用とは、法人が一定の契約により継続的に役務の提供を受けるために支出した費用のうち、その事業年度終了時においてまだ提供を受けていない役務に対応するものをいう。

3 短期前払費用の税務上の取扱い (No75)

　前払費用のうち、支払った日から1年以内に提供を受ける役務に係るものを支払った場合において、その支払った金額を継続してその事業年度の損金に算入している場合には、支払時点で損金に算入することができる（法基通2-2-14）。支出の効果が1年以上に及ぶものは、短期前払費用に該当しないので、資産計上しなければならない。

18 印紙税

印紙税における点検項目は以下のように挙げられている。

科目等	No	点　検　項　目
印紙税	82	契約書には、印紙が適正に貼付等されていますか。
	83	自社で発行する領収書・レシートには、適切に印紙を貼付等していますか。

1 第2号文書と第7号文書の印紙税 (No82)

　第2号文書とは、請負に関する契約書をいい、第7号文書とは、継続的取引の基本となる契約書をいう。会社が取引先と締結する業務委託契約書は、第2号文書に該当するケースと第7号文書に該当するケースがある。

① **第 2 号文書に該当するケース**

第 2 号文書の記載例には、以下のようなものがある。

例1
(保守料金)
第 7 条　エレベーターの保守料金は、月額 2 万円とします。
(契約期間)
第 9 条　本契約は、平成○年○月○日より 1 年間とする。

例2
(保守料金)
第 7 条　エレベーターの保守料金は、月額 2 万円とします。
(契約期間)
第 9 条　本契約は、平成○年○月○日より 1 年間とする。
　　　　ただし、契約期間満了の際甲乙双方より別段の申し出のない場合には、更に 1 年間延長するものとし、以後の満期の際にも同様とする。

例3
(保守料金)
第 7 条　エレベーターの保守料金は、「平成○年○月○日から平成△年△月△日までは月額 2 万円とし、平成△年△月△日の翌月から平成×年×月×日まで、月額 3 万円とする。
(契約期間)
第10条　契約期間は、平成○年○月○日から平成×年×月×日までとする。

(出所) 国税庁ホームページ

上記の記載例は、単価と契約期間の記載があるため、記載金額の計算ができる。したがって、第 2 号文書に該当する。例1及び例2は、「月額 2 万円×1 年（12か月）＝24万円」なので、第 2 号文書の 1 万円以上100万円以下のものに該当し、200円の印紙を貼付する（図表 3-16、番号 2 の欄参照）。

② **第 7 号文書に該当するケース**

第 7 号文書の記載例には、以下のようなものがある。

| 例1 | （運送料）
第8条　運送料については、1トン当たり2,000円とする。 |

| 例2 | （料金）
第10条　保守料金は、作成コピー1枚につき10円とします。 |

| 例3 | （保守料金）
第7条　エレベーターの保守料金は、1か月2万円とします。
（契約期間）
第9条　本契約は、平成○年○月○日より有効とする。 |

| 例4 | （保守料金）
第7条　エレベーターの保守料金は、1か月2万円とします。
※　契約期間については定めていない。 |

（出所）国税庁ホームページ

　上記の記載例は、単価の記載はあるが、契約期間の記載がないため、記載金額の計算ができない。したがって、第7号文書に該当する。第7号文書の印紙税は、一律4,000円である（図表3-16の番号7の欄参照）。

　上記①例2と②例3は、どちらもエレベーターの保守料金を月額2万円支払う契約であるが、前者の印紙税は200円、後者の印紙税は4000円である。契約期間の記載の仕方により印紙税が大きく違ってくるため、契約書作成時には注意を要する。

2　第17号文書の印紙税（No83）

　自社で発行する領収書・レシートは、第17号文書に該当する。第17号文書の印紙税は、5万円未満は非課税のため、領収書・レシートの金額が5万円未満であれば印紙を貼付しなくてもよい（図表3-16の番号17の欄参照）。

図表 3-16　印紙税額一覧表（平成26年9月現在）

平成26年9月現在

番号	文書の種類	印紙税額（1通又は1冊につき）	主な非課税文書
	1 不動産、鉱業権、無体財産権、船舶若しくは航空機又は営業の譲渡に関する契約書 （注）無体財産権とは、特許権、実用新案権、商標権、意匠権、回路配置利用権、育成者権、商号及び著作権をいいます。 （例）不動産売買契約書、不動産交換契約書、不動産売渡証書など 2 地上権又は土地の賃借権の設定又は譲渡に関する契約書 （例）土地賃貸借契約書、土地賃料変更契約書など 3 消費貸借に関する契約書 （例）金銭借用証書、金銭消費貸借契約書など 4 運送に関する契約書 （注）運送に関する契約書には、用船契約書を含み、乗車券、乗船券、航空券及び運送状は含まれません。 （例）運送契約書、貨物運送引受書など	記載された契約金額が 　　　　　1万円以上　　10万円以下のもの　　　　　　200円 　　　　　10万円を超え　50万円以下　 〃　　　　　　400円 　　　　　50万円を超え　100万円以下　 〃　　　　　　1千円 　　　　　100万円を超え　500万円以下　 〃　　　　　　2千円 　　　　　500万円を超え　1千万円以下　 〃　　　　　　1万円 　　　　　1千万円を超え　5千万円以下　 〃　　　　　　2万円 　　　　　5千万円を超え　1億円以下　　 〃　　　　　　6万円 　　　　　1億円を超え　5億円以下　　 〃　　　　　　10万円 　　　　　5億円を超え　10億円以下　 〃　　　　　　20万円 　　　　　10億円を超え　50億円以下　 〃　　　　　　40万円 　　　　　50億円を超えるもの　　　　　　　　　　　　　60万円 契約金額の記載のないもの　　　　　　　　　　　　　　　200円	記載された契約金額が1万円未満のもの
1	上記の1に該当する「不動産の譲渡に関する契約書」のうち、平成9年4月1日から平成30年3月31日までの間に作成されるものについては、契約書の作成年月日及び記載された契約金額に応じ、右欄のとおり印紙税額が軽減されています。	【平成26年4月1日〜平成30年3月31日】 記載された契約金額が 　　　　　1万円以上　　50万円以下のもの　　　　　　200円 　　　　　50万円を超え　100万円以下　 〃　　　　　　500円 　　　　　100万円を超え　500万円以下　 〃　　　　　　1千円 　　　　　500万円を超え　1千万円以下　 〃　　　　　　5千円 　　　　　1千万円を超え　5千万円以下　 〃　　　　　　1万円 　　　　　5千万円を超え　1億円以下　　 〃　　　　　　3万円 　　　　　1億円を超え　5億円以下　　 〃　　　　　　6万円 　　　　　5億円を超え　10億円以下　 〃　　　　　　16万円 　　　　　10億円を超え　50億円以下　 〃　　　　　　32万円 　　　　　50億円を超えるもの　　　　　　　　　　　　　48万円 【平成9年4月1日〜平成26年3月31日】 記載された契約金額が 　　　　　1千万円を超え　5千万円以下のもの　　　　　1万5千円 　　　　　5千万円を超え　1億円以下　　 〃　　　　　　4万5千円 　　　　　1億円を超え　5億円以下　　 〃　　　　　　8万円 　　　　　5億円を超え　10億円以下　 〃　　　　　　18万円 　　　　　10億円を超え　50億円以下　 〃　　　　　　36万円 　　　　　50億円を超えるもの　　　　　　　　　　　　　54万円	
	請負に関する契約書 （注）請負には、職業野球の選手、映画（演劇）の俳優（監督・演出家・プロデューサー）、プロボクサー、プロレスラー、音楽家、舞踊家、テレビジョン放送の演技者（演出家、プロデューサー）が、その者としての役務の提供を約することを内容とする契約を含みます。 （例）工事請負契約書、工事注文請書、物品加工注文請書、広告契約書、映画俳優専属契約書、請負金額変更契約書など	記載された契約金額が 　　　　　1万円以上　　100万円以下のもの　　　　　　200円 　　　　　100万円を超え　200万円以下　 〃　　　　　　400円 　　　　　200万円を超え　300万円以下　 〃　　　　　　1千円 　　　　　300万円を超え　500万円以下　 〃　　　　　　2千円 　　　　　500万円を超え　1千万円以下　 〃　　　　　　1万円 　　　　　1千万円を超え　5千万円以下　 〃　　　　　　2万円 　　　　　5千万円を超え　1億円以下　　 〃　　　　　　6万円 　　　　　1億円を超え　5億円以下　　 〃　　　　　　10万円 　　　　　5億円を超え　10億円以下　 〃　　　　　　20万円 　　　　　10億円を超え　50億円以下　 〃　　　　　　40万円 　　　　　50億円を超えるもの　　　　　　　　　　　　　60万円 契約金額の記載のないもの　　　　　　　　　　　　　　　200円	記載された契約金額が1万円未満のもの
2	上記の「請負に関する契約書」のうち、建設業法第2条第1項に規定する建設工事の請負に係る契約に基づき作成されるもので、平成9年4月1日から平成30年3月31日までの間に作成されるものについては、契約書の作成年月日及び記載された契約金額に応じ、右欄のとおり印紙税額が軽減されています。	【平成26年4月1日〜平成30年3月31日】 記載された契約金額が 　　　　　1万円以上　　200万円以下のもの　　　　　　200円 　　　　　200万円を超え　300万円以下　 〃　　　　　　500円 　　　　　300万円を超え　500万円以下　 〃　　　　　　1千円 　　　　　500万円を超え　1千万円以下　 〃　　　　　　5千円 　　　　　1千万円を超え　5千万円以下　 〃　　　　　　1万円 　　　　　5千万円を超え　1億円以下　　 〃　　　　　　3万円 　　　　　1億円を超え　5億円以下　　 〃　　　　　　6万円 　　　　　5億円を超え　10億円以下　 〃　　　　　　16万円 　　　　　10億円を超え　50億円以下　 〃　　　　　　32万円 　　　　　50億円を超えるもの　　　　　　　　　　　　　48万円 【平成9年4月1日〜平成26年3月31日】 記載された契約金額が 　　　　　1千万円を超え　5千万円以下のもの　　　　　1万5千円 　　　　　5千万円を超え　1億円以下　　 〃　　　　　　4万5千円 　　　　　1億円を超え　5億円以下　　 〃　　　　　　8万円 　　　　　5億円を超え　10億円以下　 〃　　　　　　18万円 　　　　　10億円を超え　50億円以下　 〃　　　　　　36万円 　　　　　50億円を超えるもの　　　　　　　　　　　　　54万円	
3	約束手形、為替手形 （注）1 手形金額の記載のない手形は非課税となりますが、金額を補充したときは、その補充をした人がその手形を作成したものとみなされ、納税義務者となります。 2 振出人の署名のない白地手形（手形金額の記載のないものは除きます。）で、引受人やその他の手形当事者の署名のあるものは、引受人やその他の手形当事者がその手形を作成したことになります。	記載された手形金額が 　　　　　10万円以上　　100万円以下のもの　　　　　　200円 　　　　　100万円を超え　200万円以下　 〃　　　　　　400円 　　　　　200万円を超え　300万円以下　 〃　　　　　　600円 　　　　　300万円を超え　500万円以下　 〃　　　　　　1千円 　　　　　500万円を超え　1千万円以下　 〃　　　　　　2千円 　　　　　1千万円を超え　2千万円以下　 〃　　　　　　4千円 　　　　　2千万円を超え　3千万円以下　 〃　　　　　　6千円 　　　　　3千万円を超え　5千万円以下　 〃　　　　　　1万円 　　　　　5千万円を超え　1億円以下　　 〃　　　　　　2万円 　　　　　1億円を超え　2億円以下　　 〃　　　　　　4万円 　　　　　2億円を超え　3億円以下　　 〃　　　　　　6万円 　　　　　3億円を超え　5億円以下　　 〃　　　　　　10万円 　　　　　5億円を超え　10億円以下　 〃　　　　　　15万円 　　　　　10億円を超えるもの　　　　　　　　　　　　　20万円	1 記載された手形金額が10万円未満のもの 2 手形金額の記載のないもの 3 手形の複本又は謄本
	①一覧払のもの、②金融機関相互間のもの、③外国通貨で金額を表示したもの、④非居住者円表示のもの、⑤円建銀行引受手形	200円	

10万円以下又は10万円以上……10万円は含まれます。
10万円を超え又は10万円未満…10万円は含まれません。

番号	文書の種類	印紙税額（1通又は1冊につき）	主な非課税文書
4	株券、出資証券若しくは社債券又は投資信託、貸付信託、特定目的信託若しくは受益証券発行信託の受益証券 (注) 1 出資証券には、投資証券を含みます。 2 社債券には、特別の法律により法人の発行する債券及び相互会社の社債券を含むものとする。	記載された券面金額が 　500万円以下のもの　　　　　　　　　　　　　　200円 　500万円を超え1千万円以下のもの　　　　　　1千円 　1千万円を超え5千万円以下のもの　　　　　　2千円 　5千万円を超え　1億円以下　〃　　　　　　　1万円 　1億円を超えるもの　〃　　　　　　　　　　2万円 (注) 株券、投資証券については、1株（1口）当たりの払込金額に株数（口数）を掛けた金額を券面金額とします。	1 日本銀行その他特定の法人の作成する出資証券 2 譲渡が禁止されている特定の受益証券 3 一定の要件を満たしている額面株式の株券の無効手続に伴い新たに作成する株券
5	合併契約書又は吸収分割契約書若しくは新設分割計画書 (注) 1 会社法又は保険業法に規定する合併契約を証する文書に限ります。 2 会社法に規定する吸収分割契約書又は新設分割計画を証する文書に限ります。	4万円	
6	定　款 (注) 株式会社、合名会社、合資会社、合同会社又は相互会社の設立のときに作成される定款の原本に限ります。	4万円	株式会社又は相互会社の定款のうち公証人法の規定により公証人の保存するもの以外のもの
7	継続的取引の基本となる契約書 (注) 契約期間が3か月以内で、かつ更新の定めのないものは除きます。 (例) 売買取引基本契約書、特約店契約書、代理店契約書、業務委託契約書、銀行取引約定書など	4千円	
8	預金証書、貯金証書	200円	信用金庫その他特定の金融機関の作成するもので記載された預入額が1万円未満のもの
9	貨物引換証、倉庫証券、船荷証券 (注) 1 法定記載事項の一部を欠く証書で類似の効用があるものを含みます。 2 倉庫証券には農業倉庫証券及び連合農業倉庫証券は含みません。	200円	船荷証券の謄本
10	保険証券	200円	
11	信用状	200円	
12	信託行為に関する契約書 (注) 信託証書を含みます。	200円	
13	債務の保証に関する契約書 (注) 主たる債務の契約書に併記するものは除きます。	200円	身元保証ニ関スル法律に定める身元保証に関する契約書
14	金銭又は有価証券の寄託に関する契約書	200円	
15	債権譲渡又は債務引受けに関する契約書	記載された契約金額が1万円以上のもの　　200円 契約金額の記載のないもの　　　　　　　200円	記載された契約金額が1万円未満のもの
16	配当金領収証、配当金振込通知書	記載された配当金額が3千円以上のもの　　200円 配当金額の記載のないもの　　　　　　　200円	記載された配当金額が3千円未満のもの
17	1 売上代金に係る金銭又は有価証券の受取書 (注) 1 売上代金とは、資産を譲渡することによる対価、資産を使用させること（権利を設定することを含みます。）による対価及び役務を提供することによる対価をいい、手付けを含みます。 2 手形等の譲渡代金、保険料、公債及び預貯金の利子などは売上代金から除かれます。 (例) 商品販売代金の受取書、不動産の賃貸料の受取書、請負代金の受取書、広告料の受取書など	記載された受取金額が 　100万円以下のもの　　　　　　　　　　　　　200円 　100万円を超え 200万円以下のもの　　　　　400円 　200万円を超え 300万円以下　〃　　　　　　600円 　300万円を超え 500万円以下　〃　　　　　　1千円 　500万円を超え 1千万円以下　〃　　　　　　2千円 　1千万円を超え 2千万円以下　〃　　　　　　4千円 　2千万円を超え 3千万円以下　〃　　　　　　6千円 　3千万円を超え 5千万円以下　〃　　　　　　1万円 　5千万円を超え 1億円以下　〃　　　　　　　2万円 　1億円を超え 2億円以下　〃　　　　　　　　4万円 　2億円を超え 3億円以下　〃　　　　　　　　6万円 　3億円を超え 5億円以下　〃　　　　　　　10万円 　5億円を超え 10億円以下　〃　　　　　　　15万円 　10億円を超えるもの　　　　　　　　　　　20万円 受取金額の記載のないもの　　　　　　　　　200円	次の受取書は非課税 1 記載された受取金額が5万円未満（※）のもの 2 営業に関しないもの 3 有価証券、預貯金証書など特定の文書に追記した受取書 ※ 平成26年3月31日までに作成されたものについては、記載された受取金額が3万円未満のものが非課税とされていました。
	2 売上代金以外の金銭又は有価証券の受取書 (例) 借入金の受取書、保険金の受取書、損害賠償金の受取書、補償金の受取書、返還金の受取書など	200円	
18	預金通帳、貯金通帳、信託通帳、掛金通帳、保険料通帳	1年ごとに　　　　　　　　　　　　　　　　　200円	1 信用金庫など特定の金融機関の作成する預貯金通帳 2 所得税が非課税となる普通預金通帳など 3 納税準備預金通帳
19	消費貸借通帳、請負通帳、有価証券の預り通帳、金銭の受取通帳などの通帳 (注) 18に該当する通帳を除きます。	1年ごとに　　　　　　　　　　　　　　　　　400円	
20	判取帳	1年ごとに　　　　　　　　　　　　　　　　　4千円	

図表3-17　自主点検チェックシート

自主点検チェックシート

事業年度 (第　期)	自	年	月	日
	至	年	月	日

公益財団法人 全国法人会総連合
監修：日本税理士会連合会

自主点検について

《目的》

　企業を成長させるためには、内部統制及び経理能力の水準を向上させることが重要な要素と考えられます。

　経営者が『自主点検チェックシート』を有効に活用することを通じて、内部統制及び経理能力の水準を向上させ、自社の成長を目指し、ひいては税務リスクの軽減にもつながることを期待しています。

《自主点検の流れ》

> 点検担当者(経理責任者等)は、【点検項目チェック表】の「点検項目」について、点検してください。
> ※　点検内容を詳しく知りたいときは、別冊『自主点検ガイドブック』を参照してください。
> ※　自社の成長につなげるために、点検は税理士等ではなく、自社で行いましょう。

> 点検した結果を、「点検欄」に「○」、「×」で記入してください。
> 自社に該当のない項目や税理士等が確認している項目は「−」を記入してください。
>
> ※　一部できていないという場合には、自社の成長につなげるため、「×」をつけましょう。
> ※　点検回数は、自社の実情に応じて決め、継続して取り組みましょう。

> 「×」の項目について、その内容等を【点検結果記入表】に記入してください。

（点検結果を代表者に報告）

> 代表者は、【点検結果記入表】の点検結果から改善方針を策定し、今後の改善につなげていきます。

○ 点検項目チェック表　　　　　　　　　　　　　Ⅰ　社内体制

科目等		点検項目	点検欄			
			✓	✓	✓	✓
文書管理	1	自社で使用する領収書等は定型化され、担当者の責任の下に保管されていますか。				
	2	重要な書類等（現金、通帳、権利証等）は金庫に保管・施錠し、鍵は適切に保管されていますか。				
	3	通帳、小切手帳、手形帳等と印鑑は別の場所に保管されていますか。				
	4	小切手帳、手形帳の控えは必要事項（支払先など）が記入され、保管されていますか。				
	5	書損じた小切手、手形は社印を抹消した上で、控えに添付されていますか。				
	6	インターネットバンキングのID、パスワードはセキュリティの観点から適切に保管されていますか。				
	7	インターネットバンキングによる送受金は、上席の責任者によって確認する体制になっていますか。				
	8	注文書、納品書、請求書などの書類は一定の基準の下に整理し、保存されていますか。				
	9	株主総会、取締役会等の議事録は適切に作成し、保存されていますか。				
	10	税務署などに提出している申告書・届出書等の控えは適切に保存されていますか。				
	11	継続的取引に関しては、契約書を作成していますか。				

○ 点検項目チェック表　　　　　　　　　　　　　Ⅱ　貸借関係（資産科目）

科目等		点検項目	点検欄			
			／	／	／	／
現預金 小切手 受取手形	12	手許現金と帳簿の残高は一致していますか。				
	13	現金、小切手による高額又は予定外（緊急）の支払いは、その理由が明らかにされていますか。				
	14	預金（通帳）と帳簿の残高は一致していますか。				
	15	受取手形の現物と補助簿（受取手形記入帳）は定期的に照合されていますか。				
売掛金 未収金	16	補助簿（売掛一覧表）と得意先に対する請求残高は一致していますか。				
	17	残高がマイナスになっている得意先については、その理由が明らかにされていますか。				
	18	回収が遅延しているものについては、その理由が明らかにされていますか。				
	19	入金条件（決裁日、決裁手段）に変更があるものについては、その理由が明らかにされていますか。				
	20	決算期末においては、締め後の取引についても、売掛金等に含めていますか。				
棚卸資産	21	実地棚卸は定期的に行われていますか。				
	22	棚卸表の原始記録は廃棄されずに保存されていますか。				
	23	陳腐化した在庫については、正常在庫との区分が明らかにされていますか。				
	24	決算期末において、預け在庫・預かり在庫の有無・金額を確認する体制になっていますか。				
棚卸資産	25	決算期末において、取引先又は自社に積送中の商品等は明らかにされていますか。				
	26	棚卸資産の自社消費等は売上に計上されていますか。				

科目等		点検項目	点検欄			
			/	/	/	/
貯蔵品	27	商品券・印紙・切手等は、受払簿等を作成し、その管理が適正に行われていますか。				
仮払金 前渡金 前払費用 立替金	28	相手先、金額及び内容を個別に確認していますか。				
	29	未精算の残高・期間が多額・長期化しているものがないか確認していますか。				
固定資産	30	固定資産については、付番管理を行うとともに配置場所を把握していますか（配置表は作成していますか。）。				
	31	固定資産の現物と補助簿（減価償却台帳）は定期的に照合していますか。				
有価証券 出資金 会員権	32	名義は適切に変更されていますか。				
貸付金	33	契約書の内容を確認していますか。 役員、グループ法人への貸付金はその理由が明確にされていますか。				
	34	回収が遅延しているものについては、その理由が明らかにされていますか。				
	35	受取利息は適正な利率で計上されていますか。				
	36	貸付先に対して、定期的に残高確認が実施されていますか。				

○ 点検項目チェック表

Ⅲ　貸借関係
(負債・資本科目)

科目等		点検項目	点検欄			
			/	/	/	/
支払手形	37	支払手形記入帳と手形発行控とを定期的に照合していますか。				

科目等		点検項目	点検欄			
			/	/	/	/
買掛金 未払金 未払費用	38	補助簿（買掛一覧表、仕入先元帳）と請求書の金額は一致していますか。				
	39	残高がマイナスになっている取引先がないか確認しましたか。				
	40	支払が滞留しているものはないか確認しましたか。				
	41	支払条件の変化について確認しましたか。				
	42	決算期末においては、締め後の取引についても買掛金等に含めていますか。				
	43	配当の未払金については、支払が確定した日から1年が経過したものについて、適正に源泉徴収がされていますか。				
前受金 仮受金 預り金	44	相手先、金額及び内容を個別に確認していますか。				
	45	未精算の残高・期間が多額・長期化しているものがないか確認していますか。				
	46	納付が遅延している源泉所得税や社会保険などの預り金はありませんか。				
借入金	47	契約書の内容を確認していますか。 役員、グループ法人からの借入金はその理由が明確にされていますか。				
	48	支払利息は適正な利率で計上していますか。				
	49	借入先に対して、定期的に残高確認が実施されていますか。				

○ 点検項目チェック表　　　　　　　　　　　　　Ⅳ　損益関係

科目等		点検項目	点検欄			
			/	/	/	/
売上	50	自社の売上計上基準に基づいて計上されていますか。				
	51	値引き、割引、割戻し等は責任者の承認の下に処理されていますか。				

	52	相殺がある場合には、相殺前の金額で売上に計上していますか。			
売上原価 製造原価 工事原価	53	自社の仕入計上基準に基づいて計上されていますか。			
	54	自社の固定資産に計上すべきものについて適切に区分しましたか。			
	55	自社専属の外注先と従業員との区分が明確にされていますか。			
	56	値引き、割引、割戻し等は適切に処理されていますか。			
役員報酬	57	株主総会の決議等に基づいて、適切な時期に支給されていますか。			
給料 賞与	58	労働者台帳（名簿）は適正に作成されていますか。			
	59	扶養控除等申告書等は期限までに提出を受け、適切に保存されていますか。			
	60	出勤簿、タイムカードは適切に作成・保管されていますか。			
福利厚生費	61	食事の支給や借上げ社宅など所得税の源泉徴収が必要となる支出について確認しましたか。			
旅費交通費	62	実費精算又は出張旅費規程に基づき支出していますか。			
交際費	63	参加人員、相手先、支出内容が明らかにされていますか。			
	64	精算をせず、渡し切りとなっているものがないか確認しましたか。			
賃借料	65	契約書により、契約者、支払内容、金額、期間を確認していますか。			
	66	賃借物件の使用目的は明確にされていますか。			
	67	敷金・権利金等について、資産性（前払費用）の有無を確認しましたか。			

科目等		点検項目	点検欄			
保険料	68	支払保険料について、資産性（保険積立金）の有無を確認しましたか。				
	69	決算期末における保険積立金の残高等を確認していますか。				
経費全般	70	支出の相手方が不明なものについては、その内容を確認しましたか。				
	71	領収書の宛名は法人名（自社）となっていますか。				
	72	特に飲食等を伴う支出については、①個人的に負担すべきもの、②交際費に該当するものがないか確認しましたか。				
	73	固定資産の付随費用及び修繕費については、その内容の分かる資料は保存されていますか。				
	74	前払費用となるものについて適切に区分しましたか。				
	75	支出の効果が一年以上に及ぶものがないか確認しましたか。				
雑収入 雑損失	76	スクラップ、副産物等を売却した内容の分かる書類は保存されていますか。				
	77	固定資産を売却又は廃棄処分した内容の分かる書類は保存されていますか。				
	78	期末に保有している外貨建の債権債務については、残高証明など内容の分かる書類は保存されていますか。				

○ 点検項目チェック表

Ⅴ　その他
（消費税・印紙税）

科目等		点検項目	点検欄			
			／	／	／	／
消費税	79	課税売上げ、非課税売上げ、不課税取引、免税売上げの区分は明らかにされていますか。				

	80	課税仕入れ、非課税仕入れ、不課税取引に区分されていますか。			
	81	固定資産を売却している場合には、売却価額のわかる書類が保存されていますか。			
	82	契約書には、印紙が適正に貼付等されていますか。			
印紙税	83	自社で発行する領収書・レシートには、適切に印紙を貼付等していますか。			

○ 点検結果記入表
（　月　　日点検分）

点検担当者：

点検担当者記入欄	代表者記入欄
項目番号	点検結果	改善方針

項目番号	点検結果	改善方針

○ 点検結果記入表　　　　　　　　　点検担当者：
（　月　　日点検分）

点検担当者記入欄		代表者記入欄
項目番号	点検結果	改善方針

○ 点検結果記入表　　　　　　　点検担当者：
（　　月　　日点検分）

点検担当者記入欄		代表者記入欄
項目番号	点検結果	改善方針

○ 点検結果記入表　　　　　　　　点検担当者：
（　　月　　日点検分）

点検担当者記入欄		代表者記入欄
項目番号	点検結果	改善方針

(出所)公益財団法人全国法人会総連合「自主点検チェックシート」

資 料

　本書で説明した資料のうち、分量が多いものをここにまとめて掲載してある。「1 移転価格に関する取組状況確認のためのチェックシート」は第1章第2節❸で、「2 財務報告に係る内部統制の評価及び監査の基準(抄)」は第2章第1節❶で、「3 企業が反社会的勢力による被害を防止するための指針(抄)」、「4 会社法の改正に伴う会社更生法施行令及び会社法施行規則等の改正に関する意見募集の結果について(抄)」は第2章第2節❷で、「5 外国公務員贈賄防止指針(抄)」、「6 連邦量刑ガイドライン(抄)」、「7 FCPAリソースガイド(抄)」、「8 Bribery Act 2010 Guidance(抄)」は第2章第2節❸で、「9 企業行動憲章　実行の手引き(抄)」は第2章第3節で、「10 自主点検チェックシート」は第3章第2節で説明したものである。本文中の説明と照らし合わせながら確認していただきたい。

序　章

1　移転価格に関する取組状況確認のためのチェックシート

　国税庁が「移転価格上の税務コンプライアンス維持・向上のための取組み」において用いているチェックシートである。この取組の対象は、「税務に関するコーポレートガバナンス」に関わる取組みと同様に、現在のところ大企業のみだが、移転価格上の問題は大企業に限らず中小企業においても生じる可能性があるため、このチェックシートは海外進出をしている中小企業にとっても参考になるはずである。

移転価格に関する取組状況確認のためのチェックシート

【このチェックシートの目的】

○　申告納税制度の下では、移転価格についても企業が自ら独立企業間価格を算定し、これに基づき適正な申告を行うことが求められています。

○　OECD多国籍企業行動指針（2011年）でも「企業は、税ガバナンス及びコンプライアンスを、自らの監督及びより広いリスク管理体系の重要要素として扱うべきである。」と明記されているなど、近年、世界的に税務コンプライアンスの向上を推進する流れになっており、移転価格上の税務コンプライアンスについても同様です。

○　このため、企業と税務当局が協力して、企業の移転価格に関する自発的かつ適正な対応を促進するツールとして、この「移転価格に関する取組状況確認のためのチェックシート」を用意しました。

○　この「移転価格に関する取組状況確認のためのチェックシート」を活用することにより、企業の移転価格に関する自発的かつ適正な対応や当局とのコミュニケーション作りが進み、企業の移転価格上の税務コンプライアンスの維持・向上や税務リスクの軽減に役立つことを期待しています。

1　移転価格税制についての認識	4	3	2	1
（1）　我が国における移転価格税制の概要を知っていますか	□	□	□	□

（2） 関連法人所在国における移転価格税制の概要を知っていますか	□	□	□	□
（3） 税務担当部署に移転価格に関する対応ができるスタッフはいますか	□	□	□	□
（4） 移転価格課税リスクの軽減策として事前確認制度の概要を知っていますか	□	□	□	□
（5） 移転価格税制の適用により生じる二重課税問題の解決策としての相互協議等の概要を知っていますか	□	□	□	□

2　トップマネジメントの関与	4	3	2	1
（1） トップマネジメントが移転価格問題への対応に関与・承認していますか	□	□	□	□
（2） 移転価格ポリシーをトップマネジメントが承認していますか	□	□	□	□
（3） 移転価格上の問題が生じた場合、トップマネジメントに報告することになっていますか	□	□	□	□
（4） 移転価格調査の内容についてトップマネジメントは知っていますか	□	□	□	□
（5） 事前確認申出を行っている場合、トップマネジメントはその事実を知っていますか	□	□	□	□

3　国外関連取引の実態・問題点の把握	4	3	2	1
（1） 関連法人に対する出資関係を把握していますか	□	□	□	□
（2） 関連法人の経営状況を把握できる体制になっていますか	□	□	□	□
（3） 関連法人との取引やその内容を把握できる体制になっていますか	□	□	□	□
（4） 関連法人との取引に係る契約関係を把握できる体制になっていますか	□	□	□	□

		4	3	2	1
（5）	国外関連取引に係る関連法人の機能やリスクを把握できる体制になっていますか	□	□	□	□
（6）	国外関連取引に係る製品等に関する市場の状況を把握できる体制になっていますか	□	□	□	□
（7）	国外関連取引に係る日本側及び関連法人側の損益を把握できる体制になっていますか	□	□	□	□

4　グローバルな移転価格ポリシーの策定

		4	3	2	1
（1）	移転価格に係るグローバルな移転価格ポリシーを策定していますか	□	□	□	□
（2）	移転価格ポリシーを策定している場合、適時に見直しを行っていますか	□	□	□	□
（3）	移転価格の検討を事業部や関連法人に任せ切りにすることなく、税務担当が検討できる体制になっていますか	□	□	□	□

5　移転価格算定手法を念頭に置いた取引価格設定

		4	3	2	1
（1）	取引価格が独立企業間価格であるかどうかの検討を行う体制になっていますか	□	□	□	□
（2）	各算定手法の適用可能性を検討していますか	□	□	□	□
（3）	選択した算定手法の適用可能性について適時に見直しを行っていますか	□	□	□	□

6　海外の関連法人における移転価格対応（親会社のガバナンス）

		4	3	2	1
（1）	日常的に関連法人と税務に関するコミュニケーションが取れる体制になっていますか	□	□	□	□
（2）	関連法人の税務担当スタッフは、移転価格に関する知識を持っていますか	□	□	□	□

		4	3	2	1
（3）	関連法人による現地税務当局に対する文書化対応に関与していますか	☐	☐	☐	☐
（4）	関連法人に対する現地税務当局による移転価格調査の内容を知っていますか	☐	☐	☐	☐

7　税務当局とのコミュニケーション		4	3	2	1
（1）	我が国の税務当局における移転価格税制に関する相談窓口を知っていましたか	☐	☐	☐	☐
（2）	関連法人所在国の移転価格税制の執行の方針、状況等の情報収集に努めていますか	☐	☐	☐	☐
（3）	関連法人所在国の税務当局における移転価格税制に関する相談窓口を知っていますか	☐	☐	☐	☐
（4）	関連法人は必要な場合に現地当局とのコミュニケーションを取ることができますか	☐	☐	☐	☐

【自由記入欄】

「移転価格に関する取組状況確認のためのチェックシート」記載要領

　各欄は、次により記載してください。

Ⅰ　「作成日」欄には、「移転価格に関する取組状況確認のためのチェクシート」を記入した日を記載してください。

Ⅱ　「法人名」欄のうち「（部署）」欄には、「移転価格に関する取組状況確認のためのチェックシート」の記載を担当した部署名を記載してください。なお、原則と

して税務担当部署での記載をお願いします(社内の体制等により、他の部署で確認することが適当な質問については、その部署で記載していただくか、又はその部署に問い合わせた上で税務担当部署が記載していただくか、どちらでも結構です。)。

Ⅲ 「作成者」欄のうち「(役職)」欄には作成に当たった方の役職を、「(氏名)」欄には氏名を記載してください。

Ⅳ 「4」~「1」のチェック欄には、原則として、各項目の自社における認識状況、実施状況に応じ、次の基準によりチェックしてください。

「4」……十分認識している、知っている、実施している、設置している など

「3」……概ね認識している、概ね知っている、概ね実施している、概ね設置している など

「2」……認識しているが十分ではない、知ってはいるが十分ではない、実施が不十分である、設置しているが不十分である など

「1」……認識していない、知らない、実施していない、設置していない など

Ⅴ 各項目の解説は次のとおりです。

1 移転価格税制についての認識

(1)	税務担当部署に、日本における移転価格税制の概要(移転価格税制適用対象取引、国外関連者の範囲、独立企業間価格算定方法等)を知っている方はいますか(知っている方がいない場合は「1」をチェック。誰かいる場合はどの程度知っているかに応じてⅣを参考にチェックしてください)
(2)	税務担当部署に、関連法人が所在する国における移転価格税制の概要(移転価格税制適用対象取引、国外関連者の範囲、独立企業間価格算定方法、文書化規定等)を知っている方はいますか(知っている方がいない場合は「1」をチェック。誰かいる場合はどの程度知っているかに応じてⅣを参考にチェックしてください)
(3)	税務担当部署に、移転価格税制を理解して独立企業間価格の算定を行うことができる方はいますか(できる方がいない場合は「1」をチェック。誰かいる場合はどの程度外部専門家の補助が必要かに応じてⅣを参

（4）	税務担当部署に、事前確認制度の概要（事前確認の類型（相互協議を伴う事前確認と我が国のみによる事前確認）、事前相談及び事前確認の手続、関連法人が所在する国における事前確認制度等）を知っている方はいますか（知っている方がいない場合は「1」をチェック。誰かいる場合はどの程度知っているかに応じてⅣを参考にチェックしてください）
（5）	税務担当部署に、日本と関連法人が所在する国との間における二重課税を解消するための、租税条約に基づく税務当局間の相互協議のほか、国内法による争訟手続（異議申立て、審査請求、訴訟）の概要を知っている方はいますか（知っている方がいない場合は「1」をチェック。誰かいる場合はどの程度知っているかに応じてⅣを参考にチェックしてください）

2 トップマネジメントの関与

（1）	社内の組織体制として、トップマネジメント（代表取締役、代表執行役をはじめ、会社の業務に関する意思決定を行う上層部の方々で、全社的な指示をすることができる役職の方を想定しています。）が、移転価格に関する問題（取引価格の設定や独立企業間価格の設定等）に対する関与を行い、最終的に承認を行う体制になっていますか
（2）	トップマネジメントは、移転価格ポリシー（取引価格の設定方法、独立企業間価格の算定手法、利益率・利益配分の検証方法等の移転価格に対する方針）を定める際に承認していますか
（3）	社内の組織体制として、日々の業務において移転価格に関する問題（取引価格と独立企業間価格との乖離等）が発生した場合や発生が予想される場合に、トップマネジメントが報告を受ける体制になっていますか
（4）	過去に移転価格に関する調査を受けたことがある場合に、その調査の内容について、トップマネジメントが理解していますか（移転価格に関する調査を受けたことがない場合にはチェックは不要です）
（5）	移転価格に関する事前確認の申出を行っている場合に、その事実をトッ

	プマネジメントが認識していますか（事前確認の申出を行っていない場合にはチェックは不要です）

3 国外関連取引の実態・問題点の把握

（1）	税務担当部署は、関連法人に係る出資、被出資割合を適宜把握していますか
（2）	社内の組織体制として、税務担当部署が関連法人の事業概況、財務状況、経営成績、今後の事業見直し等を適宜把握することができる体制になっていますか
（3）	社内の組織体制として、税務担当部署が関連法人との取引及びその内容を適宜把握することができる体制になっていますか
（4）	社内の組織体制として、税務担当部署が関連法人との取引に係る契約関係（契約書に明記されない取引条件を含む）につき、適宜把握することができる体制になっていますか
（5）	社内の組織体制として、自社グループ内における一連の取引において、税務担当部署が関連法人の果たす機能や関連取引におけるリスク（例えば、在庫リスク、貸倒リスク等）に係る分析を適宜把握することができる体制になっていますか
（6）	社内の組織体制として、税務担当部署が関連法人と取引を行っている製品、サービスが属する市場の状況（市場の経済規模、競合状況、製品サイクル、政府の政策等）を適宜把握することができる体制になっていますか
（7）	社内の組織体制として、国外関連取引に係る損益について、税務担当部署が日本側及び外国側の双方の状況を適宜把握することができる体制になっていますか

4 グローバルな移転価格ポリシーの策定

（1）	移転価格ポリシーが、関連法人を含めた自社グループ全体で定まっていますか

（2）	移転価格ポリシーについて、事業や取引等の状況に応じて、適時見直しを行っていますか（4（1）が「1」である場合にはチェックは不要です）
（3）	社内の組織体制として、独立企業間価格算定手法の検討や取引価格と独立企業間価格との乖離の検討を、親会社の税務担当部署が適宜行うことができる体制になっていますか

5 　移転価格算定手法を念頭に置いた取引価格設定

（1）	社内の組織体制として、税務担当部署が、取引価格の設定に移転価格算定手法を用いることとしているか又は取引価格が独立企業間価格となっているか適宜検討を行う体制になっていますか
（2）	税務担当部署は、関連法人との間で行われる各取引について、独立企業間価格の算定がどの手法を用いて行われるべきであるかの検討を行っていますか（検討していない、又は検討できる方がいない場合は「1」をチェック。誰か検討できる方がいる場合はどの程度検討しているかに応じてⅣを参考にチェックしてください）
（3）	税務担当部署は、一度選択した独立企業間価格の算定手法について、市場の変化や国外関連取引に係る損益の状況に応じ、適時見直しを行っているか（見直しをしていない、又は見直しできる方がいない場合は「1」をチェック。誰かいる場合はどの程度行っているかに応じてⅣを参考にチェックしてください）

6 　海外の関連法人における移転価格対応（親会社のガバナンス）

（1）	自社グループ内の組織体制として、親会社に対して関連法人が日々の税務に係る報告、相談等を適宜行うことができる体制になっていますか
（2）	関連法人の税務担当部署に移転価格のおおよその仕組みを理解しているスタッフがいますか（理解している方がいない場合は「1」をチェック。誰かいる場合はどの程度理解しているかに応じてⅣを参考にチェックしてください）

（3）	親会社の税務担当部署は、関連法人が所在する国の税務当局に対する移転価格に関する文書化対応について関与していますか（関与している方がいない場合は「1」をチェック。誰かいる場合はどの程度関与しているかに応じてⅣを参考にチェックしてください）
（4）	親会社の税務担当部署は、関連法人が所在する国の税務当局が行う（又は行った）関連法人に対する移転価格調査の内容に関して把握していますか（把握している方がいない場合は「1」をチェック。誰かいる場合はどの程度把握しているかに応じてⅣを参考にチェックしてください）

7　税務当局とのコミュニケーション

（1）	税務担当部署は、日本当局における移転価格税制等に関する相談窓口（以下のとおり）を知っていましたか（知っていた方がいない場合は「1」をチェック。誰かいる場合はどの程度知っていたかに応じてⅣを参考にチェックしてください） ①　法人から、その法人名を明らかにした上で、その法人に係る税務上の具体的な取扱いの照会等があった場合には、原則としてその法人を所掌する調査担当部門 ②　事前相談及び事前確認の申出については以下のとおり ・東京国税局：調査第一部国際情報第二課 ・大阪国税局：調査第一部国際情報第二課 ・名古屋国税局：調査部国際調査課 ・関東信越国税局：調査査察部国際調査課 ・札幌、仙台、金沢、広島、高松、福岡、熊本の各国税局：調査査察部調査管理課 ・沖縄国税事務所：調査課
（2）	税務担当部署は、関連法人が所在する国における移転価格税制に係る執行状況（調査方針、調査体制、調査の傾向等）につき、積極的に情報収集を行っていますか（情報収集している方がいない場合は「1」をチェック。誰かいる場合はどの程度行っているかに応じてⅣを参考にチェック

	してください)
（3）	税務担当部署は、関連法人が所在する国の税務当局の移転価格に関する相談窓口を知っていますか（知っている方がいない場合は「1」をチェック。誰かいる場合はどの程度行っているかに応じてⅣを参考にチェックしてください）
（4）	関連法人の組織体制として、関連法人は、必要に応じて現地の税務当局とコミュニケーションを取る体制を整えていますか

Ⅵ 「自由記入欄」は、チェックシートの記載に当たって補足することやお気づきの点がある場合など、適宜ご利用ください。なお、この欄への記載に替えて適宜の様式により提出していただいても差し支えありません。

(出所)「週刊税務通信」No. 3215、9～14頁

2　財務報告に係る内部統制の評価及び監査の基準（抄）

　金融商品取引法の内部統制において、内部統制に関する基準の最上位。また、我が国における代表的な内部統制のフレームワークが提示されている。この基準の下に、「財務報告に係る内部統制の評価及び監査に関する実施基準」が位置づけられているほか、「内部統制報告制度に関するＱ＆Ａ」や「内部統制報告制度に関する事例集」等も公表されている。

財務報告に係る内部統制の評価及び監査の基準

Ⅰ．内部統制の基本的枠組み

　本枠組みは、経営者による財務報告に係る内部統制の評価及び報告の基準と監査人による財務報告に係る内部統制の監査の基準の前提となる内部統制の概念的な枠組みを示すものである。

　（注）本基準において、経営者とは、代表取締役、代表執行役などの執行機関の代表者を念頭に規定している。

１．内部統制の定義

　内部統制とは、基本的に、業務の有効性及び効率性、財務報告の信頼性、事業活動に関わる法令等の遵守並びに資産の保全の４つの目的が達成されているとの合理的な保証を得るために、業務に組み込まれ、組織内のすべての者によって遂行されるプロセスをいい、統制環境、リスクの評価と対応、統制活動、情報と伝達、モニタリング（監視活動）及びＩＴ（情報技術）への対応の６つの基本的要素から構成される。

○　業務の有効性及び効率性とは、事業活動の目的の達成のため、業務の有効性及び効率性を高めることをいう。

○　財務報告の信頼性とは、財務諸表及び財務諸表に重要な影響を及ぼす可能性のある情報の信頼性を確保することをいう。

○　事業活動に関わる法令等の遵守とは、事業活動に関わる法令その他の規範の遵守を促進することをいう。

○　資産の保全とは、資産の取得、使用及び処分が正当な手続及び承認の下に行われるよう、資産の保全を図ることをいう。

　（注）内部統制の目的はそれぞれに独立しているが、相互に関連している。

内部統制の目的を達成するため、経営者は、内部統制の基本的要素が組み込まれたプロセスを整備し、そのプロセスを適切に運用していく必要がある。それぞれの目的を達成するには、すべての基本的要素が有効に機能していることが必要であり、それぞれの基本的要素は、内部統制の目的のすべてに必要になるという関係にある。

　内部統制は、社内規程等に示されることにより具体化されて、組織内のすべての者がそれぞれの立場で理解し遂行することになる。また、内部統制の整備及び運用状況は、適切に記録及び保存される必要がある。

　なお、具体的に内部統制をどのように整備し、運用するかについては、個々の組織が置かれた環境や事業の特性等によって異なるものであり、一律に示すことはできないが、経営者をはじめとする組織内のすべての者が、ここに示した内部統制の機能と役割を効果的に達成し得るよう工夫していくべきものである。

２．内部統制の基本的要素

　内部統制の基本的要素とは、内部統制の目的を達成するために必要とされる内部統制の構成部分をいい、内部統制の有効性の判断の規準となる。

(1) 統制環境

　　統制環境とは、組織の気風を決定し、組織内のすべての者の統制に対する意識に影響を与えるとともに、他の基本的要素の基礎をなし、リスクの評価と対応、統制活動、情報と伝達、モニタリング及びＩＴへの対応に影響を及ぼす基盤をいう。

　　統制環境としては、例えば、次の事項が挙げられる。

① 誠実性及び倫理観
② 経営者の意向及び姿勢
③ 経営方針及び経営戦略
④ 取締役会及び監査役又は監査委員会の有する機能
⑤ 組織構造及び慣行
⑥ 権限及び職責
⑦ 人的資源に対する方針と管理

(注) 財務報告の信頼性に関しては、例えば、利益計上など財務報告に対する姿勢がどのようになっているか、また、取締役会及び監査役又は監査委員会が財務報告プロセ

スの合理性や内部統制システムの有効性に関して適切な監視を行っているか、さらに、財務報告プロセスや内部統制システムに関する組織的、人的構成がどのようになっているかが挙げられる。

(2) リスクの評価と対応

リスクの評価と対応とは、組織目標の達成に影響を与える事象について、組織目標の達成を阻害する要因をリスクとして識別、分析及び評価し、当該リスクへの適切な対応を行う一連のプロセスをいう。

① リスクの評価

リスクの評価とは、組織目標の達成に影響を与える事象について、組織目標の達成を阻害する要因をリスクとして識別、分析及び評価するプロセスをいう。

リスクの評価に当たっては、組織の内外で発生するリスクを、組織全体の目標に関わる全社的なリスクと組織の職能や活動単位の目標に関わる業務別のリスクに分類し、その性質に応じて、識別されたリスクの大きさ、発生可能性、頻度等を分析し、当該目標への影響を評価する。

② リスクへの対応

リスクへの対応とは、リスクの評価を受けて、当該リスクへの適切な対応を選択するプロセスをいう。

リスクへの対応に当たっては、評価されたリスクについて、その回避、低減、移転又は受容等、適切な対応を選択する。

(注) 財務報告の信頼性に関しては、例えば、新製品の開発、新規事業の立ち上げ、主力製品の製造販売等に伴って生ずるリスクは、組織目標の達成を阻害するリスクのうち、基本的には、業務の有効性及び効率性に関連するものではあるが、会計上の見積り及び予測等、結果として、財務報告上の数値に直接的な影響を及ぼす場合が多い。したがって、これらのリスクが財務報告の信頼性に及ぼす影響等を適切に識別、分析及び評価し、必要な対応を選択していくことが重要になる。

(3) 統制活動

統制活動とは、経営者の命令及び指示が適切に実行されることを確保するために定

める方針及び手続をいう。

統制活動には、権限及び職責の付与、職務の分掌等の広範な方針及び手続が含まれる。このような方針及び手続は、業務のプロセスに組み込まれるべきものであり、組織内のすべての者において遂行されることにより機能するものである。

(注) 財務報告の信頼性に関しては、財務報告の内容に影響を及ぼす可能性のある方針及び手続が、経営者の意向どおりに実行されていることを確保すべく、例えば、明確な職務の分掌、内部牽制、並びに継続記録の維持及び適時の実地検査等の物理的な資産管理の活動等を整備し、これを組織内の各レベルで適切に分析及び監視していくことが重要になる。

(4) 情報と伝達

情報と伝達とは、必要な情報が識別、把握及び処理され、組織内外及び関係者相互に正しく伝えられることを確保することをいう。組織内のすべての者が各々の職務の遂行に必要とする情報は、適時かつ適切に、識別、把握、処理及び伝達されなければならない。また、必要な情報が伝達されるだけでなく、それが受け手に正しく理解され、その情報を必要とする組織内のすべての者に共有されることが重要である。

一般に、情報の識別、把握、処理及び伝達は、人的及び機械化された情報システムを通して行われる。

① 情報

組織内のすべての者は、組織目標を達成するため及び内部統制の目的を達成するため、適時かつ適切に各々の職務の遂行に必要な情報を識別し、情報の内容及び信頼性を十分に把握し、利用可能な形式に整えて処理することが求められる。

② 伝達

イ. 内部伝達

組織目標を達成するため及び内部統制の目的を達成するため、必要な情報が適時に組織内の適切な者に伝達される必要がある。経営者は、組織内における情報システムを通して、経営方針等を組織内のすべての者に伝達するとともに、重要な情報が、特に、組織の上層部に適時かつ適切に伝達される手段を確保する必要がある。

ロ. 外部伝達

法令による財務情報の開示等を含め、情報は組織の内部だけでなく、組織の外部に対しても適時かつ適切に伝達される必要がある。また、顧客など、組織の外部から重要な情報が提供されることがあるため、組織は外部からの情報を適時かつ適切に識別、把握及び処理するプロセスを整備する必要がある。

(注) 財務報告の信頼性に関しては、例えば、情報について、財務報告の中核をなす会計情報につき、経済活動を適切に、認識、測定し、会計処理するための一連の会計システムを構築することであり、また、伝達について、かかる会計情報を適時かつ適切に、組織内外の関係者に報告するシステムを確保することが挙げられる。

(5) モニタリング

モニタリングとは、内部統制が有効に機能していることを継続的に評価するプロセスをいう。モニタリングにより、内部統制は常に監視、評価及び是正されることになる。モニタリングには、業務に組み込まれて行われる日常的モニタリング及び業務から独立した視点から実施される独立的評価がある。両者は個別に又は組み合わせて行われる場合がある。

① 日常的モニタリング

日常的モニタリングは、内部統制の有効性を監視するために、経営管理や業務改善等の通常の業務に組み込まれて行われる活動をいう。

② 独立的評価

独立的評価は、日常的モニタリングとは別個に、通常の業務から独立した視点で、定期的又は随時に行われる内部統制の評価であり、経営者、取締役会、監査役又は監査委員会、内部監査等を通じて実施されるものである。

③ 評価プロセス

内部統制を評価することは、それ自体一つのプロセスである。内部統制を評価する者は、組織の活動及び評価の対象となる内部統制の各基本的要素を予め十分に理解する必要がある。

④ 内部統制上の問題についての報告

日常的モニタリング及び独立的評価により明らかになった内部統制上の問題に適切に対処するため、当該問題の程度に応じて組織内の適切な者に情報を報告する仕組みを整備することが必要である。この仕組みには、経営者、取締役会、監

査役等に対する報告の手続が含まれる。
（注）財務報告の信頼性に関しては、例えば、日常的モニタリングとして、各業務部門において帳簿記録と実際の製造・在庫ないし販売数量等との照合を行うことや、定期的に実施される棚卸手続において在庫の残高の正確性及び網羅性を関連業務担当者が監視することなどが挙げられる。また、独立的評価としては、企業内での監視機関である内部監査部門及び監査役ないし監査委員会等が、財務報告の一部ないし全体の信頼性を検証するために行う会計監査などが挙げられる。

（6）ＩＴへの対応

ＩＴへの対応とは、組織目標を達成するために予め適切な方針及び手続を定め、それを踏まえて、業務の実施において組織の内外のＩＴに対し適切に対応することをいう。

ＩＴへの対応は、内部統制の他の基本的要素と必ずしも独立に存在するものではないが、組織の業務内容がＩＴに大きく依存している場合や組織の情報システムがＩＴを高度に取り入れている場合等には、内部統制の目的を達成するために不可欠の要素として、内部統制の有効性に係る判断の規準となる。

ＩＴへの対応は、ＩＴ環境への対応とＩＴの利用及び統制からなる。

① ＩＴ環境への対応

ＩＴ環境とは、組織が活動する上で必然的に関わる内外のＩＴの利用状況のことであり、社会及び市場におけるＩＴの浸透度、組織が行う取引等におけるＩＴの利用状況、及び組織が選択的に依拠している一連の情報システムの状況等をいう。ＩＴ環境に対しては、組織目標を達成するために、組織の管理が及ぶ範囲において予め適切な方針と手続を定め、それを踏まえた適切な対応を行う必要がある。

ＩＴ環境への対応は、単に統制環境のみに関連づけられるものではなく、個々の業務プロセスの段階において、内部統制の他の基本的要素と一体となって評価される。

② ＩＴの利用及び統制

ＩＴの利用及び統制とは、組織内において、内部統制の他の基本的要素の有効性を確保するためにＩＴを有効かつ効率的に利用すること、並びに組織内において業務に体系的に組み込まれてさまざまな形で利用されているＩＴに対して、組織目標を達成するために、予め適切な方針及び手続を定め、内部統制の他の基本

的要素をより有効に機能させることをいう。

ITの利用及び統制は、内部統制の他の基本的要素と密接不可分の関係を有しており、これらと一体となって評価される。また、ITの利用及び統制は、導入されているITの利便性とともにその脆弱性及び業務に与える影響の重要性等を十分に勘案した上で、評価されることになる。

(注)財務報告の信頼性に関しては、ITを度外視しては考えることのできない今日の企業環境を前提に、財務報告プロセスに重要な影響を及ぼすIT環境への対応及び財務報告プロセス自体に組み込まれたITの利用及び統制を適切に考慮し、財務報告の信頼性を担保するために必要な内部統制の基本的要素を整備することが必要になる。例えば、統制活動について見ると、企業内全体にわたる情報処理システムが財務報告に係るデータを適切に収集し処理するプロセスとなっていることを確保すること、あるいは、各業務領域において利用されるコンピュータ等のデータが適切に収集、処理され、財務報告に反映されるプロセスとなっていることを確保すること等が挙げられる。

3．内部統制の限界

内部統制は、次のような固有の限界を有するため、その目的の達成にとって絶対的なものではないが、各基本的要素が有機的に結びつき、一体となって機能することで、その目的を合理的な範囲で達成しようとするものである。

(1) 内部統制は、判断の誤り、不注意、複数の担当者による共謀によって有効に機能しなくなる場合がある。
(2) 内部統制は、当初想定していなかった組織内外の環境の変化や非定型的な取引等には、必ずしも対応しない場合がある。
(3) 内部統制の整備及び運用に際しては、費用と便益との比較衡量が求められる。
(4) 経営者が不当な目的の為に内部統制を無視ないし無効ならしめることがある。

4．内部統制に関係を有する者の役割と責任

(1) 経営者

経営者は、組織のすべての活動について最終的な責任を有しており、その一環とし

て、取締役会が決定した基本方針に基づき内部統制を整備及び運用する役割と責任がある。

経営者は、その責任を果たすための手段として、社内組織を通じて内部統制の整備及び運用（モニタリングを含む。）を行う。

経営者は、組織内のいずれの者よりも、統制環境に係る諸要因及びその他の内部統制の基本的要素に影響を与える組織の気風の決定に大きな影響力を有している。

（2）取締役会

取締役会は、内部統制の整備及び運用に係る基本方針を決定する。

取締役会は、経営者の業務執行を監督することから、経営者による内部統制の整備及び運用に対しても監督責任を有している。

取締役会は、「全社的な内部統制」の重要な一部であるとともに、「業務プロセスに係る内部統制」における統制環境の一部である。

（3）監査役又は監査委員会

監査役又は監査委員会は、取締役及び執行役の職務の執行に対する監査の一環として、独立した立場から、内部統制の整備及び運用状況を監視、検証する役割と責任を有している。

（4）内部監査人

内部監査人は、内部統制の目的をより効果的に達成するために、内部統制の基本的要素の一つであるモニタリングの一環として、内部統制の整備及び運用状況を検討、評価し、必要に応じて、その改善を促す職務を担っている。

（注）本基準において、内部監査人とは、組織内の所属の名称の如何を問わず、内部統制の整備及び運用状況を検討、評価し、その改善を促す職務を担う者及び部署をいう。

（5）組織内のその他の者

内部統制は、組織内のすべての者によって遂行されるプロセスであることから、上記以外の組織内のその他の者も、自らの業務との関連において、有効な内部統制の整備及び運用に一定の役割を担っている。

3　企業が反社会的勢力による被害を防止するための指針

　平成19年という、会社法や金融商品取引法の内部統制が始まる時期に公表された。幅広く範囲が設定されている会社法の内部統制との関係が深く、「業務の適正を確保するための体制等の整備についての決議」の項目として織り込まれることとなった。冒頭に基本原則が置かれ、「基本的な考え方」「平素からの対応」「有事の対応」が説明されている。

> 　近年、暴力団は、組織実態を隠ぺいする動きを強めるとともに、活動形態においても、企業活動を装ったり、政治活動や社会運動を標ぼうしたりするなど、更なる不透明化を進展させており、また、証券取引や不動産取引等の経済活動を通じて、資金獲得活動を巧妙化させている。
>
> 　今日、多くの企業が、企業倫理として、暴力団を始めとする反社会的勢力＊と一切の関係をもたないことを掲げ、様々な取組みを進めているところであるが、上記のような暴力団の不透明化や資金獲得活動の巧妙化を踏まえると、暴力団排除意識の高い企業であったとしても、暴力団関係企業等と知らずに結果的に経済取引を行ってしまう可能性があることから、反社会的勢力との関係遮断のための取組みをより一層推進する必要がある。
>
> 　言うまでもなく、反社会的勢力を社会から排除していくことは、暴力団の資金源に打撃を与え、治安対策上、極めて重要な課題であるが、企業にとっても、社会的責任の観点から必要かつ重要なことである。特に、近時、コンプライアンス重視の流れにおいて、反社会的勢力に対して屈することなく法律に則して対応することや、反社会的勢力に対して資金提供を行わないことは、コンプライアンスそのものであるとも言える。
>
> 　さらには、反社会的勢力は、企業で働く従業員を標的として不当要求を行ったり、企業そのものを乗っ取ろうとしたりするなど、最終的には、従業員や株主を含めた企業自身に多大な被害を生じさせるものであることから、反社会的勢力との関係遮断は、企業防衛の観点からも必要不可欠な要請である。
>
> 　本指針は、このような認識の下、反社会的勢力による被害を防止するため、基本的な理念や具体的な対応を取りまとめたものである。
>
> ＊　暴力、威力と詐欺的手法を駆使して経済的利益を追求する集団又は個人である「反社会的勢力」

をとらえるに際しては、暴力団、暴力団関係企業、総会屋、社会運動標ぼうゴロ、政治活動標ぼうゴロ、特殊知能暴力集団等といった属性要件に着目するとともに、暴力的な要求行為、法的な責任を超えた不当な要求といった行為要件にも着目することが重要である。

1　反社会的勢力による被害を防止するための基本原則
- ○　組織としての対応
- ○　外部専門機関との連携
- ○　取引を含めた一切の関係遮断
- ○　有事における民事と刑事の法的対応
- ○　裏取引や資金提供の禁止

2　基本原則に基づく対応
（1）　反社会的勢力による被害を防止するための基本的な考え方
- ○　反社会的勢力による不当要求は、人の心に不安感や恐怖感を与えるものであり、何らかの行動基準等を設けないままに担当者や担当部署だけで対応した場合、要求に応じざるを得ない状況に陥ることもあり得るため、企業の倫理規程、行動規範、社内規則等に明文の根拠を設け、担当者や担当部署だけに任せずに、代表取締役等の経営トップ以下、組織全体として対応する。
- ○　反社会的勢力による不当要求に対応する従業員の安全を確保する。
- ○　反社会的勢力による不当要求に備えて、平素から、警察、暴力追放運動推進センター、弁護士等の外部の専門機関（以下「外部専門機関」という。）と緊密な連携関係を構築する。
- ○　反社会的勢力とは、取引関係を含めて、一切の関係をもたない。また、反社会的勢力による不当要求は拒絶する。
- ○　反社会的勢力による不当要求に対しては、民事と刑事の両面から法的対応を行う。
- ○　反社会的勢力による不当要求が、事業活動上の不祥事や従業員の不祥事を理由とする場合であっても、事案を隠ぺいするための裏取引を絶対に行わない。
- ○　反社会的勢力への資金提供は、絶対に行わない。

(2) 平素からの対応
   ○ 代表取締役等の経営トップは、(1)の内容を基本方針として社内外に宣言し、その宣言を実現するための社内体制の整備、従業員の安全確保、外部専門機関との連携等の一連の取組みを行い、その結果を取締役会等に報告する。
   ○ 反社会的勢力による不当要求が発生した場合の対応を統括する部署（以下「反社会的勢力対応部署」という。）を整備する。反社会的勢力対応部署は、反社会的勢力に関する情報を一元的に管理・蓄積し、反社会的勢力との関係を遮断するための取組みを支援するとともに、社内体制の整備、研修活動の実施、対応マニュアルの整備、外部専門機関との連携等を行う。
   ○ 反社会的勢力とは、一切の関係をもたない。そのため、相手方が反社会的勢力であるかどうかについて、常に、通常必要と思われる注意を払うとともに、反社会的勢力とは知らずに何らかの関係を有してしまった場合には、相手方が反社会的勢力であると判明した時点や反社会的勢力であるとの疑いが生じた時点で、速やかに関係を解消する。
   ○ 反社会的勢力が取引先や株主となって、不当要求を行う場合の被害を防止するため、契約書や取引約款に暴力団排除条項*を導入するとともに、可能な範囲内で自社株の取引状況を確認する。
   ○ 取引先の審査や株主の属性判断等を行うことにより、反社会的勢力による被害を防止するため、反社会的勢力の情報を集約したデータベースを構築する。同データベースは、暴力追放運動推進センターや他企業等の情報を活用して逐次更新する。
   ○ 外部専門機関の連絡先や担当者を確認し、平素から担当者同士で意思疎通を行い、緊密な連携関係を構築する。暴力追放運動推進センター、企業防衛協議会、各種の暴力団排除協議会等が行う地域や職域の暴力団排除活動に参加する。

* 契約自由の原則が妥当する私人間の取引において、契約書や契約約款の中に、①暴力団を始めとする反社会的勢力が、当該取引の相手方となることを拒絶する旨や、②当該取引が開始された後に、相手方が暴力団を始めとする反社会的勢力であると判明した場合や相手方が不当要求を行った場合に、契約を解除してその相手方を取引から排除できる旨を盛り込んでおくことが有効である。

（3） 有事の対応（不当要求への対応）

○ 反社会的勢力による不当要求がなされた場合には、当該情報を、速やかに反社会的勢力対応部署へ報告・相談し、さらに、速やかに当該部署から担当取締役等に報告する。

○ 反社会的勢力から不当要求がなされた場合には、積極的に、外部専門機関に相談するとともに、その対応に当たっては、暴力追放運動推進センター等が示している不当要求対応要領等に従って対応する。要求が正当なものであるときは、法律に照らして相当な範囲で責任を負う。

○ 反社会的勢力による不当要求がなされた場合には、担当者や担当部署だけに任せずに、不当要求防止責任者を関与させ、代表取締役等の経営トップ以下、組織全体として対応する。その際には、あらゆる民事上の法的対抗手段を講ずるとともに、刑事事件化を躊躇しない。特に、刑事事件化については、被害が生じた場合に、泣き寝入りすることなく、不当要求に屈しない姿勢を反社会的勢力に対して鮮明にし、更なる不当要求による被害を防止する意味からも、積極的に被害届を提出する。

○ 反社会的勢力による不当要求が、事業活動上の不祥事や従業員の不祥事を理由とする場合には、反社会的勢力対応部署の要請を受けて、不祥事案を担当する部署が速やかに事実関係を調査する。調査の結果、反社会的勢力の指摘が虚偽であると判明した場合には、その旨を理由として不当要求を拒絶する。また、真実であると判明した場合でも、不当要求自体は拒絶し、不祥事案の問題については、別途、当該事実関係の適切な開示や再発防止策の徹底等により対応する。

○ 反社会的勢力への資金提供は、反社会的勢力に資金を提供したという弱みにつけこまれた不当要求につながり、被害の更なる拡大を招くとともに、暴力団の犯罪行為等を助長し、暴力団の存続や勢力拡大を下支えするものであるため、絶対に行わない。

3 内部統制システムと反社会的勢力による被害防止との関係

会社法上の大会社や委員会設置会社の取締役会は、健全な会社経営のために会社が営む事業の規模、特性等に応じた法令等の遵守体制・リスク管理体制（いわゆる内部

統制システム）の整備を決定する義務を負い、また、ある程度以上の規模の株式会社の取締役は、善管注意義務として、事業の規模、特性等に応じた内部統制システムを構築し、運用する義務があると解されている。

　反社会的勢力による不当要求には、企業幹部、従業員、関係会社を対象とするものが含まれる。また、不祥事を理由とする場合には、企業の中に、事案を隠ぺいしようとする力が働きかねない。このため、反社会的勢力による被害の防止は、業務の適正を確保するために必要な法令等遵守・リスク管理事項として、内部統制システムに明確に位置付けることが必要である。

4 会社法の改正に伴う会社更生法施行令及び会社法施行規則等の改正に関する意見募集の結果について（抄）

平成26年11月25日より募集され、同年12月25日に締め切られたパブリックコメントに対する法務省の考え方をとりまとめたもの。全40通の意見が記載されているが、本書では内部統制に関係する部分のみを抜粋した。

第1　意見数…40通

第2　意見の取りまとめの方法
　この取りまとめにおいては、原案に賛成するとの意見、体裁についての意見、法律の解釈に関する意見、個別の事例又はスキームについての法令の当てはめに関する意見、意見募集の対象外の事項に関する意見を除く意見について取り上げている。
　なお、以下において引用する法令の条数は、特に断らない限り、会社法の一部を改正する法律（平成26年法律第90号。以下「改正法」という。）若しくは会社法の一部を改正する法律の施行に伴う関係法律の整備等に関する法律（平成26年法律第91号。以下「整備法」という。）又は意見募集に付した改正案（以下「原案」という。）による改正後の条数である。

第3　意見の概要及び意見に対する当省の考え方
　2　会社法施行規則（平成18年法務省令第12号）関係
　(9) 内部統制システムの整備に関する規定についての意見（会社法施行規則第98条・第100条・第110条の4・第112条関係）
　　①　会社法施行規則第100条第1項第2号について、その内容が明確になるように、「当該株式会社の損失の危険の管理に関する規程その他の体制」の「その他の」の次に「当該管理の実効性を確保するための」を加えるべきであるとの意見が寄せられた（同規則第98条第1項第2号及び第5号ロ、第100条第1項第5号ロ、第110条の4第2項第2号及び第5号ロ並びに第112条第2項第2号及び第5号ロについても同様の意見が寄せられた。）。
　　（当省の考え方）
　　　会社法施行規則第100条第1項第2号については、「当該株式会社の損失の危

険の管理に関する」という文言が「規程その他の体制」にかかっており、その意味は明確であるから、原案は相当であると考える（同規則第98条第1項第2号及び第5号ロ、第100条第1項第5号ロ、第110条の4第2項第2号及び第5号ロ並びに第112条第2項第2号及び第5号ロについても同様である。）。

② 会社法施行規則第100条第1項第5号について、「当該株式会社並びにその親会社及び子会社から成る企業集団における業務の適正を確保するための体制」の例示として、同号イからニまでが新たに規定されているが、この改正は従前の同号の解釈を拡大する趣旨ではなく、現行の同号の下で企業集団における業務の適正を確保するための体制が適切に構築されている（改正後の同号イからニまでの体制が構築されている）のであれば、追加の対応は不要との理解でよいかとの意見が寄せられた（同規則第98条第1項第5号及び第112条第2項第5号についても同様の意見が寄せられた。）。

(当省の考え方)

御理解のとおりである。なお、会社法施行規則第100条第1項第5号は、同号イからニまでに掲げる事項に形式的に区分した決議をすることまで求めるものではなく、実質的に当該事項について決議がされていればよい（同規則第98条第1項第5号及び第112条第2項第5号も同様である。）。

③ 会社法施行規則第100条第1項第5号に規定された体制について、（ア）企業集団全体としての体制（企業集団全体としての方針を定める等）を整備すれば足り、企業集団内の各社が整備する体制を、当該株式会社と同一レベルで整備すべきことまで求められるのではないとの理解でよいかとの意見（同規則第98条第1項第5号、第110条の4第2項第5号及び第112条第2項第5号についても同様の意見が寄せられた。）、（イ）その企業集団全体としての体制は、子会社の業種、規模、設立準拠法、株式の所有の態様その他の関係に応じた管理体制を構築することで足りるとの理解でよいか確認したいとの意見が寄せられた。

(当省の考え方)

会社法施行規則第100条第1項第5号に掲げる体制は、企業集団全体の内部

統制についての当該株式会社における体制（同項柱書参照）であり、企業集団全体の内部統制についての当該株式会社における方針を定めること等が想定される。また、当該方針は、企業集団を構成する子会社の業種、規模、重要性等を踏まえたものであることが想定される。同号は、当該株式会社が企業集団を構成する子会社自体の体制について決議することを求めるものではない（同規則第98条第1項第5号、第110条の4第2項第5号及び第112条第2項第5号についても同様である。）。

④　会社法施行規則第100条第1項第5号等の内容は、会社法第362条第4項第6号等に規定する体制が個々の子会社の体制ではなく企業集団の体制であることを理解していないとの意見が寄せられた。

(当省の考え方)

　会社法施行規則第100条第1項第5号は、「当該株式会社並びにその親会社及び子会社から成る企業集団における業務の適正を確保するための体制」の例示として、同号イからニまでに掲げる体制を規定している。したがって、同号イからニまでに掲げる体制は、企業集団における業務の適正を確保するための体制をいうのであって、個々の子会社自体の体制を定めるものではないから、原案は相当であると考える。

⑤　会社法施行規則第100条第1項第5号イからニまでについて、（ア）削除すべきであるとの意見、（イ）その対象を多重代表訴訟の対象となる子会社に限定すべきであるとの意見が寄せられた（同規則第98条第1項第5号イからニまで、第110条の4第2項第5号イからニまで及び第112条第2項第5号イからニまでについても同様の意見が寄せられた。）。

(当省の考え方)

　会社法施行規則第100条第1項第5号イからニまでに掲げる体制は、改正法により会社法第362条第4項第6号に「当該株式会社及びその子会社から成る企業集団の業務の適正を確保するために必要なものとして法務省令で定める体制」が規定されたことを受けて、「当該株式会社並びにその親会社及び子会社から成る企業集団における業務の適正を確保するための体制」の例示として定

めるものであり、当該株式会社及びその子会社から成る企業集団の業務の適正を確保することの重要性に鑑みて、適切な内容であると考える。また、同規則第100条第1項第5号イからニまでに掲げる体制として決議される内容は、企業集団を構成する子会社の規模や重要性等を踏まえたものであることが想定されるが、当該株式会社及びその子会社から成る企業集団の業務の適正を確保することの重要性に鑑みれば、一律に多重代表訴訟の対象となる子会社に対象を限定することは適切ではない。したがって、原案の内容は相当であると考える（同規則第98条第1項第5号イからニまで、第110条の4第2項第5号イからニまで及び第112条第2項第5号イからニまでについても同様である。）。

⑥ 会社法施行規則第100条第1項第5号について、原案の規定に加えて、「当該株式会社の子会社の取締役等の職務の執行に係る情報の保存及び管理に関する体制」を定めるべきであるとの意見が寄せられた（同規則第98条第1項第5号、第110条の4第2項第5号及び第112条第2項第5号についても同様の意見が寄せられた。）。

(当省の考え方)

　会社法施行規則第100条第1項第5号に掲げる体制は、企業集団全体の内部統制についての当該株式会社における体制（同項柱書参照）であって、当該株式会社の子会社自体の体制ではない。そのような同号の位置付けに鑑みれば、同号イの「当該株式会社の子会社の取締役（中略）の職務の執行に係る事項の当該株式会社への報告に関する体制」に加えて御提案の体制を定める必要性は乏しく、また、御提案の体制を定めると、当該株式会社にその子会社自体の体制について決議することを求めているかのような誤解を与えるおそれも生ずる。したがって、原案は相当であると考える（同規則第98条第1項第5号、第110条の4第2項第5号及び第112条第2項第5号についても同様である。）。

⑦ 会社法施行規則第100条第1項第5号に規定する「親会社」に関する体制について、（ア）改正前と規律に変更がないか確認したいとの意見、（イ）「親会社」という文言は削除すべきであるとの意見が寄せられた（同規則第98条第1項第5号、第110条の4第2項第5号及び第112条第2項第5号についても同様

の意見が寄せられた。)。

(当省の考え方)

　会社法施行規則第100条第1項第5号の改正は、改正法により、会社法第362条第4項第6号に「当該株式会社及びその子会社から成る企業集団の業務の適正を確保するために必要なものとして法務省令で定める体制」が規定されたことを受けたものであって、「親会社」との関係での企業集団における業務の適正を確保するための体制について、現行の同規則第100条第1項第5号の規律に変更を加えるものではない。

　また、原案において会社法施行規則第100条第1項第5号の「親会社」という文言を削除することとしていないのは、前記改正の趣旨及び会社法第362条第4項第6号の改正は現行の規律の内容を変更するものではないことに鑑みて当該文言を削除する理由がないためであり、原案は相当であると考える(同規則第98条第1項第5号、第110条の4第2項第5号及び第112条第2項第5号についても同様である。)。

⑧　会社法施行規則第100条第3項第2号及び第3号の体制は、同項第1号の体制に含まれるものの例示という理解でよいか確認したいとの意見が寄せられた(同規則第98条第4項第1号から第3号まで、第110条の4第1項第1号から第3号まで及び第112条第1項第1号から第3号までについても同様の意見が寄せられた。)。

(当省の考え方)

　会社法施行規則第100条第3項第1号から第3号までにそれぞれ規定する体制は、相互に関連するものであって、また、それらの体制を形式的に区分せず一体のものとして決議することも妨げられないが、条文としては、同項第2号及び第3号の体制が同項第1号の体制に含まれるものの例示という関係に立つわけではない(同規則第98条第4項第1号から第3号まで、第110条の4第1項第1号から第3号まで及び第112条第1項第1号から第3号までについても同様である。)。

⑨　会社法施行規則第100条第3項第3号について、(ア)監査役の指示の実効性

を確保するための体制は、執行サイドではなく監査役が整備すべき事項であることから同号の規定は設けるべきではないとの意見、（イ）同号の内容や同項第２号との関係を明確にすべきであるとの意見、（ウ）同項第１号の使用人の独立性の内容の一部として同項第３号を設けるのであれば同項第２号に定めるべきであるとの意見が寄せられた（同規則第98条第４項第３号、第110条の４第１項第３号及び第112条第１項第３号についても同様の意見が寄せられた。）。

(当省の考え方)

会社法施行規則第100条第３項第３号に規定する「指示の実効性の確保に関する事項」は、法制審議会会社法制部会の議論を踏まえ、監査を支える体制に係る規定の充実・具体化を図る観点から規定したものである。一般に、監査役の職務を補助すべき使用人の取締役からの独立性が高まれば、監査役による指示の実効性も高まると考えられるため、「指示の実効性の確保に関する事項」は、同項第２号に規定する「取締役からの独立性に関する事項」と共通の体制として定められることも多いものと想定されるが、監査を支える体制に係る規定の充実・具体化を図る観点からすれば、広く「指示の実効性の確保に関する事項」を規定することが適切であると考えられるため、別号としたものである。したがって、原案は相当であると考える（同規則第98条第４項第３号、第110条の４第１項第３号及び第112条第１項第３号についても同様である。）。

⑩ 会社法施行規則第100条第３項第３号として、「監査役設置会社の監査役の第一号の使用人に対する指示の実効性の確保に関する事項」が新設されているが、必ずしも、同項第１号から第３号までの各々に対応した個別の内部統制体制の構築を求めるものではなく、各企業の状況に応じて、例えば、同項第１号から第３号までについて包括的に充足する体制を構築することも許容されるとの理解でよいか確認したいとの意見が寄せられた（同規則第98条第４項、第110条の４第１項及び第112条第１項についても同様の意見が寄せられた。）。

(当省の考え方)

御理解のとおりである。会社法施行規則第100条第３項第１号から第３号までの規定は、各号に掲げる事項に形式的に区分した決議をすることまで求めるものではなく、複数の号に掲げる事項をまとめて決議することも許容される

(同規則第98条第4項、第110条の4第1項及び第112条第1項についても同様である。)。

⑪ 会社法施行規則第100条第3項第4号ロの「報告」について、(ア)「当該会社(親会社)の取締役、(執行役)及び使用人の職務執行に関して」という限定を付すべきであるとの意見、(イ)その「報告」の対象を確認したいとの意見が寄せられた(同規則第98条第4項第4号ロ、第110条の4第1項第4号ロ及び第112条第1項第4号ロについても同様の意見が寄せられた。)。

(当省の考え方)

会社法施行規則第100条第3項第4号ロに掲げる体制としては、「当該監査役設置会社の監査役」の職務の執行に必要な範囲の「報告」についての体制が決議されることが想定されるが、現行の同項第3号の「報告」について特段の限定が付されていないこと等を考慮して、改正後の規定上も特段の限定は付さないこととしたものであり、原案は相当であると考える(同規則第98条第4項第4号ロ、第110条の4第1項第4号ロ及び第112条第1項第4号ロについても同様である。)。

⑫ 会社法施行規則第100条第3項第5号の「報告をしたことを理由として不利な取扱いを受けないことを確保するための体制」は、監査役への報告に限らず、内部監査部門への報告等についても同様であるから、監査役への報告に限定した規定として設ける必要はないとの意見が寄せられた(同規則第98条第4項第5号、第110条の4第1項第5号及び第112条第1項第5号についても同様の意見が寄せられた。)。

(当省の考え方)

会社法施行規則第100条第3項第5号は、法制審議会会社法制部会において、監査を支える体制や監査役による使用人からの情報収集に関する体制に係る規定の充実・具体化を図るべきであるとの議論がされたことを受けて、監査役に対する報告についての体制として規定したものであり、原案は相当であると考える(同規則第98条第4項第5号、第110条の4第1項第5号及び第112条第1項第5号についても同様である。)。

⑬　会社法施行規則第100条第3項第5号の体制は、同項第4号の体制に含まれるものの例示という理解でよいか確認したいとの意見が寄せられた（同規則第98条第4項第4号及び第5号、第110条の4第1項第4号及び第5号並びに第112条第1項第4号及び第5号についても同様の意見が寄せられた。）。
（当省の考え方）
　　会社法施行規則第100条第3項第4号及び第5号にそれぞれ規定する体制は、相互に関連することが想定され、また、それらの体制を形式的に区分せず一体のものとして決定することも妨げられないが、条文の内容としては、同号の体制が同項第4号の体制の例示という関係に立つわけではない（同規則第98条第4項第4号及び第5号、第110条の4第1項第4号及び第5号並びに第112条第1項第4号及び第5号についても同様である。）。

⑭　（ア）監査役を窓口としない内部通報窓口に内部通報をしたことを理由として不利な取扱いを受けないことを確保する体制については、会社法施行規則第100条第1項第4号の「当該株式会社の使用人の職務の執行が法令及び定款に適合することを確保するための体制」に含まれ、また、（イ）当該内部通報窓口への通報内容が監査役に報告されることになっている場合には、同条第3項第5号の「前号の報告をした者が当該報告をしたことを理由として不利な取扱いを受けないことを確保するための体制」にも含まれるという理解でよいか確認したいとの意見が寄せられた（同規則第98条第1項第4号及び第4項第5号、第110条の4第1項第5号及び第2項第4号並びに第112条第1項第5号及び第2項第4号についても同様の意見が寄せられた。）。
（当省の考え方）
　　（ア）及び（イ）いずれについても、御指摘の体制の内容次第であるが、（ア）「監査役を窓口としない内部通報窓口に内部通報をしたことを理由として不利な取扱いを受けないことを確保する体制」については、会社法施行規則第100条第1項第4号の体制に含まれ得るものと整理することが考えられ、また、（イ）当該内部通報窓口への通報内容が監査役に報告されることになっている場合には、同条第3項第5号の体制にも含まれ得るものと整理することが考えられる（同規則第98条第1項第4号及び第4項第5号、第110条の4第1

項第5号及び第2項第4号並びに第112条第1項第5号及び第2項第4号についても同様である。）。

⑮　会社法施行規則第110条の4第1項第1号から第3号までについて、監査等委員会の職務を補助する取締役とは内部監査等を担当する取締役を想定していると思われるが、当該取締役は業務執行取締役であり、当該取締役に監査等委員が指示をすると、監査等委員が業務執行をすることとなり、適切でないとの意見が寄せられた。

（当省の考え方）
　会社法施行規則第110条の4第1項第1号の「監査等委員会の職務を補助すべき取締役」として、内部監査を担当する取締役も想定されることは御指摘のとおりである。しかし、監査等委員会は、内部統制システムが適切に構築・運営されているかを監視し、必要に応じて内部監査部門等に対して指示を行うという方法で監査を行うことが想定されている。したがって、監査等委員が内部監査部門に対して監査等委員会の職務の執行に必要な範囲で指示を行うことは、その職務として当然に許容されるから、原案は相当であると考える。

⑯　会社法施行規則第110条の4第1項第1号の「監査等委員会の職務を補助すべき取締役」は「監査等委員会の職務に協力すべき取締役」に修正すべきであるとの意見が寄せられた（同規則第112条第1項第1号についても同様の意見が寄せられた。）。

（当省の考え方）
　現行の会社法施行規則においても、監査等委員会と同様、内部統制システムが適切に構築・運営されているかを監視し、必要に応じて内部監査部門等に対して指示を行うという方法で監査を行うことが想定されている監査委員会について、「監査委員会の職務を補助すべき取締役」と規定されている（同規則第112条第1項第1号）。また、監査等委員会設置会社の取締役には、監査等委員会の要求があったときは、監査等委員会に出席し、監査等委員会が求めた事項について説明する義務が課される（会社法第399条の9第3項）等しており、その意味で、御提案の「監査等委員会の職務に協力すべき取締役」は全ての取

締役ということになりかねない。したがって、原案が相当であると考える（同規則第112条第1項第1号についても同様である。）。

⑰　会社法施行規則第110条の4第1項第1号について、（ア）監査等委員会の職務を補助すべき「取締役」を置くことを義務付けるものではないとの理解でよいか確認したいとの意見、（イ）その点を条文上明確にすべきである（同規則第112条第1項第1号についても同様である。）との意見が寄せられた。
（当省の考え方）
　　会社法第399条の13第2項は、監査等委員会設置会社の取締役会は同条第1項第1号ロ及びハに掲げる事項（いわゆる内部統制システムの整備）について決定しなければならないと定めており、内部統制システムを整備しないという決定をしたとしても、同条第2項に違反するわけではないと解される。そして、どのような内部統制システムを整備する決定をしなければならないかは、取締役の善管注意義務（同法第330条、民法第644条）の内容として各社の状況に応じて定まるものである。このような会社法第399条の13第2項の内容等に照らして、会社法施行規則第110条の4第1項第1号が監査等委員会の職務を補助すべき「取締役」を置くことを義務付けるものではないことは明らかである。したがって、原案は相当であると考える（同規則第112条第1項第1号についても同様である。）。

⑱　会社法施行規則第110条の4第1項第4号の報告の名宛人として、監査等委員会が選定した監査等委員を含めるべきであるとの意見が寄せられた（同規則第112条第1項第4号についても同様の意見が寄せられた。）。
（当省の考え方）
　　会社法施行規則第110条の4第1項第4号の「監査等委員会への報告に関する体制」として、監査等委員会が選定した監査等委員を報告の窓口とする体制が決議されることも想定されるが、監査等委員会が会議体として組織的な監査を行うことに鑑みれば、条文としては「監査等委員会への報告に関する体制」として、その具体的な報告の方法は合理的な解釈・運用に委ねるのが適切である。したがって、原案は相当であると考える（同規則第112条第1項第4号に

ついても同様である。)。

⑲　会社法施行規則第112条第1項第1号の「当該株式会社の監査委員会の職務を補助すべき取締役及び使用人」の「取締役」と「使用人」は立場が異なるので、同項第3号の「当該株式会社の監査委員会の第一号の取締役及び使用人に対する指示の実効性の確保に関する事項」の「取締役」は削除すべきであるとの意見が寄せられた。

(当省の考え方)

　会社法施行規則第112条第1項第3号の規定は、監査を支える体制に係る規定の充実・具体化を図るという法制審議会会社法制部会の議論を踏まえて設けることとしたものである。「監査委員会の職務を補助すべき取締役」についても、監査委員会の職務を補助する以上は、内部統制システムを整備する上で、当該取締役に対する監査委員会の指示の実効性の確保が重要な視点となるものと考えられる。したがって、原案は相当であると考える。

⑳　会社法施行規則第100条第3項第5号及び第112条第1項第5号に関し、取締役や執行役については、監査役等への報告をしたことを理由として不利な取扱いを受けるかどうかを問わず、善管注意義務に基づき報告をすることが求められるので、取締役や執行役をこれらの規定の対象とすべきではないとの意見が寄せられた。

(当省の考え方)

　取締役や執行役が善管注意義務（会社法第330条、民法第644条）に基づいて監査役等への報告を含めた職務の執行をすべきことは当然であるが、そのことを前提としても、監査を支える体制に係る規定の充実・具体化を図るという観点からは、会社法施行規則第100条第3項第5号及び第112条第1項第5号の規定の対象に取締役や執行役を含めることには、なお意義があるものと考えられる。したがって、原案は相当であると考える。

㉑　既に会社法第388条に監査役の監査費用の償還についての規定があることからすれば、会社法施行規則第100条第3項第6号の体制は不要であるとの意見

が寄せられた（同規則第98条第4項第6号、第110条の4第1項第6号及び第112条第1項第6号についても同様の意見が寄せられた。）。

(当省の考え方)

　会社法第388条に監査費用の償還についての規定があることは御指摘のとおりであるが、各社において各社の状況に応じて同条の規定による監査費用の償還の手続その他の監査費用の処理に係る方針についての決議をあらかじめ行っておくことは、監査費用の処理についての監査役の予測可能性を高め、監査役の職務の円滑な執行に資すると考えられることから、会社法施行規則第100条第3項第6号の規定を設けることとしたものである。したがって、原案は相当であると考える（同規則第98条第4項第6号、第110条の4第1項第6号及び第112条第1項第6号についても同様である。）。

㉒　(ア)「内部監査部門又は内部統制部門が監査役と連携することに関する事項」を内部統制システムの決議事項とすべきであるとの意見、(イ)「社外取締役による監督の実効性を確保するための体制」を内部統制システムの決議事項とすべきであるとの意見、(ウ)取締役会が「業務の適正を確保するための体制」の構築・運用状況について報告を受け監視・検証するための体制について明示規定を設けるべきであるとの意見が寄せられた。

(当省の考え方)

　現行の会社法施行規則第100条第1項各号又は第3項各号に掲げられた体制の一内容として、御提案のような内容に相当するものを決議することも妨げられないと解されること（同規則第98条、第110条の4及び第112条についても同様である。）等を踏まえると、現時点において、御提案の改正を行う必要はないと考える。

㉓　会社法施行規則第98条又は第100条に掲げる体制について、(ア)具体的な決定又は決議の例を挙げた上でその内容で足りるかを確認したいとの意見、(イ)具体的にどのような内容を決定又は決議すればよいかが不明確であるとの意見が寄せられた。

(当省の考え方)

会社法第362条第5項は、大会社である取締役会設置会社の取締役会は同条第4項第6号に掲げる事項を決定しなければならないと定めるが、これは、同号に掲げる事項すなわち内部統制システムの整備について決定しなければならない旨定めるものであり、内部統制システムを整備しないという決定であっても同条第5項に違反するわけではないと解される（同法第348条第4項についても同様である。）。どのような内部統制システムを整備する決定をするかは、取締役の善管注意義務（同法第330条、民法第644条）に基づき、各社の状況に応じて判断すべきものであり、御意見の中で挙げられた具体例の内容で足りるかどうかや、具体的にどのような内容を決定又は決議すればよいかを一概に述べることはできない。

㉔　会社法施行規則第98条、第100条及び第112条の改正について、（ア）経過措置を設けるべきであるとの意見、（イ）改正後のこれらの規定に基づき既存の体制を改定する決定又は決議はいつまでにしなければならないかを確認したいとの意見が寄せられた。

（当省の考え方）

　会社法施行規則第100条第1項の改正は、改正法による会社法第362条第4項第6号の改正を受けて、現行の同規則第100条第1項第5号に規定されている「当該株式会社並びにその親会社及び子会社から成る企業集団における業務の適正を確保するための体制」の例示としての体制を同号イからニまでに列挙するとともに、それに伴う所要の文言の整備を行うものであり、現行の同項の規定を具体化するものである。また、同規則第100条第3項の改正は、監査を支える体制や監査役による使用人からの情報収集に関する体制に係る規定の充実・具体化等を図るものであるが、現行の同項第4号が「その他監査役の監査が実効的に行われることを確保するための体制」という包括的な体制を掲げていることに鑑みれば、この改正も、現行の同項の規定を具体化するものである。

　会社法第362条第5項は、大会社である取締役会設置会社の取締役会は同条第4項第6号に掲げる事項を決定しなければならないと定めるが、これは、同号に掲げる事項、すなわち内部統制システムの整備について決定しなければな

らない旨定めるものであり、内部統制システムを整備しないという決定であっても同条第5項に違反するわけではないと解される。そして、前記のとおり、会社法施行規則第100条の改正は、現行の同条の規定を具体化するものと整理できるため、現行の同条の規定に基づく内部統制システムの整備についての決定を適切に行っている会社であれば、改正後も、同法第362条第5項に違反することはないと考えられる。これらの点も考慮して、同条の改正については、特段の経過措置を設けないこととしている（同規則第98条及び第112条についても同様である。）。

(11) 事業報告の内容（会社法施行規則第118条・第121条・第124条・第126条関係）

① 会社法施行規則第118条第2号の「当該体制の運用状況の概要」について、(ア) 記載すべき項目を具体的に示すべきであるとの意見、(イ) その事業報告における具体的な記載内容は、例えば、内部統制に係る委員会の開催状況等について記載する等、各企業の状況に応じた合理的な記載をすることでよいか確認したいとの意見、(ウ)「業務の適正を確保するための体制」を記載した後に、「当該『業務の適正を確保するための体制』に則った運用を実施している。」といった記載でよいか確認したいとの意見が寄せられた。

（当省の考え方）

会社法施行規則第118条第2号の「当該体制の運用状況の概要」として記載すべき内容は各社の状況に応じて様々であることから、記載すべき項目を具体的に示すこととはしていないが、各社の状況に応じた記載をする必要がある。なお、内部統制に係る委員会の開催状況については、その一内容となり得るものといえる場合が多いと考えられる。他方、単に、「当該『業務の適正を確保するための体制』に則った運用を実施している。」というだけの記載は、通常は、「運用状況の概要」の記載とは言い難いと考えられる。

② 会社法施行規則第118条第2号の「当該体制の運用状況の概要」について、金融商品取引法上の内部統制報告制度において求められる運用状況との異同を確認したいとの意見が寄せられた。

（当省の考え方）

金融商品取引法（昭和23年法律第25号）上の内部統制報告制度は、財務報告に係る内部統制についての制度であると承知している。これに対し、会社法上の内部統制に関する規律は、財務報告に係る内部統制に限らないものである。会社法施行規則第118条第2号の「当該体制の運用状況の概要」についても、この点を踏まえた記載をすることが求められる。

③　会社法施行規則第118条第2号の「当該体制の運用状況の概要」については、客観的な事実のみを記載し、運用状況の評価に関して記載するかは各社の任意という理解でよいか確認したいとの意見が寄せられた。

(当省の考え方)

　　会社法施行規則第118条第2号の「当該体制の運用状況の概要」は、客観的な運用状況を意味するものであり、運用状況の評価の記載を求めるものではない（なお、事業報告に運用状況の評価を記載することを妨げるものでもない。）。

5　外国公務員贈賄防止指針（抄）

　経済産業省が「国際商取引に関わる企業の自主的、予防的なアプローチを支援することを目的」として公表したもので、国連腐敗防止条約といった国際的な不正・腐敗問題への取り組みの流れを受けている。内部統制の在り方として6つの大項目とそれらに関係する要素を説明している。

第2章　企業における内部統制の有効性の向上について

　本章においては、個々の企業レベルにおける外国公務員贈賄防止対策の実効性を高め、内部統制（「企業がその業務を適正かつ効率的に遂行するために、社内に構築され、運用されるプログラム」を指す。）[*5]の有効性の向上を図るための参考となる方策等を例示する。

1．基本的考え方

（1）背景

　消費者意識の向上や事業の国際化等により、企業の社会的責任は増大しており、法令遵守の確保、業務の効率化等の観点から、企業においてコンプライアンス・プログラムを含む内部統制の取組が積極的に行われている[*6]。

　このような内部統制に関する取組は、外国公務員贈賄防止に当たっても極めて有効である。平成15年6月のエビアン・サミットでは、外国公務員贈賄に関し、政府が民間企業のコンプライアンス・プログラムを策定することを勧奨すべきということで一致した[*7]ことも、この点を裏付けている。

　加えて、企業が有効な内部統制を行っているか否かが、我が国の民事裁判にも影響を及ぼすようになっている。経営者が十分な内部統制を構築していない場合、民事上の善管注意義務違反に問われる可能性があることが判例において明らかとなった。

　また、我が国の法人に対する刑事罰（両罰規定）では、従業員が法律違反行為を行った場合、一般に法人事業主の過失が推定される点にも留意して、法人として積極的かつ具体的な違反防止策を講じておく必要がある。

（2）本指針における内部統制の考え方

　企業における内部統制の在り方については、我が国においても、民間団体及び政府等の各々のレベルで様々な進展がみられる。その一つとして、経済産業省の「リスク管理・内部統制に関する研究会」があげられる。本研究会は、平成15年6月に企業や産業界の取組を支援するため、「リスク新時代の内部統制～リスクマネジメントと一体となって機能する内部統制の指針～」[*8]を策定し、公表している。外国公務員贈賄は、当該指針の中でも、法的リスクの一つと位置づけられ得る行為である。このため、より幅広い視点から内部統制を構築する際には、当該報告書の内容は極めて有益である。

　本章で述べる内部統制の在り方については、各方面で行われている既存の成果も参考に、これらを尊重しつつ、外国公務員贈賄防止の視点に特化して、留意すべき内容を例示したものである。このため、他の内部統制に関する既存の成果との比較において、本指針の特徴となる点としては、例えば、海外における活動との関連が生じる可能性が高いこと、海外の法制度や商慣習などに応じた判断が必要とされることなどが挙げられる。

（3）外国公務員贈賄防止に資する内部統制構築にあたっての留意点

　次節2．に掲げる事例は、主として内部統制の整備及び構築を促すものである。しかし、内部統制が有効に機能しているか否かの判断は、運用状況やその評価が重要となる点を忘れてはならない。

　また、企業に求められる内部統制の整備・運用状況は、企業規模・業種、経済的・社会的環境や時代背景等により評価が異なるものであり、画一的な水準を設定することには困難さを伴う。このため、企業においては、自らが構築し、運用している内部統制の水準について、現状において十分なものとなっているか否かについて、常に検討し改善するよう不断の努力が必要とされる。

2．企業が目標とすべき内部統制の在り方

　外国公務員贈賄を防止するため、国際商取引を行う企業は、コンプライアンス・プ

ログラムの策定を含む内部統制の有効性の向上を図るべきである。

　目標とすべき内部統制の在り方を以下（1）～（6）に例示する[*9]。各企業においては、例示された内容を参考とし、これを実現するよう早急に検討を開始し、対応を行うことが期待される。

(1) 基本方針の明確化とコンプライアンス・プログラムの策定

　国内外の法令違反となる外国公務員贈賄行為を未然防止することのみならず、社会規範を含めた倫理的な視点からも広く企業が誤解を招かないような活動を行うことが必要である。このため、以下の対策を講じるべきである。

　なお、基本方針やコンプライアンス・プログラムは、外国公務員贈賄防止に向けた決意を社内で共有化し、徹底を図る上でも重要である。

①基本方針の明確化

　外国公務員贈賄防止のため、以下の内容を含む基本方針を策定し、これを公表すること。

- 〇　外国政府の職員等の外国公務員に対し、当該国の贈賄罪に該当するような贈賄行為及び不正競争防止法に違反するような贈賄行為を行わないこと。
- 〇　違法行為を行った従業員に対しては、その行為に応じて懲戒等の厳格な制裁を課す旨、制裁に関する措置を事前に明確化しておくこと[*10]。
- 〇　策定された基本方針を、社内及び社外に対し明確化することを通じ、贈賄防止に向けた企業の強い意思を明確化し、その活動内容についても透明性を確保すること。
- 〇　基本方針やコンプライアンス・プログラムは、海外支店に勤務する外国人職員等への周知のみならず、外国投資家や商取引相手の理解を求める等の場面で活用できるよう、必要に応じ翻訳しておくことも有益である。

②コンプライアンス・プログラム[*11]の策定

　各企業において、外国公務員に対する贈賄行為を適切に防止できるようなコンプライアンス・プログラムを策定すること。

　既に、包括的なコンプライアンス・プログラムを有している場合には、当該プログラムにおいて外国公務員への贈賄行為が適用される旨が明らかとなるよう、可能な範

囲で明記すること。
- ○ コンプライアンス・プログラムには、以下（2）～（6）に示す内容（組織体制の整備等）を明確化すること。
- ○ 少額の Facilitation Payments（円滑化のための少額の支払い）について、不正競争防止法においては、少額の Facilitation Payments に関する規定を置いておらず、少額の Facilitation Payments であるということを理由としては処罰を免れることはできないことに留意し[*12]、例えば、法令遵守のため相談窓口に事前に通知する体制を徹底するなど基本的な考え方や対応に当たっての社内手続、相談窓口を明確にすること。
- ○ 外国公務員との接点[*13]は、国内及び海外の双方で生じ得ることを勘案し、それぞれに応じた対策の在り方を整理するとともに、各社で一定の社内手続や判断基準[*14]等をマニュアル化しておくことも有効である。

（2）組織体制の整備

社内の役割分担、関係者の権限及び責任が明確となるよう、企業規模等に応じた内部統制に関する組織体制を整備すること。その際には、特に以下の点に留意すること。

①企業の最高責任者の関与
- ○ 違法行為が発覚した場合等は、法人及び最高責任者に対する責任が追及され得ることにも留意し、最高責任者自身が積極的に関与することが望ましい。少なくともコンプライアンス・プログラムの策定及び見直し、問題が生じた場合の対応、監査結果への報告とこれに基づく見直しに際しては、最高責任者が自ら関与すること。

②コンプライアンス責任者の指名
- ○ 社内統一のコンプライアンス責任者を指名すること[*15]。責任者は、関係法令、本指針等政府からの各種情報を適切に把握し理解すると共に、実務上生じた問題点についても適宜整理すること。
- ○ コンプライアンス責任者は、企業の最高責任者を含む取締役会に対し定期的に報告を行うことが望ましい。

○ 海外子会社においても、コンプライアンス責任者を指名するよう努めること。

③社内相談窓口及び通報窓口の設置等
- ○ 外国公務員から賄賂を求める依頼があった場合等、個別の具体的事例に基づいた判断が必要な事態が生じた場合に備え、相談窓口(ヘルプライン)を設置すること。
- ○ 相談窓口に加え、内部通報等を受け付けるための通報窓口を設置すること[*16]。
- ○ 相談窓口及び通報窓口については、秘密性を確保するとともに、弁護士等外部専門家等を積極的に活用することが望まれる。
- ○ 相談窓口及び通報窓口は、一つの窓口で対応することも可能である。また、コンプライアンス責任者を活用することも一つの方策となる。
- ○ 海外子会社における相談・通報窓口についても、本社において一元的に対応すること等、同様の措置を講じるよう努めること[*17]。
- ○ 関係者で十分なコミュニケーションを図る機会を確保することが重要であり、必要に応じ、面談による報告相談や聞取調査等も活用できる。

④疑義等発覚後の事後対応体制整備
- ○ 外国公務員に対する贈賄に関し疑義が発覚した場合には、速やかに事実関係を確認するとともに、当該情報がコンプライアンス責任者及び最高責任者に伝わるような体制を構築しておくこと。
- ○ 贈賄の事実が判明した場合には、再発防止策を検討し構築するための体制も備えておくことが望ましい。その際、関係政府機関等に対し速やかに状況を報告するよう努めること。
- ○ 海外子会社等で問題が発覚した場合の情報収集体制についても事前に構築しておくことが望ましい。

(3) 社内における普及活動及び教育活動の実施

幹部及び従業員の意識の向上を促し、内部統制の運用の実効性を高めるため、社内において適切な普及活動及び教育活動を実施すること。

①普及活動の実施
- 〇 国際商取引に関連する役員及び従業員に対して、基本方針及びコンプライアンス・プログラムの趣旨及び内容を普及させること。
- 〇 外国公務員贈賄に関する新たな関連情報を入手した場合には、その内容が関係者に適切に普及されるような方法を検討すること。

②教育活動の実施
- 〇 国際商取引に関連する従業員等に対しては、教育・訓練活動を行うこと。このような教育・訓練活動は、採用時及び関連部署への転属時に行うことが重要である。
- 〇 教育・訓練活動に当たっては、外国公務員との接触が生じる可能性、研修の方法（講義形式、文書や電子メール等を活用する形式等）を検討し、有効な教育活動を行うよう努めること。
- 〇 各社の事情に応じた外国公務員との接点が生じ得るケース、過去の贈答及び接待の事例等を整理した上で、従業員が留意すべき点について教育を行うことも有益である。
- 〇 教育・訓練活動を受けた国際商取引に関連する従業員に対し、外国公務員贈賄行為を行わないよう誓約書を提出させることも啓発活動の一つとなる。

（4）定期的監査

日常的な管理に加え、定期的に十分な事後管理（点検・是正措置を含む。）を行うことが重要である。このために、定期的監査を行うこと。

- 〇 コンプライアンス・プログラム等の内部統制が有効に機能しているか否かについて定期的に監査し、内部統制の実施状況を評価すること。
- 〇 贈賄行為を従業員が意図的に隠蔽しようとする場合には、不正な取引書類の作成や会計処理が行われている蓋然性が高い点も考慮して、厳正な監査がなされるよう配慮すること。
- 〇 監査結果等については、最高責任者、コンプライアンス責任者、関連する従業員に広く情報が共有されるよう努めること。

（5）企業の最高責任者による見直し

継続的かつ有効な対策や運用を可能とするよう、定期的監査を踏まえ、企業の最高責任者が関与して内部統制の有効性を評価し、見直しを行うこと。

- 〇 監査及び評価の結果、何らかの問題が発見された場合には、企業の最高責任者が関与した上で、基本方針、コンプライアンス・プログラム等について必要な見直しを行うこと。
- 〇 海外を含むグループ企業全体について、有効な内部統制環境が構築されているか否かについて、定期的に確認することも有益である。

(6) その他海外における事業活動に当たって特に留意すべき事項

外国公務員贈賄行為と関連の深い海外における事業活動等にも着目した上で、以下の対策を講じること[*18]。

- 〇 国際商取引に関し代理店等を活用する場合には、外国公務員贈賄行為を行わないよう要請すること。あわせて、代理店費用を支払う際には贈賄費用が上乗せされないよう注意すること。

  また、代理店等との契約に際し、贈賄行為を行わない旨の規定等を盛り込んでおくこと。

- 〇 海外子会社等別法人の経営者・従業員に対しても、本社と共通の認識を共有するよう意見交換を行うこと。現地法等も考慮しつつ、日本本社と同様の基本方針や組織体制が構築されることが望ましい。特に、海外子会社や自社が支配権を有する合弁会社等の場合には、少なくとも本社のコンプライアンス責任者との連携を図るよう努めること。
- 〇 OECD条約で処罰対象とされていない海外子会社における外国人従業員等に対しても、コンプライアンス・プログラムの趣旨を周知徹底に努めること。
- 〇 OECD条約及び不正競争防止法の定義上、外国公務員等に該当しない公職候補者、政党等に対しても、違法な寄付を行わないこと。
- 〇 合弁会社の場合には、自社が支配権を有さない場合であっても、相手方パートナーとの間で、コンプライアンス体制や出向中の日本人職員の扱い等につき、意見交換し調整すること。
- 〇 外国の法律等(贈収賄罪に関する法令・運用を含む。)についても十分に情報を収集し、適切な対応を講じるよう努めること[*19]。新たに国際商取引を開始する

国に関しては、可能な限り事前情報を入手しておくこと。

　以上の内容を参考として、各企業において、新たに内部統制システムの導入や大幅な見直しを検討するに当たって、全面的な実施が困難な場合も想定される。その場合には、企業規模・業種、既存の体制、国際商取引との関係、実効性等を勘案した上で、各企業の責任により、緊急的な対応として特に必要な項目を優先的に実施すべきである[20]。

*5　内部統制を構築する目的は、一般的には、①業務の有効性・効率性、②会計情報の信頼性、③関係法令の遵守とされる。
　　加えて、企業が経営を行っていく上で企業価値を維持・増大していくために、事業に関連する内外の様々なリスクを適切に管理する活動も重視されている。このような考え方は、「リスクマネジメント」と呼ばれ、商法特例法（第21条の7第2号、商法施行規則193条）や米国の委員会報告書（トレッドウェイ委員会組織委員会報告；Enterprise Risk Management Framework (COSO-ERM)）等においても、反映されているところである。内部統制はリスクマネジメントと一体になって機能することにより、その有効性が高まる。

*6　具体的には、社団法人日本経済団体連合会「企業行動憲章」の改訂（平成16年5月）、東京商工会議所「企業行動規範」の策定（平成14年12月初版、平成19年4月第2版発行）、社団法人日本貿易会「モデルコンプライアンス体制」の策定（平成14年12月）等の動きがあげられる。

*7　腐敗との戦いと透明性の向上に関するG8宣言では、「2.我々は、贈収賄対策のための法律の実施を強化し、民間セクターが関連する遵守計画（related compliance programs）を策定することを奨励する。我々は、…2.2 民間セクターが、外国人との間での贈収賄を処罰するための国内法に関して、企業遵守プログラム（corporate compliance programs）を策定し、実施し及び強化することを要請する。」こととされた。

*8　本文及び概要については http://www.meti.go.jp/report/data/g30627aj.html を参照。

*9　例示する内部統制は、「方針等の策定（plan）」、「具体的な対策の実施（do）」、「対策の実施状況や管理状況の監査（check）」、「監査を踏まえた方針等の見直し（act）」の流れに沿っている。このような管理方法は、継続的な管理の改善に資することから、国際標準化機構（ISO）においても標準的に用いられている管理手法であり、既にとり入れて

いる企業も多い。
* *10 実際に違反行為が生じた場合には、予め定められたルールに沿って厳正に対処することが必要である。
* *11 企業の従業員等が、基本方針に沿った法令遵守等を行うために、具体的な行動が可能となるような企業倫理規程や法令遵守のためのガイドライン等を指す。
* *12 第3章1．参考参照
* *13 外国公務員との接点には、送迎、飲食、視察旅行、ゴルフ・遊技、贈答、子弟等関係者の雇用、講演等が含まれる。
* *14 社内手続には、コンプライアンス責任者等権限ある者への事前照会を行うこと、現地子会社から本社の相談窓口や通報窓口へ通知すること等が含まれる。また、判断基準については、各国の法令や社会通念上の範囲内で、外国公務員等に贈物を渡す場合（冠婚葬祭等）や接待の金額や頻度についてあらかじめ定めておくこと、国際商取引に関する商談時期により接待の制約を設けておくこと、外国公務員本人のみならず家族や family 企業に関する考え方を明確にしておくこと等が想定される。
* *15 業務・管理・財務部門等のコンプライアンス担当者を連携させている企業や「コンプライアンス委員会」を組織している企業もある。
* *16 内部通報を含む公益通報を行った労働者を解雇等の不利益取扱いから保護する「公益通報者保護法」は、平成18年4月1日に施行された。
* *17 海外子会社については現地に窓口を設け、応対状況を本社にフィードバックさせるような方法も想定される。
* *18 海外子会社や代理店の社員の行為についても、不正競争防止法の外国公務員贈賄罪の対象となることがある。この点は、第3章3．（4）参照のこと。
* *19 このような外国の法令や慣習の情報の収集及び整理については、必ずしも個々の企業レベルで行う必要はない。各国の事情に詳しい現地の商工会議所を活用する等進出先国毎に企業が参集して、研究を行い、情報を整理する方法も考えられる。
* *20 内閣府国民生活局の調査によると、企業における内部通報制度の導入割合は増加傾向にあり、内部統制の重要性について意識の高まりが見られる。

6 連邦量刑ガイドライン（抄）

米国における企業のコンプライアンス意識を高めるきっかけとなったとされるガイドライン。企業犯罪の量刑を決める要素として、コンプライアンス・プログラムの良否を加味するとしたため、企業経営者にとって取り組まないことによるリスクが高まることとなった。反トラスト法との関係で日本企業にとっては無視できない存在である。

2．EFFECTIVE COMPLIANCE AND ETHICS PROGRAM

Historical Note: Effective November 1, 2004 (see Appendix C, amendment 673).

§ 8 B2.1. Effective Compliance and Ethics Program

(a) To have an effective compliance and ethics program, for purposes of subsection (f) of § 8 C2.5 (Culpability Score) and subsection (c) (1) of § 8 D1.4 (Recommended Conditions of Probation - Organizations), an organization shall −

(1) exercise due diligence to prevent and detect criminal conduct; and

(2) otherwise promote an organizational culture that encourages ethical conduct and a commitment to compliance with the law.

Such compliance and ethics program shall be reasonably designed, implemented, and enforced so that the program is generally effective in preventing and detecting criminal conduct. The failure to prevent or detect the instant offense does not necessarily mean that the program is not generally effective in preventing and detecting criminal conduct.

(b) Due diligence and the promotion of an organizational culture that encourages ethical conduct and a commitment to compliance with the law within the meaning of subsection (a) minimally require the following:

(1) The organization shall establish standards and procedures to prevent and detect criminal conduct.

(2) (A) The organization's governing authority shall be knowledgeable about the content and operation of the compliance and ethics program and shall exercise reasonable oversight with respect to the implementation and effectiveness of the compliance and ethics program.

(B) High-level personnel of the organization shall ensure that the organization has an effective compliance and ethics program, as described in this guideline. Specific individual (s) within high-level personnel shall be assigned overall responsibility for the compliance and ethics program.

(C) Specific individual (s) within the organization shall be delegated day-to-day operational responsibility for the compliance and ethics program. Individual (s) with operational responsibility shall report periodically to high-level personnel and, as appropriate, to the governing authority, or an appropriate subgroup of the governing authority, on the effectiveness of the compliance and ethics program. To carry out such operational responsibility, such individual (s) shall be given adequate resources, appropriate authority, and direct access to the governing authority or an appropriate subgroup of the governing authority.

(3) The organization shall use reasonable efforts not to include within the substantial authority personnel of the organization any individual whom the organization knew, or should have known through the exercise of due diligence, has engaged in illegal activities or other conduct inconsistent with an effective compliance and ethics program.

(4) (A) The organization shall take reasonable steps to communicate periodically and in a practical manner its standards and procedures, and other aspects of

the compliance and ethics program, to the individuals referred to in subparagraph (B) by conducting effective training programs and otherwise disseminating information appropriate to such individuals' respective roles and responsibilities.

(B) The individuals referred to in subparagraph (A) are the members of the governing authority, high-level personnel, substantial authority personnel, the organization's employees, and, as appropriate, the organization's agents.

(5) The organization shall take reasonable steps −

(A) to ensure that the organization's compliance and ethics program is followed, including monitoring and auditing to detect criminal conduct;

(B) to evaluate periodically the effectiveness of the organization's compliance and ethics program; and

(C) to have and publicize a system, which may include mechanisms that allow for anonymity or confidentiality, whereby the organization's employees and agents may report or seek guidance regarding potential or actual criminal conduct without fear of retaliation.

(6) The organization's compliance and ethics program shall be promoted and enforced consistently throughout the organization through (A) appropriate incentives to perform in accordance with the compliance and ethics program; and (B) appropriate disciplinary measures for engaging in criminal conduct and for failing to take reasonable steps to prevent or detect criminal conduct.

(7) After criminal conduct has been detected, the organization shall take reasonable steps to respond appropriately to the criminal conduct and to prevent further

similar criminal conduct, including making any necessary modifications to the organization's compliance and ethics program.

(c) In implementing subsection (b), the organization shall periodically assess the risk of criminal conduct and shall take appropriate steps to design, implement, or modify each requirement set forth in subsection (b) to reduce the risk of criminal conduct identified through this process.

Commentary

Application Notes:

1. Definitions. — For purposes of this guideline:

"Compliance and ethics program" means a program designed to prevent and detect criminal conduct.

"Governing authority" means the (A) the Board of Directors; or (B) if the organization does not have a Board of Directors, the highest-level governing body of the organization.

"High-level personnel of the organization" and "substantial authority personnel" have the meaning given those terms in the Commentary to §8A1.2 (Application Instructions - Organizations).

"Standards and procedures" means standards of conduct and internal controls that are reasonably capable of reducing the likelihood of criminal conduct.

2. Factors to Consider in Meeting Requirements of this Guideline. —

(A) In General. — Each of the requirements set forth in this guideline shall be met by an organization; however, in determining what specific actions are necessary to meet those requirements, factors that shall be considered include: (i) applicable industry practice or the standards called for by any applicable governmental regulation; (ii) the size of the organization; and (iii) similar misconduct.

(B) <u>Applicable Governmental Regulation and Industry Practice</u>. – An organization's failure to incorporate and follow applicable industry practice or the standards called for by any applicable governmental regulation weighs against a finding of an effective compliance and ethics program.

(C) <u>The Size of the Organization</u>. –

(i) <u>In General</u>. – The formality and scope of actions that an organization shall take to meet the requirements of this guideline, including the necessary features of the organization's standards and procedures, depend on the size of the organization.

(ii) <u>Large Organizations</u>. – A large organization generally shall devote more formal operations and greater resources in meeting the requirements of this guideline than shall a small organization. As appropriate, a large organization should encourage small organizations (especially those that have, or seek to have, a business relationship with the large organization) to implement effective compliance and ethics programs.

(iii) <u>Small Organizations</u>. – In meeting the requirements of this guideline, small organizations shall demonstrate the same degree of commitment to ethical conduct and compliance with the law as large organizations. However, a small organization may meet the requirements of this guideline with less formality and fewer resources than would be expected of large organizations. In appropriate circumstances, reliance on existing resources and simple systems can demonstrate a degree of commitment that, for a large organization, would only be demonstrated through more formally planned and implemented systems.

Examples of the informality and use of fewer resources with which a small organization may meet the requirements of this guideline include the following: (I) the governing authority's discharge of its responsibility for oversight of the compliance and ethics program by directly managing the organization's compliance and ethics efforts; (II) training employees through informal staff meetings, and monitoring through regular "walk-arounds" or continuous observation while managing the organization; (III) using available personnel, rather than employing separate staff, to carry out the compliance and ethics program; and (IV) modeling its own compliance and ethics program on existing, well-regarded compliance and ethics programs and best practices of other similar organizations.

(D) <u>Recurrence of Similar Misconduct</u>. – Recurrence of similar misconduct creates doubt regarding whether the organization took reasonable steps to meet the requirements of this guideline. For purposes of this subparagraph, "similar misconduct" has the meaning given that term in the Commentary to § 8A1.2 (Application Instructions - Organizations).

3. <u>Application of Subsection (b) (2)</u>. – High-level personnel and substantial authority personnel of the organization shall be knowledgeable about the content and operation of the compliance and ethics program, shall perform their assigned duties consistent with the exercise of due diligence, and shall promote an organizational culture that encourages ethical conduct and a commitment to compliance with the law.

If the specific individual (s) assigned overall responsibility for the compliance and ethics program does not have day-to-day operational responsibility for the program, then the individual (s) with day-to-day operational responsibility for the program typically should, no less than annually, give the governing authority or an appropriate subgroup thereof information on the implementation and effectiveness of the compliance and ethics program.

4. Application of Subsection (b) (3). —

(A) Consistency with Other Law. — Nothing in subsection (b) (3) is intended to require conduct inconsistent with any Federal, State, or local law, including any law governing employment or hiring practices.

(B) Implementation. — In implementing subsection (b) (3), the organization shall hire and promote individuals so as to ensure that all individuals within the high-level personnel and substantial authority personnel of the organization will perform their assigned duties in a manner consistent with the exercise of due diligence and the promotion of an organizational culture that encourages ethical conduct and a commitment to compliance with the law under subsection (a). With respect to the hiring or promotion of such individuals, an organization shall consider the relatedness of the individual's illegal activities and other misconduct (i. e., other conduct inconsistent with an effective compliance and ethics program) to the specific responsibilities the individual is anticipated to be assigned and other factors such as: (i) the recency of the individual's illegal activities and other misconduct; and (ii) whether the individual has engaged in other such illegal activities and other such misconduct.

5. Application of Subsection (b) (6). — Adequate discipline of individuals responsible for an offense is a necessary component of enforcement; however, the form of discipline that will be appropriate will be case specific.

6. Application of Subsection (b) (7). — Subsection (b) (7) has two aspects.

First, the organization should respond appropriately to the criminal conduct. The organization should take reasonable steps, as warranted under the circumstances, to remedy the harm resulting from the criminal conduct. These steps may include, where appropriate, providing restitution to identifiable victims, as well as other forms of remediation. Other reasonable steps to respond appropriately to the criminal conduct may include self-reporting and cooperation with authorities.

Second, the organization should act appropriately to prevent further similar criminal conduct, including assessing the compliance and ethics program and making modifications necessary to ensure the program is effective. The steps taken should be consistent with subsections (b) (5) and (c) and may include the use of an outside professional advisor to ensure adequate assessment and implementation of any modifications.

7. Application of Subsection (c). – To meet the requirements of subsection (c), an organization shall:

(A) Assess periodically the risk that criminal conduct will occur, including assessing the following:

(i) The nature and seriousness of such criminal conduct.

(ii) The likelihood that certain criminal conduct may occur because of the nature of the organization's business. If, because of the nature of an organization's business, there is a substantial risk that certain types of criminal conduct may occur, the organization shall take reasonable steps to prevent and detect that type of criminal conduct. For example, an organization that, due to the nature of its business, employs sales personnel who have flexibility to set prices shall establish standards and procedures designed to prevent and detect price-fixing. An organization that, due to the nature of its business, employs sales personnel who have flexibility to represent the material characteristics of a product shall establish standards and procedures designed to prevent and detect fraud.

(iii) The prior history of the organization. The prior history of an organization may indicate types of criminal conduct that it shall take actions to prevent and detect.

(B) ioritize periodically, as appropriate, the actions taken pursuant to any requirement set forth in subsection (b), in order to focus on preventing and detecting the criminal conduct identified under subparagraph (A) of this note as most serious, and most likely, to occur.

(C) Modify, as appropriate, the actions taken pursuant to any requirement set forth in subsection (b) to reduce the risk of criminal conduct identified under subparagraph (A) of this note as most serious, and most likely, to occur.

Background. This section sets forth the requirements for an effective compliance and ethics program. This section responds to section 805 (a) (2) (5) of the Sarbanes-Oxley Act of 2002, Public Law 107-204, which directed the Commission to review and amend, as appropriate, the guidelines and related policy statements to ensure that the guidelines that apply to organizations in this chapter "are sufficient to deter and punish organizational criminal misconduct."

The requ23irements set forth in this guideline are intended to achieve reasonable prevention and detection of criminal conduct for which the organization would be vicariously liable. The prior diligence of an organization in seeking to prevent and detect criminal conduct has a direct bearing on the appropriate penalties and probation terms for the organization if it is convicted and sentenced for a criminal offense.

Historical Note: Effective November 1, 2004 (see Appendix C, amendment 673). Amended effective November 1, 2010 (see Appendix C, amendment 744).

7　FCPAリソースガイド（抄）

　FCPA（海外腐敗行為防止法）を遵守するために手引きとして公表された。問題に対する規制当局における見解が記載されていることも特徴。FCPAについては米国の法律ではあるが、その適用範囲は米国企業に限られないため、日本の企業も処分されていることから、軽視することは危険である。

> ## Corporate Compliance Program
>
> 　In a global marketplace, an effective compliance program is a critical component of a company's internal controls and is essential to detecting and preventing FCPA violations. Effective compliance programs are tailored to the company's specific business and to the risks associated with that business. They are dynamic and evolve as the business and the markets change.
>
> 　An effective compliance program promotes "an organizational culture that encourages ethical conduct and a commitment to compliance with the law." Such a program protects a company's reputation, ensures investor value and confidence, reduces uncertainty in business transactions, and secures a company's assets. A well-constructed, thoughtfully implemented, and consistently enforced compliance and ethics program helps prevent, detect, remediate, and report misconduct, including FCPA violations.
>
> 　In addition to considering whether a company has self-reported, cooperated, and taken appropriate remedial actions, DOJ and SEC also consider the adequacy of a company's compliance program when deciding what, if any, action to take. The program may influence whether or not charges should be resolved through a deferred prosecution agreement (DPA) or non-prosecution agreement (NPA), as well as the appropriate length of any DPA or NPA, or the term of corporate probation. It will often affect the penalty amount and the need for a monitor or self-reporting. As discussed above, SEC's *Seaboard Report focuses*, among other things, on a company's self-policing prior to the discovery of the misconduct, including whether it had established effective compliance procedures. Likewise, three of the nine factors set forth in DOJ's *Principles of Federal Prosecution of Business Organizations* relate,

either directly or indirectly, to a compliance program's design and implementation, including the pervasiveness of wrongdoing within the company, the existence and effectiveness of the company's pre-existing compliance program, and the company's remedial actions. DOJ also considers the U.S. Sentencing Guidelines' elements of an effective compliance program, as set forth in § 8B2.1 of the Guidelines.

These considerations reflect the recognition that a company's failure to prevent every single violation does not necessarily mean that a particular company's compliance program was not generally effective. DOJ and SEC understand that "no compliance program can ever prevent all criminal activity by a corporation's employees," and they do not hold companies to a standard of perfection. An assessment of a company' s compliance program, including its design and good faith implementation and enforcement, is an important part of the government's assessment of whether a violation occurred, and if so, what action should be taken. In appropriate circumstances, DOJ and SEC may decline to pursue charges against a company based on the company's effective compliance program, or may otherwise seek to reward a company for its program, even when that program did not prevent the particular underlying FCPA violation that gave rise to the investigation.

DOJ and SEC have no formulaic requirements regarding compliance programs. Rather, they employ a common-sense and pragmatic approach to evaluating compliance programs, making inquiries related to three basic questions:

- Is the company's compliance program well designed?
- Is it being applied in good faith?
- Does it work?

This guide contains information regarding some of the basic elements DOJ and SEC consider when evaluating compliance programs. Although the focus is on compliance with the FCPA, given the existence of anti-corruption laws in many other countries, businesses should consider designing programs focused on anti-corruption compliance more broadly.

Corporate Compliance Program

In a global marketplace, an effective compliance program is a critical component of a company's internal controls and is essential to detecting and preventing FCPA violations. Effective compliance programs are tailored to the company's specific business and to the risks associated with that business. They are dynamic and evolve as the business and the markets change.

An effective compliance program promotes "an organizational culture that encourages ethical conduct and a commitment to compliance with the law." Such a program protects a company's reputation, ensures investor value and confidence, reduces uncertainty in business transactions, and secures a company's assets. A well-constructed, thoughtfully implemented, and consistently enforced compliance and ethics program helps prevent, detect, remediate, and report misconduct, including FCPA violations.

In addition to considering whether a company has self-reported, cooperated, and taken appropriate remedial actions, DOJ and SEC also consider the adequacy of a company's compliance program when deciding what, if any, action to take. The program may influence whether or not charges should be resolved through a deferred prosecution agreement (DPA) or non-prosecution agreement (NPA), as well as the appropriate length of any DPA or NPA, or the term of corporate probation. It will often affect the penalty amount and the need for a monitor or self-reporting. As discussed above, SEC's *Seaboard Report* focuses, among other things, on a company's self-policing prior to the discovery of the misconduct, including whether it had established effective compliance procedures. Likewise, three of the nine factors set forth in DOJ's *Principles of Federal Prosecution of Business Organizations* relate, either directly or indirectly, to a compliance program's design and implementation, including the pervasiveness of wrongdoing within the company, the existence and effectiveness of the company's pre-existing compliance program, and the company's remedial actions. DOJ also considers the U.S. Sentencing Guidelines' elements of an effective compliance program, as set forth in §8B2.1 of the Guidelines.

These considerations reflect the recognition that a company's failure to prevent every single violation does not necessarily mean that a particular company's compliance program was not generally effective. DOJ and SEC understand that "no compliance program can ever prevent all criminal activity by a corporation's employees," and they do not hold companies to a standard of perfection. An assessment of a company's compliance program, including its design and good faith implementation and enforcement, is an important part of the government's assessment of whether a violation occurred, and if so, what action should be taken. In appropriate circumstances, DOJ and SEC may decline to pursue charges against a company based on the company's effective compliance program, or may otherwise seek to reward a company for its program, even when that program did not prevent the particular underlying FCPA violation that gave rise to the investigation.

DOJ and SEC have no formulaic requirements regarding compliance programs. Rather, they employ a common-sense and pragmatic approach to evaluating compliance programs, making inquiries related to three basic questions:

- Is the company's compliance program well designed?
- Is it being applied in good faith?
- Does it work?

This guide contains information regarding some of the basic elements DOJ and SEC consider when evaluating compliance programs. Although the focus is on compliance with the FCPA, given the existence of anti-corruption laws in many other countries, businesses should consider designing programs focused on anti-corruption compliance more broadly.

Hallmarks of Effective Compliance Programs

Individual companies may have different compliance needs depending on their size and the particular risks associated with their businesses, among other factors. When it comes to compliance, there is no one-size-fits-all program. Thus, the discussion below is meant to provide insight into the aspects of compliance programs that DOJ and SEC assess, recognizing that companies may consider a variety of factors when making their own determination of what is appropriate for their specific business needs. Indeed, small- and medium-size enterprises likely will have different compliance programs from large multi-national corporations, a fact DOJ and SEC take into account when evaluating companies' compliance programs.

Compliance programs that employ a "check-the-box" approach may be inefficient and, more importantly, ineffective. Because each compliance program should be tailored to an organization's specific needs, risks, and challenges, the information provided below should not be considered a substitute for a company's own assessment of the corporate compliance program most appropriate for that particular business organization. In the end, if designed carefully, implemented earnestly, and enforced fairly, a company's compliance program—no matter how large or small the organization—will allow the company generally to prevent violations, detect those that do occur, and remediate them promptly and appropriately.

Commitment from Senior Management and a Clearly Articulated Policy Against Corruption

Within a business organization, compliance begins with the board of directors and senior executives setting the proper tone for the rest of the company. Managers and employees take their cues from these corporate leaders. Thus, DOJ and SEC consider the commitment of corporate leaders to a "culture of compliance" and look to see if this high-level commitment is also reinforced and implemented by middle managers and employees at all levels of a business. A well-designed compliance program that is not enforced in good faith, such as when corporate management explicitly or implicitly encourages employees to engage in misconduct to achieve business objectives, will be ineffective. DOJ and SEC have often encountered companies with compliance programs that are strong on paper but that nevertheless have significant FCPA violations because management has failed to effectively implement the program even in the face of obvious signs of corruption. This may be the result of aggressive sales staff preventing compliance personnel from doing their jobs effectively and of senior management, more concerned with securing a valuable business opportunity than enforcing a culture of compliance, siding with the sales team. The higher the financial stakes of the transaction, the greater the temptation for management to choose profit over compliance.

A strong ethical culture directly supports a strong compliance program. By adhering to ethical standards, senior managers will inspire middle managers to reinforce those standards. Compliant middle managers, in turn, will encourage employees to strive to attain those standards throughout the organizational structure.

In short, compliance with the FCPA and ethical rules must start at the top. DOJ and SEC thus evaluate whether senior management has clearly articulated company standards, communicated them in unambiguous terms, adhered to them scrupulously, and disseminated them throughout the organization.

Code of Conduct and Compliance Policies and Procedures

A company's code of conduct is often the foundation upon which an effective compliance program is built. As DOJ has repeatedly noted in its charging documents, the most effective codes are clear, concise, and accessible to all employees and to those conducting business on the company's behalf. Indeed, it would be difficult to effectively implement a compliance program if it was not available in the local language so that employees in foreign subsidiaries can access and understand it. When assessing a compliance program, DOJ and SEC will review whether the company has taken steps to make certain that the code of conduct remains current and effective and whether a company has periodically reviewed and updated its code.

Whether a company has policies and procedures that outline responsibilities for compliance within the company, detail proper internal controls, auditing practices, and documentation policies, and set forth disciplinary procedures will also be considered by DOJ and SEC. These types of policies and procedures will depend on the size and nature of the business and the risks associated with the business. Effective policies and procedures require an in-depth understanding of the company's business model, including its products and services, third-party agents, customers, government interactions, and industry and geographic risks. Among the risks that a company may need to address include the nature and extent of transactions with foreign governments, including payments to foreign officials; use of third parties;

gifts, travel, and entertainment expenses; charitable and political donations; and facilitating and expediting payments. For example, some companies with global operations have created web-based approval processes to review and approve routine gifts, travel, and entertainment involving foreign officials and private customers with clear monetary limits and annual limitations. Many of these systems have built-in flexibility so that senior management, or in-house legal counsel, can be apprised of and, in appropriate circumstances, approve unique requests. These types of systems can be a good way to conserve corporate resources while, if properly implemented, preventing and detecting potential FCPA violations.

Regardless of the specific policies and procedures implemented, these standards should apply to personnel at all levels of the company.

Oversight, Autonomy, and Resources

In appraising a compliance program, DOJ and SEC also consider whether a company has assigned responsibility for the oversight and implementation of a company's compliance program to one or more specific senior executives within an organization. Those individuals must have appropriate authority within the organization, adequate autonomy from management, and sufficient resources to ensure that the company's compliance program is implemented effectively. Adequate autonomy generally includes direct access to an organization's governing authority, such as the board of directors and committees of the board of directors (e.g., the audit committee). Depending on the size and structure of an organization, it may be appropriate for day-to-day operational responsibility to be delegated to other specific individuals within a company. DOJ and SEC recognize that the reporting structure will depend on the size and complexity of an organization. Moreover, the amount of resources devoted to compliance will depend on the company's size, complexity, industry, geographical reach, and risks associated with the business. In assessing whether a company has reasonable internal controls, DOJ and SEC typically consider whether the company devoted adequate staffing and resources to the compliance program given the size, structure, and risk profile of the business.

Risk Assessment

Assessment of risk is fundamental to developing a strong compliance program, and is another factor DOJ and SEC evaluate when assessing a company's compliance program. One-size-fits-all compliance programs are generally ill-conceived and ineffective because resources inevitably are spread too thin, with too much focus on lowrisk markets and transactions to the detriment of high-risk areas. Devoting a disproportionate amount of time policing modest entertainment and gift-giving instead of focusing on large government bids, questionable payments to third-party consultants, or excessive discounts to resellers and distributors may indicate that a company's compliance program is ineffective. A $50 million contract with a government agency in a high-risk country warrants greater scrutiny than modest and routine gifts and entertainment. Similarly, performing identical due diligence on all thirdparty agents, irrespective of risk factors, is often counterproductive, diverting attention and resources away from those third parties that pose the most significant risks. DOJ and SEC will give meaningful credit to a company that implements in good faith a comprehensive, risk-based compliance program, even if that program does not prevent an infraction in a low risk area because greater attention and resources had been devoted to a higher risk area. Conversely, a company that fails to prevent an FCPA violation on an economically significant, high-risk transaction because it failed to perform a level of due diligence commensurate with the size and risk of the transaction is likely to receive reduced credit based on the quality and effectiveness of its compliance program.

As a company' s risk for FCPA violations increases, that business should consider increasing its compliance procedures, including due diligence and periodic internal audits. The degree of appropriate due diligence is fact-specific and should vary based on industry, country, size, and nature of the transaction, and the method and amount of third-party compensation. Factors to consider, for instance, include risks presented by: the country and industry sector, the business opportunity, potential business partners, level of involvement with governments, amount of government regulation and oversight, and exposure to customs and immigration in conducting business affairs. When assessing a company's compliance program, DOJ and SEC take into account whether and to what degree a company analyzes and addresses the particular risks it faces.

Training and Continuing Advice

Compliance policies cannot work unless effectively communicated throughout a company. Accordingly, DOJ and SEC will evaluate whether a company has taken steps to ensure that relevant policies and procedures have been communicated throughout the organization, including through periodic training and certification for all directors, officers, relevant employees, and, where appropriate, agents and business partners. For example, many larger companies have implemented a mix of web-based and in-person training conducted at varying intervals. Such training typically covers company policies and procedures, instruction on applicable laws, practical advice to address real-life scenarios, and case studies. Regardless of how a company chooses to conduct its training, however, the information should be presented in a manner appropriate for the targeted audience, including providing training and training materials in the local language. For example, companies may want to consider providing different types of training to their sales personnel and accounting personnel with hypotheticals or sample situations that are similar to the situations they might encounter. In addition to the existence and scope of a company's training program, a company should develop appropriate measures, depending on the size and sophistication of the particular company, to provide guidance and advice on complying with the company's ethics and compliance program, including when such advice is needed urgently. Such measures will help ensure that the compliance program is understood and followed appropriately at all levels of the company.

Incentives and Disciplinary Measures

In addition to evaluating the design and implementation of a compliance program throughout an organization, enforcement of that program is fundamental to its effectiveness. A compliance program should apply from the board room to the supply room—no one should be beyond its reach. DOJ and SEC will thus consider whether, when enforcing a compliance program, a company has appropriate and clear disciplinary procedures, whether those procedures are applied reliably and promptly, and whether they are commensurate with the violation. Many companies have found that publicizing disciplinary actions internally, where appropriate under local law, can have an important deterrent effect, demonstrating that unethical and unlawful actions have swift and sure consequences.

　DOJ and SEC recognize that positive incentives can also drive compliant behavior. These incentives can take many forms such as personnel evaluations and promotions, rewards for improving and developing a company's compliance program, and rewards for ethics and compliance leadership. Some organizations, for example, have made adherence to compliance a significant metric for management's bonuses so that compliance becomes an integral part of management's everyday concern. Beyond financial incentives, some companies have highlighted compliance within their organizations by recognizing compliance professionals and internal audit staff. Others have made working in the company's compliance organization a way to advance an employee's career. SEC, for instance, has encouraged companies to embrace methods to incentivize ethical and lawful behavior:

[M]ake integrity, ethics and compliance part of the promotion, compensation and evaluation processes as well. For at the end of the day, the most effective way to communicate that "doing the right thing" is a priority, is to reward it. Conversely, if employees are led to believe that, when it comes to compensation and career advancement, all that counts is short-term profitability, and that cutting ethical corners is an acceptable way of getting there, they'll perform to that measure. To cite an example from a different walk of life: a college football coach can be told that the graduation rates of his players are what matters, but he'll know differently if the sole focus of his contract extension talks or the decision to fire him is his winloss record.

No matter what the disciplinary scheme or potential incentives a company decides to adopt, DOJ and SEC will consider whether they are fairly and consistently applied across the organization. No executive should be above compliance, no employee below compliance, and no person within an organization deemed too valuable to be disciplined, if warranted. Rewarding good behavior and sanctioning bad behavior reinforces a culture of compliance and ethics throughout an organization.

Third-Party Due Diligence and Payments

DOJ's and SEC's FCPA enforcement actions demonstrate that third parties, including agents, consultants, and distributors, are commonly used to conceal the payment of bribes to foreign officials in international business transactions. Risk-based due diligence is particularly important with third parties and will also be considered by DOJ and SEC in assessing the effectiveness of a company's compliance program.

Although the degree of appropriate due diligence may vary based on industry, country, size and nature of the transaction, and historical relationship with the third-party, some guiding principles always apply.

First, as part of risk-based due diligence, companies should understand the qualifications and associations of its third-party partners, including its business reputation, and relationship, if any, with foreign officials. The degree of scrutiny should increase as red flags surface.

Second, companies should have an understanding of the business rationale for including the third party in the transaction. Among other things, the company should understand the role of and need for the third party and ensure that the contract terms specifically describe the services to be performed. Additional considerations include payment terms and how those payment terms compare to typical terms in that industry and country, as well as the timing of the third party's introduction to the business. Moreover, companies may want to confirm and document that the third party is actually performing the work for which it is being paid and that its compensation is commensurate with the work being provided.

Third, companies should undertake some form of ongoing monitoring of third-party relationships. Where appropriate, this may include updating due diligence periodically, exercising audit rights, providing periodic training, and requesting annual compliance certifications by the third party.

In addition to considering a company's due diligence on third parties, DOJ and SEC also assess whether the company has informed third parties of the company's compliance program and commitment to ethical and lawful business practices and, where appropriate, whether it has sought assurances from third parties, through certifications and otherwise, of reciprocal commitments. These can be meaningful ways to mitigate third-party risk.

Confidential Reporting and Internal Investigation

An effective compliance program should include a mechanism for an organization' s employees and others to report suspected or actual misconduct or violations of the company's policies on a confidential basis and without fear of retaliation. Companies may employ, for example, anonymous hotlines or ombudsmen. Moreover, once an allegation is made, companies should have in place an efficient, reliable, and properly funded process for investigating the allegation and documenting the company's response, including any disciplinary or remediation measures taken. Companies will want to consider taking "lessons learned" from any reported violations and the outcome of any resulting investigation to update their internal controls and compliance program and focus future training on such issues, as appropriate.

Continuous Improvement: Periodic Testing and Review

Finally, a good compliance program should constantly evolve. A company's business changes over time, as do the environments in which it operates, the nature of its customers, the laws that govern its actions, and the standards of its industry. In addition, compliance programs that do not just exist on paper but are followed in practice will inevitably uncover compliance weaknesses and require enhancements. Consequently, DOJ and SEC evaluate whether companies regularly review and improve their compliance programs and not allow them to become stale.

According to one survey, 64% of general counsel whose companies are subject to the FCPA say there is room for improvement in their FCPA training and compliance programs. An organization should take the time to review and test its controls, and it should think critically about its potential weaknesses and risk areas. For example, some companies have undertaken employee surveys to measure their compliance culture and strength of internal controls, identify best practices, and detect new risk areas. Other companies periodically test their internal controls with targeted audits to make certain that controls on paper are working in practice. DOJ and SEC will give meaningful credit to thoughtful efforts to create a sustainable compliance program if a problem is later discovered. Similarly, undertaking proactive evaluations before a problem strikes can lower the applicable penalty range under the U.S. Sentencing Guidelines.325 Although the nature and the frequency of proactive evaluations may vary depending on the size and complexity of an organization, the idea behind such efforts is the same: continuous improvement and sustainability.

Mergers and Acquisitions: Pre-Acquisition Due Diligence and Post-Acquisition Integration

In the context of the FCPA, mergers and acquisitions present both risks and opportunities. A company that does not perform adequate FCPA due diligence prior to a merger or acquisition may face both legal and business risks. Perhaps most commonly, inadequate due diligence can allow a course of bribery to continue—with all the attendant harms to a business's profitability and reputation, as well as potential civil and criminal liability.

In contrast, companies that conduct effective FCPA due diligence on their acquisition targets are able to evaluate more accurately each target's value and negotiate for the costs of the bribery to be borne by the target. In addition, such actions demonstrate to DOJ and SEC a company's commitment to compliance and are taken into account when evaluating any potential enforcement action. For example,

DOJ and SEC declined to take enforcement action against an acquiring issuer when the issuer, among other things, uncovered the corruption at the company being acquired as part of due diligence, ensured that the corruption was voluntarily disclosed to the government, cooperated with the investigation, and incorporated the acquired company into its compliance program and internal controls. On the other hand, SEC took action against the acquired company, and DOJ took action against a subsidiary of the acquired company. When pre-acquisition due diligence is not possible, DOJ has described procedures, contained in Opinion Procedure Release No. 08-02, pursuant to which companies can nevertheless be rewarded if they choose to conduct thorough post-acquisition FCPA due diligence.

FCPA due diligence, however, is normally only a portion of the compliance process for mergers and acquisitions. DOJ and SEC evaluate whether the acquiring company promptly incorporated the acquired company into all of its internal controls, including its compliance program. Companies should consider training new employees, reevaluating third parties under company standards, and, where appropriate, conducting audits on new business units.

For example, as a result of due diligence conducted by a California-based issuer before acquiring the majority interest in a joint venture, the issuer learned of corrupt payments to obtain business. However, the issuer only implemented its internal controls "halfway" so as not to "choke the sales engine and cause a distraction for the sales guys." As a result, the improper payments continued, and the issuer was held liable for violating the FCPA's internal controls and books and records provisions.

Other Guidance on Compliance and International Best Practices

In addition to this guide, the U.S. Departments of Commerce and State have both issued publications that contain guidance regarding compliance programs. The Department of Commerce's International Trade Administration has published *Business Ethics: A Manual for Managing a Responsible Business Enterprise in Emerging Market Economies*, and the Department of State has published *Fighting Global Corruption:*

Business Risk Management.

There is also an emerging international consensus on compliance best practices, and a number of inter-governmental and non-governmental organizations have issued guidance regarding best practices for compliance. Most notably, the OECD's 2009 Anti-Bribery Recommendation and its Annex II, *Good Practice Guidance on Internal Controls, Ethics, and Compliance,* published in February 2010, were drafted based on consultations with the private sector and civil society and set forth specific good practices for ensuring effective compliance programs and measures for preventing and detecting foreign bribery. In addition, businesses may wish to refer to the following resources:

- Asia-Pacific Economic Cooperation—*Anti-Corruption Code of Conduct for Business*;
- International Chamber of Commerce—ICC *Rules on Combating Corruption*;
- Transparency International—*Business Principles for Countering Bribery*;
- United Nations Global Compact—*The Ten Principles*;
- World Bank—*Integrity Compliance Guidelines*; and
- World Economic Forum—*Partnering Against Corruption–Principles for Countering Bribery.*

8 Bribery Act 2010 Guidance (抄)

英国における贈賄防止を定めている Bribery Act に関係するガイダンスである。その中で、企業が「adequate procedures（適切な手続）」を導入していた場合には免責となることが示されているため、この適切な手続が注目されており、内部統制の要素が強い6原則が示されている。

The six principles

The Government considers that procedures put in place by commercial organisations wishing to prevent bribery being committed on their behalf should be informed by six principles. These are set out below. Commentary and guidance on what procedures the application of the principles may produce accompanies each principle.

These principles are not prescriptive. They are intended to be flexible and outcome focussed, allowing for the huge variety of circumstances that commercial organisations find themselves in. Small organisations will, for example, face different challenges to those faced by large multi-national enterprises. Accordingly, the detail of how organisations might apply these principles, taken as a whole, will vary, but the outcome should always be robust and effective anti-bribery procedures.

As set out in more detail below, bribery prevention procedures should be proportionate to risk. Although commercial organisations with entirely domestic operations may require bribery prevention procedures, we believe that as a general proposition they will face lower risks of bribery on their behalf by associated persons than the risks that operate in foreign markets. In any event procedures put in place to mitigate domestic bribery risks are likely to be similar if not the same as those designed to mitigate those associated with foreign markets.

A series of case studies based on hypothetical scenarios is provided at Appendix A.

These are designed to illustrate the application of the principles for small, medium and large organisations.

Principle 1
Proportionate procedures

A commercial organisation's procedures to prevent bribery by persons associated with it are proportionate to the bribery risks it faces and to the nature, scale and complexity of the commercial organisation's activities. They are also clear, practical, accessible, effectively implemented and enforced.

Commentary

1.1 The term 'procedures' is used in this guidance to embrace both bribery prevention policies and the procedures which implement them. Policies articulate a commercial organisation's anti-bribery stance, show how it will be maintained and help to create an anti-bribery culture. They are therefore a necessary measure in the prevention of bribery, but they will not achieve that objective unless they are properly implemented. Further guidance on implementation is provided through principles 2 to 6.

1.2 Adequate bribery prevention procedures ought to be proportionate to the bribery risks that the organisation faces. An initial assessment of risk across the organisation is therefore a necessary first step. To a certain extent the level of risk will be linked to the size of the organisation and the nature and complexity of its business, but size will not be the only determining factor. Some small organisations can face quite significant risks, and will need more extensive procedures than their counterparts facing limited risks. However, small organisations are unlikely to need procedures that are as extensive as those of a large multi-national organisation. For example, a very small business may be able to rely heavily on periodic oral briefings to communicate its policies while a large one may need to rely on extensive written communication.

1.3 The level of risk that organisations face will also vary with the type and nature of the persons associated with it. For example, a commercial organisation that properly assesses that there is no risk of bribery on the part of one of its associated persons will accordingly require nothing in the way of procedures to prevent bribery in the context of that relationship. By the same token the bribery risks associated with reliance on a third party agent representing a commercial organisation in negotiations with foreign public officials may be assessed as significant and accordingly require much more in the way of procedures to mitigate those risks. Organisations are likely to need to select procedures to cover a broad range of risks but any consideration by a court in an individual case of the adequacy of procedures is likely necessarily to focus on those procedures designed to prevent bribery on the part of the associated person committing the offence in question.

1.4 Bribery prevention procedures may be stand alone or form part of wider guidance, for example on recruitment or on managing a tender process in public procurement. Whatever the chosen model, the procedures should seek to ensure there is a practical and realistic means of achieving the organisation's stated anti-bribery policy objectives across all of the organisation's functions.

1.5 The Government recognises that applying these procedures retrospectively to existing associated persons is more difficult, but this should be done over time, adopting a risk-based approach and with due allowance for what is practicable and the level of control over existing arrangements.

Procedures

1.6 Commercial organisations' bribery prevention policies are likely to include certain common elements. As an indicative and not exhaustive list, an organisation may wish to cover in its policies:

- its commitment to bribery prevention (see Principle 2)
- its general approach to mitigation of specific bribery risks, such as those arising from the conduct of intermediaries and agents, or those associated with hospitality and promotional expenditure, facilitation payments or political and charitable donations or contributions; (see Principle 3 on risk assessment)
- an overview of its strategy to implement its bribery prevention policies.

1.7 The procedures put in place to implement an organisation's bribery prevention policies should be designed to mitigate identified risks as well as to prevent deliberate unethical conduct on the part of associated persons. The following is an indicative and not exhaustive list of the topics that bribery prevention procedures might embrace depending on the particular risks faced:

- The involvement of the organisation's top-level management (see Principle 2).
- Risk assessment procedures (see Principle 3).
- Due diligence of existing or prospective associated persons (see Principle 4).
- The provision of gifts, hospitality and promotional expenditure; charitable and political donations; or demands for facilitation payments.
- Direct and indirect employment, including recruitment, terms and conditions, disciplinary action and remuneration.
- Governance of business relationships with all other associated persons including pre and post contractual agreements.
- Financial and commercial controls such as adequate bookkeeping, auditing

and approval of expenditure.
- Transparency of transactions and disclosure of information.
- Decision making, such as delegation of authority procedures, separation of functions and the avoidance of conflicts of interest.
- Enforcement, detailing discipline processes and sanctions for breaches of the organisation's anti-bribery rules.
- The reporting of bribery including 'speak up' or 'whistle blowing' procedures.
- The detail of the process by which the organisation plans to implement its bribery prevention procedures, for example, how its policy will be applied to individual projects and to different parts of the organisation.
- The communication of the organisation's policies and procedures, and training in their application (see Principle 5).
- The monitoring, review and evaluation of bribery prevention procedures (see Principle 6).

Principle 2
Top-level commitment

The top-level management of a commercial organisation (be it a board of directors, the owners or any other equivalent body or person) are committed to preventing bribery by persons associated with it. They foster a culture within the organisation in which bribery is never acceptable.

Commentary
2.1　Those at the top of an organisation are in the best position to foster a culture of integrity where bribery is unacceptable. The purpose of this principle is to encourage the involvement of top-level management in the determination of bribery prevention procedures. It is also to encourage top-level involvement in

any key decision making relating to bribery risk where that is appropriate for the organisation's management structure.

Procedures

2.2　Whatever the size, structure or market of a commercial organisation, top-level management commitment to bribery prevention is likely to include (1) communication of the organisation's anti-bribery stance, and (2) an appropriate degree of involvement in developing bribery prevention procedures.

Internal and external communication of the commitment to zero tolerance to bribery

2.3　This could take a variety of forms. A formal statement appropriately communicated can be very effective in establishing an anti-bribery culture within an organisation. Communication might be tailored to different audiences. The statement would probably need to be drawn to people's attention on a periodic basis and could be generally available, for example on an organisation's intranet and/or internet site. Effective formal statements that demonstrate top level commitment are likely to include:

- a commitment to carry out business fairly, honestly and openly
- a commitment to zero tolerance towards bribery
- the consequences of breaching the policy for employees and managers
- for other associated persons the consequences of breaching contractual provisions relating to bribery prevention (this could include a reference to avoiding doing business with others who do not commit to doing business without bribery as a 'best practice' objective)
- articulation of the business benefits of rejecting bribery (reputational, customer and business partner confidence)
- reference to the range of bribery prevention procedures the commercial

organisation has or is putting in place, including any protection and procedures for confidential reporting of bribery (whistle-blowing)
- key individuals and departments involved in the development and implementation of the organisation's bribery prevention procedures
- reference to the organisation's involvement in any collective action against bribery in, for example, the same business sector.

Top-level involvement in bribery prevention

2.4 Effective leadership in bribery prevention will take a variety of forms appropriate for and proportionate to the organisation's size, management structure and circumstances. In smaller organisations a proportionate response may require top-level managers to be personally involved in initiating, developing and implementing bribery prevention procedures and bribery critical decision making. In a large multi-national organisation the board should be responsible for setting bribery prevention policies, tasking management to design, operate and monitor bribery prevention procedures, and keeping these policies and procedures under regular review. But whatever the appropriate model, top-level engagement is likely to reflect the following elements:

- Selection and training of senior managers to lead anti-bribery work where appropriate.
- Leadership on key measures such as a code of conduct.
- Endorsement of all bribery prevention related publications.
- Leadership in awareness raising and encouraging transparent dialogue throughout the organisation so as to seek to ensure effective dissemination of anti-bribery policies and procedures to employees, subsidiaries, and associated persons, etc.
- Engagement with relevant associated persons and external bodies, such as sectoral organisations and the media, to help articulate the organisation's policies.

- Specific involvement in high profile and critical decision making where appropriate.
- Assurance of risk assessment.
- General oversight of breaches of procedures and the provision of feedback to the board or equivalent, where appropriate, on levels of compliance.

Principle 3
Risk Assessment

The commercial organisation assesses the nature and extent of its exposure to potential external and internal risks of bribery on its behalf by persons associated with it. The assessment is periodic, informed and documented.

Commentary

3.1 For many commercial organisations this principle will manifest itself as part of a more general risk assessment carried out in relation to business objectives. For others, its application may produce a more specific stand alone bribery risk assessment. The purpose of this principle is to promote the adoption of risk assessment procedures that are proportionate to the organisation's size and structure and to the nature, scale and location of its activities. But whatever approach is adopted the fuller the understanding of the bribery risks an organisation faces the more effective its efforts to prevent bribery are likely to be.

3.2 Some aspects of risk assessment involve procedures that fall within the generally accepted meaning of the term 'due diligence'. The role of due diligence as a risk mitigation tool is separately dealt with under Principle 4.

Procedures

3.3 Risk assessment procedures that enable the commercial organisation accurately to identify and prioritise the risks it faces will, whatever its size, activities, customers or markets, usually reflect a few basic characteristics. These are:

- Oversight of the risk assessment by top level management.
- Appropriate resourcing – this should reflect the scale of the organisation's business and the need to identify and prioritise all relevant risks.
- Identification of the internal and external information sources that will enable risk to be assessed and reviewed.
- Due diligence enquiries
  (see Principle 4).
- Accurate and appropriate
  documentation of the risk assessment and its conclusions.

3.4 As a commercial organisation's business evolves, so will the bribery risks it faces and hence so should its risk assessment. For example, the risk assessment that applies to a commercial organisation's domestic operations might not apply when it enters a new market in a part of the world in which it has not done business before (see Principle 6 for more on this).

Commonly encountered risks

3.5 Commonly encountered external risks can be categorised into five broad groups – country, sectoral, transaction, business opportunity and business partnership:

- *Country risk:* this is evidenced by perceived high levels of corruption, an absence of effectively implemented anti-bribery legislation and a failure of the foreign government, media, local business community and civil society effectively to promote transparent procurement and investment policies.
- *Sectoral risk:* some sectors are higher risk than others. Higher risk sectors

include the extractive industries and the large scale infrastructure sector.
- *Transaction risk:* certain types of transaction give rise to higher risks, for example, charitable or political contributions, licences and permits, and transactions relating to public procurement.
- *Business opportunity risk:* such risks might arise in high value projects or with projects involving many contractors or intermediaries; or with projects which are not apparently undertaken at market prices, or which do not have a clear legitimate objective.
- *Business partnership risk:* certain relationships may involve higher risk, for example, the use of intermediaries in transactions with foreign public officials; consortia or joint venture partners; and relationships with politically exposed persons where the proposed business relationship involves, or is linked to, a prominent public official.

3.6 An assessment of external bribery risks is intended to help decide how those risks can be mitigated by procedures governing the relevant operations or business relationships; but a bribery risk assessment should also examine the extent to which internal structures or procedures may themselves add to the level of risk. Commonly encountered internal factors may include:

- deficiencies in employee training, skills and knowledge
- bonus culture that rewards excessive risk taking
- lack of clarity in the organization's policies on, and procedures for, hospitality and promotional expenditure, and political or charitable contributions
- lack of clear financial controls
- lack of a clear anti-bribery message from the top-level management.

Principle 4
Due diligence

The commercial organisation applies due diligence procedures, taking a proportionate and risk based approach, in respect of persons who perform or will perform services for or on behalf of the organisation, in order to mitigate identified bribery risks.

Commentary

4.1 Due diligence is firmly established as an element of corporate good governance and it is envisaged that due diligence related to bribery prevention will often form part of a wider due diligence framework. Due diligence procedures are both a form of bribery risk assessment (see Principle 3) and a means of mitigating a risk. By way of illustration, a commercial organisation may identify risks that as a general proposition attach to doing business in reliance upon local third party intermediaries. Due diligence of specific prospective third party intermediaries could significantly mitigate these risks. The significance of the role of due diligence in bribery risk mitigation justifies its inclusion here as a Principle in its own right.

4.2 The purpose of this Principle is to encourage commercial organisations to put in place due diligence procedures that adequately inform the application of proportionate measures designed to prevent persons associated with them from bribing on their behalf.

Procedures

4.3 As this guidance emphasises throughout, due diligence procedures should be proportionate to the identified risk. They can also be undertaken internally or by external consultants. A person 'associated' with a commercial organisation as set out at section 8 of the Bribery Act includes any person performing services for a commercial organisation. As explained at paragraphs 37 to 43 in the section 'Government Policy and section 7', the scope of this definition is broad and can embrace a wide range of business relationships. But the appropriate level of due diligence to prevent bribery will vary enormously depending on the risks arising from the particular relationship. So, for example, the appropriate level of due diligence required by a commercial organisation when contracting for the performance of information technology services may be low, to reflect low risks of bribery on its behalf. In contrast, an organisation that is selecting an intermediary to assist in establishing a business in foreign markets will typically require a much higher level of due diligence to mitigate the risks of bribery on its behalf.

4.4 Organisations will need to take considerable care in entering into certain business relationships, due to the particular circumstances in which the relationships come into existence. An example is where local law or convention dictates the use of local agents in circumstances where it may be difficult for a commercial organisation to extricate itself from a business relationship once established. The importance of thorough due diligence and risk mitigation prior to any commitment are paramount in such circumstances. Another relationship that carries particularly important due diligence implications is a merger of commercial organisations or an acquisition of one by another.

4.5 'Due diligence' for the purposes of Principle 4 should be conducted using a risk-based approach (as referred to on page 27). For example, in lower risk situations, commercial organisations may decide that there is no need to conduct much in the way of due diligence. In higher risk situations, due diligence may include conducting direct interrogative enquiries, indirect investigations, or general research on proposed associated persons. Appraisal and continued monitoring of recruited or engaged 'associated' persons may also be required, proportionate to the identified risks. Generally, more information is likely to be required from prospective and existing associated persons that are incorporated (e.g. companies) than from individuals. This is because on a basic level more individuals are likely to be involved in the performance of services by a company and the exact nature of the roles of such individuals or other connected bodies may not be immediately obvious. Accordingly, due diligence may involve direct requests for details on the background, expertise and business experience, of relevant individuals. This information can then be verified-through research and the following up of references, etc.

4.6 A commercial organisation's employees are presumed to be persons 'associated' with the organisation for the purposes of the Bribery Act. The organisation may wish, therefore, to incorporate in its recruitment and human resources procedures an appropriate level of due diligence to mitigate the risks of bribery being undertaken by employees which is proportionate to the risk associated with the post in question. Due diligence is unlikely to be needed in relation to lower risk posts.

Principle 5
Communication (including training)

The commercial organisation seeks to ensure that its bribery prevention policies and procedures are embedded and understood throughout the organisation through internal and external communication, including training, that is proportionate to the risks it faces.

Commentary

5.1 Communication and training deters bribery by associated persons by enhancing awareness and understanding of a commercial organisation's procedures and to the organisation's commitment to their proper application. Making information available assists in more effective monitoring, evaluation and review of bribery prevention procedures. Training provides the knowledge and skills needed to employ the organisation's procedures and deal with any bribery related problems or issues that may arise.

Procedures

Communication

5.2 The content, language and tone of communications for internal consumption may vary from that for external use in response to the different relationship the audience has with the commercial organisation. The nature of communication will vary enormously between commercial organisations in accordance with the different bribery risks faced, the size of the organisation and the scale and nature of its activities.

5.3 Internal communications should convey the 'tone from the top' but are also likely to focus on the implementation of the organisation's policies and procedures and the implications for employees. Such communication includes policies on particular areas such as decision making, financial control, hospitality and promotional expenditure, facilitation payments, training, charitable and political donations and penalties for breach of rules and the articulation of management roles at different levels. Another important aspect of internal communications is the establishment of a secure, confidential and accessible means for internal or external parties to raise concerns about bribery on the part of associated persons, to provide suggestions for improvement of bribery prevention procedures and controls and for requesting advice. These so called 'speak up' procedures can amount to a very helpful management tool for commercial organisations with diverse operations that may be in many countries. If these procedures are to be effective there must be adequate protection for those reporting concerns.

5.4 External communication of bribery prevention policies through a statement or codes of conduct, for example, can reassure existing and prospective associated persons and can act as a deterrent to those intending to bribe on a commercial organisation's behalf. Such communications can include information on bribery prevention procedures and controls, sanctions, results of internal surveys, rules governing recruitment, procurement and tendering. A commercial organisation may consider it proportionate and appropriate to communicate its anti-bribery policies and commitment to them to a wider audience, such as other organisations in its sector and to sectoral organisations that would fall outside the scope of the range of its associated persons, or to thegeneral public.

Training

5.5 Like all procedures training should be proportionate to risk but some training is likely to be effective in firmly establishing an anti-bribery culture whatever the level of risk. Training may take the form of education and awareness raising about the threats posed by bribery in general and in the sector or areas in which the organisation operates in particular, and the various ways it is being addressed.

5.6 General training could be mandatory for new employees or for agents (on a weighted risk basis) as part of an induction process, but it should also be tailored to the specific risks associated with specific posts. Consideration should also be given to tailoring training to the special needs of those involved in any 'speak up' procedures, and higher risk functions such as purchasing, contracting, distribution and marketing, and working in high risk countries. Effective training is continuous, and regularly monitored and evaluated.

5.7 It may be appropriate to require associated persons to undergo training. This will be particularly relevant for high risk associated persons. In any event, organisations may wish to encourage associated persons to adopt bribery prevention training.

5.8 Nowadays there are many different training formats available in addition to the traditional classroom or seminar formats, such as e-learning and other web-based tools. But whatever the format, the training ought to achieve its objective of ensuring that those participating in it develop a firm understanding of what the relevant policies and procedures mean in practice for them.

Principle 6
Monitoring and review

The commercial organisation monitors and reviews procedures designed to prevent bribery by persons associated with it and makes improvements where necessary.

Commentary

6.1 The bribery risks that a commercial organisation faces may change over time, as may the nature and scale of its activities, so the procedures required to mitigate those risks are also likely to change. Commercial organisations will therefore wish to consider how to monitor and evaluate the effectiveness of their bribery prevention procedures and adapt them where necessary. In addition to regular monitoring, an organisation might want to review its processes in response to other stimuli, for example governmental changes in countries in which they operate, an incident of bribery or negative press reports.

Procedures

6.2 There is a wide range of internal and external review mechanisms which commercial organisations could consider using. Systems set up to deter, detect and investigate bribery, and monitor the ethical quality of transactions, such as internal financial control mechanisms, will help provide insight into the effectiveness of procedures designed to prevent bribery. Staff surveys, questionnaires and feedback from training can also provide an important source of information on effectiveness and a means by which employees and other associated persons can inform continuing improvement of anti-bribery policies.

6.3 Organisations could also consider formal periodic reviews and reports for top-level management. Organisations could also draw on information on other organisations' practices, for example relevant trade bodies or regulators might highlight examples of good or bad practice in their publications.

6.4 In addition, organisations might wish to consider seeking some form of external verification or assurance of the effectiveness of anti-bribery procedures. Some organisations may be able to apply for certified compliance with one of the independently-verified anti-bribery standards maintained by industrial sector associations or multilateral bodies. However, such certification may not necessarily mean that a commercial organisation's bribery prevention procedures are 'adequate' for all purposes where an offence under section 7 of the Bribery Act could be charged.

9　企業行動憲章（第6版）
(2010年9月14日社団法人日本経済団体連合会)

　社団法人日本経済団体連合会が公表しており、改訂を重ねて、各社の企業行動憲章のベースとして広く採用されている。企業の社会的責任という、法律で定めるには適さない箇所について、経済界から一定の指針として提示するものである。広義のコンプライアンスという概念においては、遵守対象となるであろう。

企業行動憲章

２０１０年９月１４日
(社)日本経団体連合会

【序　文】

　日本経団連は、かねてより、民主導・自律型の活力ある豊かな経済社会の構築に全力をあげて取り組んできた。そのような社会を実現するためには、企業や個人が高い倫理観をもつとともに、法令遵守を超えた自らの社会的責任を認識し、さまざまな課題の解決に積極的に取り組んでいくことが必要となる。そこで、企業の自主的な取り組みを着実かつ積極的に促すべく、1991年の「企業行動憲章」の制定や、1996年の「実行の手引き」の作成、さらには、経済社会の変化を踏まえて、数次にわたる憲章ならびに実行の手引きの見直しを行ってきた。

　近年、ISO 26000（社会的責任に関する国際規格）に代表されるように、持続可能な社会の発展に向けて、あらゆる組織が自らの社会的責任（ＳＲ：Social Responsibility）を認識し、その責任を果たすべきであるとの考え方が国際的に広まっている。とりわけ企業は、所得や雇用の創出など、経済社会の発展になくてはならない存在であるとともに、社会や環境に与える影響が大きいことを認識し、「企業の社会的責任（ＣＳＲ：Corporate Social Responsibility）」を率先して果たす必要がある。

　具体的には、企業は、これまで以上に消費者の安全確保や環境に配慮した活動に取り組むなど、株主・投資家、消費者、取引先、従業員、地域社会をはじめとする企業を取り巻く幅広いステークホルダーとの対話を通じて、その期待に応え、信頼を得るよう努めるべきである。また、企業グループとしての取り組みのみならず、サプライチェーン全体に社会的責任を踏まえた行動を促すことが必要である。さらには、人権

問題や貧困問題への関心の高まりを受けて、グローバルな視野をもってこれらの課題に対応することが重要である。

そこで、今般、「企業の社会的責任」を取り巻く最近の状況変化を踏まえ、会員企業の自主的取り組みをさらに推進するため、企業行動憲章を改定した。会員企業は、倫理的側面に十分配慮しつつ、優れた商品・サービスを創出することで、引き続き社会の発展に貢献する。また、企業と社会の発展が密接に関係していることを再認識したうえで、経済、環境、社会の側面を総合的に捉えて事業活動を展開し、持続可能な社会の創造に資する。そのため、会員企業は、次に定める企業行動憲章の精神を尊重し、自主的に実践していくことを申し合わせる。

企業行動憲章
―社会の信頼と共感を得るために―

（社）日本経済団体連合会
1991年9月14日「経団連企業行動憲章」制定
1996年12月17日同憲章改定
2002年10月15日「企業行動憲章」へ改定
2004年5月18日同憲章改定
2010年9月14日同憲章改定

企業は、公正な競争を通じて付加価値を創出し、雇用を生み出すなど経済社会の発展を担うとともに、広く社会にとって有用な存在でなければならない。そのため企業は、次の10原則に基づき、国の内外において、人権を尊重し、関係法令、国際ルールおよびその精神を遵守しつつ、持続可能な社会の創造に向けて、高い倫理観をもって社会的責任を果たしていく。

1．社会的に有用で安全な商品・サービスを開発、提供し、消費者・顧客の満足と信頼を獲得する。
2．公正、透明、自由な競争ならびに適正な取引を行う。また、政治、行政との健全かつ正常な関係を保つ。
3．株主はもとより、広く社会とのコミュニケーションを行い、企業情報を積極的か

つ公正に開示する。また、個人情報・顧客情報をはじめとする各種情報の保護・管理を徹底する。
4. 従業員の多様性、人格、個性を尊重するとともに、安全で働きやすい環境を確保し、ゆとりと豊かさを実現する。
5. 環境問題への取り組みは人類共通の課題であり、企業の存在と活動に必須の要件として、主体的に行動する。
6. 「良き企業市民」として、積極的に社会貢献活動を行う。
7. 市民社会の秩序や安全に脅威を与える反社会的勢力および団体とは断固として対決し、関係遮断を徹底する。
8. 事業活動のグローバル化に対応し、各国・地域の法律の遵守、人権を含む各種の国際規範の尊重はもとより、文化や慣習、ステークホルダーの関心に配慮した経営を行い、当該国・地域の経済社会の発展に貢献する。
9. 経営トップは、本憲章の精神の実現が自らの役割であることを認識し、率先垂範の上、社内ならびにグループ企業にその徹底を図るとともに、取引先にも促す。また、社内外の声を常時把握し、実効ある社内体制を確立する。
10. 本憲章に反するような事態が発生したときには、経営トップ自らが問題解決にあたる姿勢を内外に明らかにし、原因究明、再発防止に努める。また、社会への迅速かつ的確な情報の公開と説明責任を遂行し、権限と責任を明確にした上、自らを含めて厳正な処分を行う。

以上

10 企業行動憲章実行の手引き（第6版）

（2010年9月14日社団法人日本経済団体連合会）

> 9．経営トップは、本憲章の精神の実現が自らの役割であることを認識し、率先垂範の上、社内ならびにグループ企業にその徹底を図るとともに、取引先にも促す。また、社内外の声を常時把握し、実効ある社内体制を確立する。

≪背　景≫

（1）　企業倫理の重要性と経営トップの責務

　　　企業価値の向上を目指して、経営トップのリーダーシップのもとに組織が一丸となって取り組むには、法令の遵守、企業倫理の徹底、ＣＳＲへの取り組みが一層重要となっている。グループ経営の進展、ステークホルダーとの関係強化、サプライ・チェーン・マネジメント、グローバル化、価値観の多様化など、ますます複雑化する環境変化の潮流に適切に対応していくことが求められている。

　　　このような変化への対応にあたって重要なことは、その組織のもつ意義、基本理念、倫理を確立して、それらが有効に働く仕組みをつくりあげて、自らの立脚点をしっかりと固め、ステークホルダーとの間で共有することである。

　　　一方、企業不祥事の発生に対して、企業を見る内外の目は厳しいものがある。企業活動は、社会の信頼と共感なくして成り立たない。経営トップが先頭に立ち、社会からの批判に襟を正し、法令を遵守し、企業倫理を確立し、ＣＳＲに取り組むことが、組織存続と企業価値向上の基本であることを再確認する必要がある。社会的に有用な商品やサービスを提供するとともに、会社法や金融商品取引法が求める内部統制を構築し、不祥事を予防できる組織体制の構築を主導することは、経営トップの責務である。

　　　また、公益通報者保護法の施行により、企業は、不祥事の芽を発見し、摘んでいくための社内体制を自主的に用意することが要請されている。

（2）　企業不祥事の変遷と批判の高まり

　　　1980年代後半から1990年代にかけての企業不祥事は、政官界の汚職事件、バブル経済の崩壊に伴う損失補填問題や乱脈融資などの金融不祥事、反社会的勢

力への利益供与事件など、外部との関係のものが中心であった。

　これに対して2000年以降の不祥事は、製造、研究開発、営業など、現場での違法行為を経営トップがそれらを速やかに把握できない、あるいはそれらを隠蔽する、社内に端を発するものが中心となってきている。

　企業が不祥事を隠し続けることは不可能であり、むしろ不祥事を隠す姿勢が社会から糾弾され、企業の存続そのものを難しくすることにもなる。

> 9－1　経営トップは、リーダーシップを最大限発揮し、経営理念や行動規範の明確化とその社内への徹底、ＣＳＲの推進などにあたる。

≪基本的心構え・姿勢≫

　経営トップは、社会からの信頼確保がビジネスの基本であることを肝に銘じ、そのために全力をあげなくてはならない。社会全体にとって有用な企業を作り上げるという高い志を自ら示し、法令を遵守し、企業倫理を確立して、ステークホルダーとの良好な関係強化に努める。経営トップの真摯な姿勢が社会から信頼される企業を作り上げる。従業員一人ひとりに至るまで、その精神を浸透させ、日々の活動の基本として定着させる。不祥事における従業員の違反行動も「知らなかった」では済まされない。また、経営者は、自らの保身ではなく、ステークホルダーから見て責任あると評価される行動をとる。

≪具体的アクション・プランの例≫
（１）　経営トップは、機会あるごとに企業倫理の確立の重要性を訴える。さらにＣＳＲについての取り組みを強化する。経営トップは、組織内にそうした考え方が定着し機能するように自ら働きかける。
　①　社内報、イントラネット、小冊子、ポスターなどを活用し、きめこまかく、継続的に企業倫理の確立に向けて周知徹底を図る。
　②　取締役会、年頭挨拶、経営方針の発表、入社式などの重要な行事の際に、自社の経営理念や基本姿勢を訴える。
　③　率先して現場に出向いて社員と直接対話し、企業倫理の重要性を訴える。また、不祥事の予兆を察知し、未然に防止するよう努める。

④ 毎年10月の「企業倫理月間」を機に、企業倫理の確立を訴える。
⑤ 社内体制のあり方について定期的にレビューし、必要な改善措置を講じる。
（２）経営トップは、率先垂範により、役員、従業員の倫理観を涵養する。
① 常に自ら企業倫理・企業行動のあるべき姿を体現する。
② 自らの姿勢や日常の言動が、役員、従業員の行動に大きな影響を与えることを認識する。
（３）経営トップは、新たな行動規範、社内規則、業務マニュアルなどの作成や既存のものの点検・見直しにリーダーシップを発揮する。
① 社内各部門での企業行動に関する議論を喚起する。
② 他社で生じた事件などが自社でも起こり得ることを想定し、常に企業行動を再点検する。
（４）経営トップは、企業倫理の徹底ならびにＣＳＲの推進にリーダーシップを発揮する。

９－２ 経営トップは、経営理念や行動規範およびＣＳＲに対する基本姿勢を社外に表明し、具体的取り組みについて情報開示する。

≪基本的心構え・姿勢≫

　　　　経営トップは、「企業は社会の公器」との認識をもち、社会の構成員として法令を遵守し、企業倫理を確立し、高い志をもって企業運営にあたる。これにより、ステークホルダーに対する自らの責任を果たす。自社の企業理念や企業活動に関わる情報を積極的に社会に開示することは、社会の理解と信頼を深める有効な手立ての一つであり、企業価値を高めることにつながる。

≪具体的アクション・プランの例≫
（１）あらゆる機会を捉えて、自社の行動規範、取り組み姿勢、社内推進体制などを公表する。
〔情報公開の手段例〕
① ホームページへの掲載
② 年次報告書への掲載

- ③ 企業活動の事業・環境・社会的側面などを紹介するＣＳＲ報告書やサステナビリティ報告書などへの掲載
- ④ ＩＲ説明会での説明
- ⑤ 株主総会での説明
- ⑥ ステークホルダーミーティングでの説明
- ⑦ イントラネットや配布物を通じた従業員などへの説明
- ⑧ 記者会見、新聞・雑誌などのインタビューなどの活用

（２） 株主、従業員代表などのステークホルダーの意見も踏まえ、ＣＳＲ報告書やサステナビリティ報告書における開示内容などの改善を進める。

9－3　全社的な取り組み体制を整備する。

≪基本的心構え・姿勢≫

経営トップは、社内の各種情報を迅速かつ適確に入手し経営判断に活用すべく、必要な人材を任命・配置して企業倫理の徹底とＣＳＲに関わるリスク管理体制や企業倫理推進体制を構築する。また、その社内体制が有効に機能して実効を挙げるよう、自ら主導し確認する。これらは、しっかりとしたガバナンス構築につながる。

≪具体的アクション・プランの例≫

（１） 経営トップの一人を企業倫理の担当に任命する。ＣＳＲを担当する役員と兼務させてもよい。有事の際には、経営トップ自ら、あるいは、経営トップの直接指揮の下、調査、報告などの指揮をとる。

（２） 企業倫理委員会（またはＣＳＲ委員会）を設置し運営する。
- ① 委員会は定期的に開催する。
- ② 年に１回以上、取締役会および監査役会（委員会設置会社は監査委員会）に活動内容を報告し、企業倫理の推進状況や、ＣＳＲに関わる仕組みが有効に機能しているかチェックを行う。

（３） 全社横断的な担当部署を設置し、その権限を明確にし、委員会の事務局とする。

① 担当部署の業務としては、委員会事務局として会議の招集・運営を行うほか、全社的な連携の下でプログラムの策定と実施、人事など他の教育研修実施部署との連携・調整、行動規範や就業規則など社内規程などの整備・更新、監督官庁や業界団体などとの連絡調整、社内外の情報収集と報告、社内外の不祥事に関する調査と報告、苦情処理窓口との連携、企業倫理ヘルプライン（相談窓口）の窓口業務、内部通報者や被害者の保護などが考えられる。

② 経営トップは、担当部署が円滑に業務を推進できるよう、予算面、人事面で最大限配慮する。

9-4　企業グループ全体において企業倫理の徹底とＣＳＲの推進を図る。あわせて、取引先をはじめとするサプライチェーンにおいても、そうした取り組みを促す。

≪基本的心構え・姿勢≫

　　　ＣＳＲへの取り組みを有効なものとするには、個社だけの取り組みでは十分な効果は得られない。企業のグループ経営が進展する中で、ガバナンス強化の視点も踏まえ、個社としての取り組みに加え、企業グループ全体として企業倫理の徹底とＣＳＲの推進を図る。

　　　従来、多くの企業が品質向上や環境分野を中心に、事業の延長で取引先などのサプライチェーンへの関与や指導を進めてきた。最近は、サプライチェーンにおいて人権や労働、腐敗問題など、企業倫理にもとる行動によって、厳しい批判を招き、社会からの信頼が損なわれることがある。こうした点を踏まえ、また、健全な社会の発展の観点からも、サプライチェーンにおいても企業倫理の徹底とＣＳＲの推進がなされるよう促す。

≪具体的アクション・プランの例≫

（１）企業グループとして、企業倫理の徹底とＣＳＲの推進を図る。

① 企業グループ全体としての企業倫理やＣＳＲに関する基本理念・考え方を共有するとともに、グループ各社の業種や業態に応じてグループ全体、また各

社ごとに企業倫理やＣＳＲに関する方針を定める。
② 本社ならびにグループ各社の企業倫理、ＣＳＲ担当部署の連携強化、情報共有を図る。
③ グループ企業の従業員に対する教育研修などを実施し、組織内部においてＣＳＲに対する行動への意識を高める。

（２）サプライチェーンに属する企業に企業倫理の徹底とＣＳＲの推進を促す。
① 企業倫理に関する事項を調達ガイドラインにおいて明文化したり、必要に応じ取引先との契約条項に盛り込む。
② 企業倫理の徹底やＣＳＲへの取り組みについて、日ごろからサプライヤーからのヒアリングや情報交換に努める。また、取引の場や関係企業が会する場などでも、ＣＳＲへの取り組みや企業倫理の重要性について周知を図る。
③ 必要に応じ、サプライヤーに対する教育、研修、監査などを実施する。
④ ＣＳＲへの取り組み体制の導入を検討しているサプライヤーに対しては、意識の醸成や人材・ノウハウの提供など、適切な範囲で支援する。
（海外の取引先との関係については、８－４を参照）

9－5　通常の指揮命令系統から独立した企業倫理ヘルプライン（相談窓口）を整備・活用し、企業行動の改善につなげる。

≪基本的心構え・姿勢≫

　　　経営トップは、組織の構成員の日ごろの活動から生まれる疑問、問い合わせ、問題提起といった事柄に対して、相談しやすいさまざまな仕掛けを用意しておく。通常の直接上司を通じた業務報告ルートでは、企業倫理に関わる重要情報が速やかにかつ適切に経営トップに伝わるとは限らない。公益通報者保護法の趣旨に鑑み、ヘルプラインの活用が企業のリスク管理に有効であることを認識し、自社の業容・業態にあわせ、現場や個々の従業員から経営トップに直接情報が伝わる特別のルートを常設し、利用を促す。また、ヘルプラインが実効性のあるものとするために、経営トップ自らが常に目を配る必要がある。
　　　経営トップは、情報の内容を精査したうえで、改善措置の実施に活用する。また、人事的措置を講じるなどして情報の通報者を保護し、不利益取り扱いを

許さない。

≪具体的アクション・プランの例≫
（１）「企業倫理ヘルプライン（相談窓口）」を設置する。
　① 相談窓口は、各社の実情にあわせて社内に設置する場合、社外に設置する場合、両方を利用する場合がある。社外に設置する場合には、業容・業態に応じて、弁護士事務所、通報受付を専門に行う会社などから選択して利用する。情報受付にあたっては、電話、手紙、電子メールなど複数の手段を用意する。
　② 情報通報者に関する秘密の保護と情報管理を徹底する。調査の過程で、被通報者に一方的な不利益がもたらされないよう配慮する。誠実に通報した通報者に対する報復禁止を徹底する。
（２）「企業倫理ヘルプライン」の利用を促す。
　① 社内にヘルプライン受付窓口を用意する場合には、担当者として、少なくとも男女１名ずつ配置し、人となりや連絡先を公開し、利用者の信頼を得ることに努める。また、就業時間外でも通報できるよう、最大限配慮する。
　② 業容・業態にあわせ、利用対象者を従業員やそれらの家族、グループ企業や協力会社の従業員や家族、取引先などに、適宜拡大する。
　③ どのような内容について通報しうるのか、またどのような通報が求められているのかなどについて事例集などを作成、配布する。また、イントラネット上に企業倫理のページを設け、公開する。
　④ 平素より、通報対象事案であるなしの判断が微妙な場合には、速やかに窓口担当者に相談するよう呼びかける。
　⑤ 相談窓口の周知活動を定期的に実施する。相談窓口の利用が低迷する場合には、適宜、体制や運用方法を点検、見直す。
（３）ヘルプラインで寄せられた情報を活用する。
　① 相談内容は、ヘルプラインの規程に基づき、速やかに経営トップに伝える。
　② 経営トップは、直ちに適切な改善措置を講ずるとともに、適宜通報者にも対応状況を伝達し、信頼と協力を得るよう努力する。
　③ ヘルプラインが機能した事例については通報者の匿名性保持に配慮しつつ研

修などを通じて社内に周知させ、問題の再発防止に努める。

≪参考≫
「公益通報者保護法」2004年成立
「公益通報者保護法に関する民間事業者向けガイドライン」2005年 内閣府国民生活局
　（http://www.caa.go.jp/seikatsu/koueki/minkan/files/minkan.pdf）
「公益通報者保護制度相談ダイヤル相談事例集」2007年 内閣府国民生活局
　（http://www.caa.go.jp/seikatsu/koueki/files/sodanjirei.pdf）
「公益通報者保護制度ウェブサイト」
　（http://www.caa.go.jp/seikatsu/koueki/index.html）

9-6　企業倫理の徹底とCSRの推進に関する教育・研修を実施、充実する。

≪基本的心構え・姿勢≫
　教育・研修の機会を繰り返し提供することは、企業倫理とCSRに関わる従業員の意識を高め、確実にしていくうえで極めて重要であり、継続的に取り組む必要がある。事業内容や職務に応じてプログラムの内容を日常業務に役立つように充実させて、全員参加型の仕組みを作る。

≪具体的アクション・プランの例≫
（1）　役員を対象とした研修を実施する。
　① 経営トップを含めた研修会とし、定期的に実施する。
　② いわゆる企業倫理プログラムでは、社外の講師を積極的に活用し、外部の視点、グローバルな視点から企業倫理を考える場とする。研修は対話型かつ実践的なものとする。
（2）　従業員を対象とした教育、研修会を実施する。
　① 定期的に実施する。
　② 企業倫理とCSRに関わる基本的なあり方の徹底を図る。
　③ ケーススタディを作成・配布し、実践させる。

④ テストを実施し、合格点にとどかない者は再履修させる。
⑤ 研修を修了し、かつテストに合格した者に対しては証明書を発行し上位級への昇格の条件とするとともに、法令遵守に関する誓約書の提出を求める。
⑥ 教育、研修の機会にこだわらず、定期的に自社の行動規範の周知・啓発活動に努める。

（３） 新たに管理職に任命された従業員を対象とした研修を実施する。その際には、企業倫理とＣＳＲに関わる事項を自ら遵守することに加えて、部下の意識と行動を高めるべく指導する際に役立つ研修内容とする。
（４） 企業倫理やＣＳＲに関する日本経団連が主催する企業倫理トップセミナーや企業倫理担当者研修会などへの社員の参加を奨励する。
（５） 法令遵守マニュアル（独禁法遵守、企業秘密の保護、インサイダー取引防止、職場における差別禁止、環境保護その他各種法令など）を整備し、その説明会・研修を定期的に実施する。
（６） イントラネット上に企業倫理のページを設け、事例集やＱ＆Ａ集を掲載するとともに、利用者の相談を受け付ける。頻繁に質問を受ける内容については、研修プログラムに追加する。

9－7　取り組みの浸透・定着状況をチェック・評価する。

≪基本的心構え・姿勢≫
　　　企業倫理の徹底とＣＳＲの推進に向けて、社内に構築した体制を有効に機能させるため、浸透・定着状況を定期的にチェック・評価し、さらなる改善に向けて努力する。

≪具体的アクション・プランの例≫
（１） 各職場の責任者などが職場の行動規範遵守状況および企業倫理の推進状況などを企業倫理委員会・担当部署などに定期的に報告する制度をつくる。
（２） 従業員の倫理意識、行動規範の遵守状況に関するアンケート調査やヒアリング調査を定期的に実施する。
（３） 経営トップが率先して現場に足を運び、従業員との意思疎通の円滑化を図

る。組織の実情を把握し、経営理念、方針の徹底を目指して、社員懇談会などを実施する。（4） 事業内容の専門化、高度化に伴う不正や不祥事発見の遅延防止のため、人事面を含め部門間の交流を強化し、相互牽制を行える体制をつくる。

① 部門間会議の場で相互チェックする。
② 管理部門と現場部門の間での意見交換の場を拡大する。
③ 人事ローテーションを活発化する。
④ ＩＣＴを活用した業務システムの高度化により、不祥事の予防、再発防止に努める。
⑤ 定期的に業務審査を行い、不正に対しては当事者やその部門長などに対して厳罰で臨む。

（5） 企業倫理監査（内部監査部門、監査役、第三者など）を実施し、経営トップに報告する。

（6） 社会的なニーズなどを把握し、企業行動が社会的常識から逸脱したものとならないよう、ステークホルダーと企業行動に対する意見交換の機会を設ける。

① 経営トップと有識者、消費者団体などとの間で、意見交換のための定期的な懇談会を開催する。
② お客様相談窓口など、消費者の声を経営に活かすシステムを設置・強化する。
③ 社外監査役、社外取締役などによるチェックを実施する。

≪参考（9章全体）≫

「企業倫理徹底のお願い」毎年度実施 日本経団連
　　(http://www.keidanren.or.jp/japanese/policy/rinri.html)
「CSR（企業の社会的責任）に関するアンケート調査結果」2009年 日本経団連
「企業倫理への取組みに関するアンケート調査結果」2008年 日本経団連
「企業不祥事への取り組み強化について」2002年 日本経団連
「「企業の社会的責任」に対応するための社内体制の構築」2002年 Business for Social Responsibility（翻訳：CBCC）

「企業活動報告の新たな動き」2002年 経済広報センター
「わが社の企業行動指針」1997年3月～2002年4月 月刊 KEIDANREN 掲載

■執筆者紹介

鈴木広樹(すずき・ひろき)　事業創造大学院大学准教授
　(執筆担当：第1章、資料)

河江健史(かわえ・けんじ)　公認会計士　河江健史会計事務所代表
　(執筆担当：第2章、資料)

上前剛(うえまえ・つよし)　税理士　上前税理士事務所代表
　(執筆担当：第3章)

■編著者紹介

鈴木広樹（すずき・ひろき）

事業創造大学院大学准教授（企業倫理）

早稲田大学政治経済学部卒業。証券会社等勤務を経て現職。宝印刷総合ディスクロージャー研究所客員研究員も務める。

主要な著書は、『タイムリー・ディスクロージャー（適時開示）の実務』（税務研究会、平成18年）、同改訂増補版（平成20年）、『検証・裏口上場－不適当合併等の事例分析』（清文社、平成25年）、『適時開示実務入門』（同文舘出版、平成26年）、『金融商品取引法における課徴金事例の分析Ⅰインサイダー取引編』（共著、商事法務、平成24年）、『金融商品取引法における徴金事例の分析Ⅱ虚偽記載編』（共著、商事法務、平成24年）、『不適正な会計処理と再発防止策』（共著、清文社、平成25年）など。

河江健史（かわえ・けんじ）

公認会計士　河江健史会計事務所代表

早稲田大学商学部卒業。監査法人、証券取引等監視委員会等での勤務を経て現職。日本公認会計士協会東京会業務委員会委員も務める。

主要な著書は、『内部管理実務ハンドブック第4版』（共著、中央経済社、平成21年）、『リスクマネジメントとしての内部通報制度：通報窓口担当者のための実務Ｑ＆Ａ』（共著、税務経理協会、平成27年）、『臨時報告書作成の実務Ｑ＆Ａ』（共著、商事法務、平成27年）など。

国税庁「税務に関するコーポレートガバナンスの充実に向けた取組み」徹底対応

税務コンプライアンスの実務

2015年5月11日　発行

編著者	鈴木　広樹／河江　健史 Ⓒ
発行者	小泉　定裕
発行所	株式会社　清文社　東京都千代田区内神田1-6-6（MIFビル）〒101-0047　電話03(6273)7946　FAX03(3518)0299　大阪市北区天神橋2丁目北2-6（大和南森町ビル）〒530-0041　電話06(6135)4050　FAX06(6135)4059　URL http://www.skattsei.co.jp/

印刷：亜細亜印刷㈱

■著作権法により無断複写複製が禁止されています。落丁本・乱丁本はお取り替えします。
■本書の内容に関するお問い合わせは編集部までFAX（03-3518-8864）でお願いします。

ISBN978-4-433-53585-8